성공과 행복은 IQ보다 EQ가 좌우한다!

감성지능

대니얼 골먼 지음
하버드대학 심리학박사

황 태 호 옮김
한국감성지능연구회장

Emotional Intelligence

비전코리아

감성지능 *EQ*
© 1996 [EQ센터] 황태호 & 비전코리아: 한국내 독점 저작권자

차 례

(상)

머리말
아리스토텔레스의 도전

누구나 화를 내기는 쉽다. 그러나 적당하고도, 적절한 때에,
올바른 목적과 방법으로 화를 내는 것은 쉬운 일이 아니다.
아리스토텔레스, 『니코마코스 윤리학』

　모든 사람들이 불쾌감에서 헤어나지 못할 정도로 찜통 같은
더위가 뉴욕을 뒤덮은 8월 어느날 오후의 일이었다. 그때 나는
호텔로 돌아가는 중이었는데, 메디슨 가에서 어느 버스에 올라
타는 순간, 깜짝 놀랐다.
　중년의 흑인 운전 기사가 환한 미소를 지으며 "안녕하세요?"
라는 환영의 인사로 버스에 오르는 나를 맞이하는 것이었다.
　그리고 그의 인사는 답답한 시내 교통을 꾸물꾸물 뚫고 지나
가는 버스에 올라타는 모든 사람들에게 예외없이 반복되었다.
대부분의 승객들이 나처럼 놀라기는 했지만, 워낙 짜증스러운
날씨 탓이었는지 그의 인사에 답례하는 사람은 거의 없었다.
　그런데 버스가 교통 체증이 심한 중심가를 뚫고 느릿느릿
가는 동안에 차 안에 조금씩 이상한 변화가 일어나기 시작했다.

운전 기사는 우리들을 즐겁게 하기 위해 차창 밖의 풍경에 관한 실황 방송을 시작했다.

'저 상점에서 대대적인 세일이 있다', '이 박물관에는 훌륭한 전시회가 있다', '한 블록 지나면 나타나는 극장에서 새로 상영되는 영화에 대해 들어본 적이 있느냐'는 등으로 그의 설명은 계속 이어졌다.

도시가 제공하는 풍부한 볼거리를 즐겁게 말하는 그의 밝은 모습이 승객들 사이로 퍼져나갔다. 버스에서 내릴 무렵에는 어느새 그들이 처음 버스에 탔을 때 가졌던 불쾌한 껍질들을 털어버리고, 운전 기사의 "안녕히 가세요, 좋은 하루가 되시기 바랍니다!"라는 인사에 모두들 환한 미소로 화답하고 있었다.

그때의 기억은 근 20년이 지난 지금도 내 뇌리를 떠나지 않고 있다. 메디슨가에서 버스를 탔을 때, 나는 하버드대에서 심리학 박사 학위를 받은 직후였다. 하지만 당시 버스 승객들에게 왜 그런 변화가 생겼는지에 관해서 심리학적인 주의를 기울이지는 못했다. 그때까지만 해도 심리학계에서는 감성의 메카니즘에 대해서 거의 아는 바가 없었다.

그러나 그의 버스에 탔던 승객들에게 바이러스처럼 퍼진 좋은 기분이 도시 전체에 잔물결처럼 번져 나갔을 것을 상상할 때마다, 나는 그 흑인 운전 기사야말로 평범한 도시의 평화 전도사로서 사람들 사이에 팽배해 있던 음울한 기분들을 변화시키고, 마음을 열어 부드럽게 만드는 힘을 가진 마술사와 같은 사람이었다고 믿어 의심하지 않는다.

이와는 큰 대조를 보이는 근래의 신문 기사들을 보도록 하자.

· 한 지방 학교에서는 9살 먹은 아이가 미친 듯이 날뛰며 학교 책상, 컴퓨터, 프린터 등에 페인트를 뿌려 놓고 주차장에 세워 둔 자동차들을 파괴했다. 이유인 즉, 같은 반 친구들이 자기를 '젖먹이'라고 부른 것에 분개하여 그들에게 무엇인가를 보여주기 위해서 였다고 한다.

· 맨해턴에 있는 어느 랩댄스 클럽 앞에서 어슬렁거리던 청소년들이 부주의함으로 인해 부딪치면서 발생한 패싸움으로 8명이 부상당했고, 그 소동은 그중 한 소년이 군중을 향해 38구경 자동소총을 난사하는 것으로 끝이 났다. 보도 내용에 따르면, 상대의 사소한 냉대에도 그것을 경멸의 행위로 받아들여 함부로 총을 발사하는 일이 최근 미국 전역에서 일반화되어 가고 있다고 한다.

· 어떤 연구 보고서에 따르면, 12세 이하 아동의 살해범 중 57%가 친부모나 계부모라고 한다. 또 그러한 사건들의 절반 이상은 부모가 단순히 자식을 훈계하려고 했다가 벌어졌다고 한다. 치명적 구타의 원인 대부분은 부모가 보고 있는 TV 앞을 자녀가 가로막았다든지, 계속 운다든지, 기저귀를 더럽혔다든지 하는 사소한 규칙 위반에서 비롯된 것들이다.

· 한 독일 청년은 5명의 터키 여성과 소녀들이 자고 있는 가정집에 불을 질러 모두를 살해한 혐의로 법정에 섰다. 신(新)나찌 단체의 일원인 그 청년은 실직 상태였는데, 술에 취하자 자신의 불운이 이 외국인들 탓이라는 생각이 들었다고 말했다. 그는 들릴 듯 말 듯 한 목소리로 다음과 같이 말했다.

"내가 저지른 짓을 생각하면 어떠한 변명도 할 수 없습니다.
그리고 나는 지금 죽고 싶을 정도로 부끄럽습니다."

　매일 매일의 뉴스에는 예절과 안전의 붕괴, 광란에 가까운
천박한 충동에 의해 벌어지는 사건 등으로 넘치고 있다. 이러한
뉴스는 우리의 삶과 주변 사람들에게서 일어날 수 있는 통제를
벗어난 감정에 대해서 말해 주고 있다. 우리는 누구라도 이러한
감정 폭발과 후회라는 그릇된 흐름으로부터 자유로울 수 없다.
그것은 우리들의 삶에 여러 가지 형태로 침투해 들어온다.
　최근 10여년 동안 우리들은 가정, 지역사회, 조직생활에 있어
서 감성에 관한 무지 무능, 자포 자기, 무모함이 원인이 된 사건
들이 증가 일로에 있음을 알리는 보도물들을 계속 접해 왔다.
최근 수년 간은 베이비시터의 손에 맡겨진 채 혼자 TV를 상대
로 지내는 맞벌이 부부의 자녀들이 갖는 외로움에서, 버려져
돌보는 이 없거나 학대당하는 어린이들의 고통에서, 남편의 폭
력으로 황폐해진 부부 관계에서, 점차 증가하는 분노와 절망들
이 목격되어지고 있다.
　계속 확대되어 가는 감성의 불안 증세들은 세계 도처에서
보이는 우울 증세의 현격한 확산이나 호전성의 증가 추세-총을
갖고 등교하는 청소년들, 고속도로의 무장 강도 사건, 불만을
품은 해고 노동자들의 동료 살해-들을 전하는 신문 기사에서
쉽게 발견되고 있다.
　'감정적 모욕', '총기 난사 충동', 'PTSD'(심리적 충격에 따르
는 스트레스 장애)와 같은 용어들이 90년대의 보편적인 어휘들

에 포함되면서, 하루의 인사말도 이제는 "좋은 하루 보내세요"
와 같은 밝은 내용에서 "어디, 해볼 테면 해봐라!(갱 영화들로부터
유행한 대사: 역주)"와 같은 자극적인 내용으로 바뀌어 가고 있다.

이 책은 이와 같은 몰상식함의 이해를 돕기 위한 지침서로
기획되었다. 나 자신은 심리학자로서, 또한 최근 10년 간은 『뉴
욕타임즈』지 과학 전문 기자로서, 비합리성의 영역에 대한 과
학적 이해의 진보 상황을 집중적으로 탐구해 왔다. 그러한 위치
에서 내가 접한 것은 두가지의 상반된 조류였는데, 하나는 우리
가 공유하고 있는 감성 생활에서 보이는 적대감의 증가 추세였
고, 다른 하나는 그에 대한 희망적인 치유책의 제시였다.

본 탐구가 갖는 의미

최근 10여년 간은 여러 우울한 소식에도 불구하고, 그 어느
때보다도 인간 감성에 대한 활발한 과학적 연구가 진행되어
온 시기였다. 그 중에서도 가장 극적인 사건은 '두뇌 화상(畵像)'
처리 기술과 같은 혁신적인 방식에 의해 활동하고 있는 두뇌
상태에 대한 고찰이 비로소 가능해졌다는 사실이다.

이 방식들은 인간 감성의 신비로운 영역을 이루는 근원은
무엇인가, 즉 우리가 생각하고 느끼고 꿈꿀 때 복잡한 두뇌 세
포 덩어리들은 어떤 식으로 움직이는가를 인류 역사상 처음으
로 밝혀 주고 있다. 이 다양한 신경 생물학적 데이터를 통해
우리는 비로소 감정을 담당하는 두뇌 부문이 어떤 방식으로
사람들의 분노와 눈물을 유도하는가, 또는 우리들에게 전쟁과

사랑의 욕망을 불러일으키는 두뇌의 원시적인 부분들을 어떤 식으로 잘 컨트롤할 수 있는가를 좀 더 분명히 이해할 수 있게 되었다. 감성의 활동(또는 그 결여가 초래하는 결과)이 해명된 덕분에, 우리는 집단적 감성의 위기에 대한 보다 참신한 여러 가지 치유책을 개발하는 데에 집중할 수 있게 되었다.

저자는 이 책을 쓸 수 있을 만큼 충분히 과학적인 성과가 이루어지기를 기다려왔다. 그러나 이렇게 늦어진 이유는 과거의 연구들이 인간의 정신 활동에서 감정이 차지하는 비중을 놀랄 만치 경시해 왔기 때문에 아직도 인간 감성의 대부분이 과학적인 심리학 영역에서 미개척 분야로 방치되어져 있는 까닭이다.

이러한 진공 상태를 비집고 자조(自助) 노력을 강조하는 수많은 서적들이 홍수처럼 밀려들어왔지만 그 대부분은 좋은 의도에도 불구하고 기껏해야 임상적인 의견에 기초한 조언의 영역을 벗어나지 못한 채, 과학적인 뒷받침을 비롯한 상당 부분의 내용은 미약한 형편이었다. 그러다가 이제야 비로소 과학은 인간의 마음의 가장 불합리한 부분에 관한 긴급하고도 복잡한 문제들에 대해서 확실한 뒷받침을 가지고 설명할 수 있게 되었으며, 어느 정도는 인간의 마음에 대한 상세한 도식(圖式)도 그릴 수 있게 되었다.

인간의 지능지수(IQ; Intelligence Quotient)란 인생 경험에서는 변화되지 않는 유전적인 것으로 보고, 인간의 운명도 상당 부분 이런 자질에 의해 결정되기 마련이라고 주장하는 편협된 지능적 관점을 견지하는 사람들에게 이와 같은 도식화 작업은 도전으로 받아들여질 것이다. 그러나 그들의 주장은 보다 시급한 문제들을 무시하고 있다.

예를 들면, '우리의 아이들이 인생을 훌륭하게 헤쳐 나가도록 하기 위해서 우리는 무엇을 변화시킬 수 있을 것인가?' 또는 '높은 IQ를 가진 사람들이 실패하고 평범한 IQ를 가진 사람들이 놀랄 만한 성공을 거두는 이유는 어떤 요인의 작용에 의해서인가?'와 같은 문제들이다. 저자는 그 차이가 대부분 감성지능(Emotional Intelligence: 이하 '감성지능'에 관해서는 IQ와 대비되는 의미에서 저자의 의도를 충분히 살리면서 독자들의 편의를 돕고자 'EQ'로 표기한다 : 역주)이라고 불리는 능력에 의해 결정된다고 주장하는 바인데, 특히 본서에서는 EQ를 자기 통제, 열정, 인내력, 그리고 자신에 대한 동기부여 등을 통칭하는 개념으로 사용하고 있다.

그리고 앞으로도 살펴보게 되겠지만 EQ는 학습이 가능한 것이다. 누구나 이 능력을 개발함으로써 지적인 잠재력과 유전 성향이 어떻든 간에 그것을 훌륭하게 사용할 수 있는 기회를 가질 수가 있는 것이다.

이러한 새로운 가능성과 함께 시급한 문제로 떠오르는 것은 절대적 도덕의 필요성이다. 현대는 사회 구조가 그 어느 때 보다도 빠른 속도로 와해되어 가고 있으며, 이기심, 난폭, 비열함 등으로 사회 공동체의 미덕이 파괴되는 시대이다. 그럴수록 정서, 품성, 윤리적 본성 등에 바탕을 두고 있는 EQ에 대한 논의의 중요성이 더욱 부각된다. 최근 삶에 대한 근본적인 의식이 감성적 능력에서 비롯된다는 증거가 서서히 드러나고 있다.

예를 들자면, 충동은 감성의 매개체로서 모든 충동의 뿌리에는 스스로를 행동으로 표현하고 싶어하는 감정이 있다. 그리고 충동을 통제하는 능력은 의지력과 품성의 기본이 되기 때문에 충동의 노예가 된 사람들, 다시 말해서 자기 통제력을 상실한 사람들은 윤리적 결핍을 겪을 수밖에 없게 된다.

같은 원리로서, 애타(愛他)주의의 근간은 다른 사람들의 감정을 해독하는 능력인 감정이입에 바탕을 두고 있기 때문에 타인들의 욕구나 절망감을 지각하지 못하면 그들에 대한 배려는 있을 수가 없게 된다. 현시대가 요구하는 윤리적 태도 두 가지를 든다면, 그것은 다름 아닌 자기 절제를 하는 극기(克己)와 공감(共感)이라고 할 수 있다.

우리의 탐구여행

본서를 통해 저자는 과학적 식견을 통한 감성 세계로의 탐구여행을 위한 안내자, 다시 말해서 우리들의 삶과 주변 세계에서 겪는 가장 복잡한 순간들을 좀더 확실하게 이해할 목적으로 계획된 본 여행에서 안내자의 역할을 수행할 것이다. 이 여행의 목적은 지능을 감성에 도입시킨다는 것이 무엇을 의미하고, 또 어떤 식으로 해야 하는지를 이해하기 위한 것이다.

이러한 이해는 그 자체만으로도 의미 있는 일인데, 그것은 감정의 영역에 인식을 포함시킴으로 해서 물리학에서 양자(量子) 차원의 관찰자가 눈에 띄는 모든 것을 변화시킬 수 있는 것과도 같은 엄청난 영향력을 행사하게 되기 때문이다.

우리의 여행은 두뇌의 감성 구조에 대한 새로운 발견 사실들 중, 감성이 모든 지성을 압도하는 따위의 몹시 혼란스러운 삶의 순간에 대한 설명을 제공해 주는 내용을 주로 다루고 있는 제 Ⅰ부로부터 시작될 것이다.

분노와 공포, 또는 열정과 즐거움의 시간들을 통제하는 두뇌 구조의 상호 작용을 이해함으로써, 본인이 의도하지 않은 나쁜 감정 반응이 어떻게 생겨나는 것인가, 파괴적이고 자멸적인 감정적 충동을 억제하려면 어떻게 해야 하는지를 알 수 있게 될 것이다. 특히, 본서의 제 Ⅰ부에서는 다양한 신경학적 데이터를 통해 어린아이들의 감성적 습관을 형상화하는 기회가 제공될 것이다.

우리 여행에서의 다음 기착지인 제 Ⅱ부에서는 제 Ⅰ부에서 신경학적으로 설명된 감성이 감성지능EQ라고 불리는 삶을 위한 기본적인 능력 안에서 어떤 역할을 수행하는지를 관찰하게 된다. 이때의 능력은 감정적 충동을 컨트롤하는 능력일 수도 있고, 타인의 내면 깊숙이 간직된 감정을 읽어 내는 능력일 수도 있으며, 인간 관계를 원활하게 관리하는 능력일 수도 있다. 아리스토텔레스는 이를 가리켜 '적당하고도, 적절한 때에, 올바른 목적과 방법으로 화를 내는 능력'이라고 표현한 바 있다. 신경학적 세부 사항들에 깊은 관심이 없는 독자들은 바로 제 Ⅲ부로 넘어가도 괜찮다.

인생살이에서 '총명'(Intelligent: '지적인', '이성적인' 등의 복합적 의미가 있음: 역주)하기 위해 필요한 다양한 준거들을 추구하다 보면 어느덧 우리들의 감성은 삶을 위한 바탕의 중심 부분에 자리잡게 된다. 제 Ⅲ부에서는 감성이 인생에 어느 정도의 격차를 초래하는가를 다루게 된다.

예를 들면, EQ가 높은 사람은 어떤 식으로 소중한 인간 관계를 유지시키는가, EQ가 낮은 사람은 어떻게 인간 관계를 침식시키는가, 좀 더 구체적으로는 경영 환경의 영향을 받아 근로의 형태가 변화해 가는 중에 감성이 직장 생활에 있어서의 성패를 얼마나 크게 좌우하는가, 또는 줄담배를 피우는 사람들이 그러하듯이 중독적 감정이 우리들의 건강에 끼치는 위험은 어떠한가, 반대로 감정적인 균형이 어떤 식으로 우리들의 건강과 복지를 보호해 주는가 등이 골고루 다루어지게 될 것이다.

우리는 유전적인 유산을 통해 우리의 기질을 결정하는 일련의 감성적 특질을 부여받는다. 하지만 이 특질에 관계하는 두뇌 회로는 대단한 유연성을 가지고 있다. 다시 말해서 우리의 기질은 변화할 수 있는 것이다.

제 IV부에서는 어린 시절에 가정이나 학교에서 학습한 감성적 교훈들이 우리의 감성 회로를 형성해 가고, EQ를 결정하는 과정을 보게 된다. 다시 말해서, 아동기와 청소년기는 우리들이 스스로의 삶을 통치할 수 있는 필수적인 감성 습관을 확립하는 데 있어서 아주 중요한 기회의 창이라는 의미이다.

제 V부에서는 사람들이 성인으로 생활하는 과정에서 감성 영역을 제대로 다스리지 못함으로 인해서 겪는 위험들을 탐구하게 될 것이다. 즉, EQ의 결함이 어떤 식으로 우울증이나 폭력적 생활, 무절제한 식사, 약물 남용 등의 다양한 위험 수준을 높이는가 등을 다루게 된다. 또한 선도적인 학교에서는 어떤 식으로 아이들에게 그들의 삶을 본 궤도에 올리기 위해 필요한

감성적 사회적 EQ 능력들을 가르치는지에 관한 구체적인 예가
소개될 것이다.

이어서 등장하는 각종 데이터들은 각계의 부모와 교사들을
대상으로 한 대대적인 조사에서 밝혀진 것으로써, 요즘 아이들
이 옛날 아이들보다 훨씬 심한 감성적인 혼란을 겪고 있음을
보여주고 있다. 그들은 예전보다 훨씬 쉽게 고독과 절망을 느끼
며, 분노를 폭발시키고, 무절제하며, 툭하면 신경질을 부리고,
불안에 휩싸이고, 보다 충동적이고 공격적인 성향을 보인다.

이에 대한 구제책은 우리 부모들이 자녀들에게 어떤 식으로
삶에 대해 준비해야 하는지를 가르치는 철학과 방법론에 있다
고 본다. 현 시점에서는 우리 자녀들의 감성지능 EQ 교육은
뚜렷한 지침조차 없어서 더욱 나쁜 결과를 빚고 있다. 여기에
대한 하나의 해결책은 모든 학생들을 '제대로' 교육시키고 그들
의 정신과 마음을 교실로 결집시키기 위해서 학교가 무엇을
할 수 있는가에 대한 새로운 통찰력을 찾는 것이다.

우리의 탐구 여행은 아이들로 하여금 EQ의 기본적인 능력들
에 바탕을 두도록 인도하는 목표를 가지고 운영되는 혁신적
교실들을 방문하는 것으로 끝이 나게 된다. 이상의 과정을 거치
는 가운데 자기인식, 자기통제, 감정이입 외에도 경청, 갈등 해
결, 상호협력 등의 기술과 같은 중요한 인간적인 능력들을 일상
적으로 가르치는 것이 교육내용에 포함되는 날도 언젠가는 올
것이다.

인간의 덕, 품성, 행복한 삶에 대한 철학적 탐구서인 『니코마
코스 윤리학』에서 아리스토텔레스가 주된 도전 목표로 삼은

것은 우리의 감성적인 삶을 이성으로 통제할 수 있는가의 문제
였다. 열정은 제대로만 발휘된다면 우리의 사고, 가치, 생존 문
제 등을 인도할 때에 지혜를 부여해 준다.

그러나 열정은 자칫 격정으로 빗나가기가 쉽다. 아리스토텔
레스도 지적했듯이, 문제는 감정 그 자체보다는 적절한 감정을
어떻게 적절하게 표현하느냐에 달려 있다. 중요한 것은 우리가
어떤 식으로 감성에 지성을 결합시키는가, 다시 말해서 우리가
사는 사회에 시민 정신을, 우리의 공동체적 삶에 배려의 정신을
발휘하는가 하는 문제인 것이다.

제 I 부

감성두뇌-EQ Brain

제1장

감성(Emotion)이란 무엇인가?

*올바르게 보기 위해서는 마음으로 보아야 한다. 진정 중요한
것은 눈에 보이지 않기 때문이다.*

생텍쥐페리, 『*어린 왕자*』

여기서 개리 촌시 부부가 겪었던 최후의 순간에 관한 것부터
살펴보도록 하자. 이들 부부는 뇌성마비로 인해 휠체어를 타고
생활하게 된 딸 안드레아에게 평생을 헌신하며 살았다.
촌시 가족은 대륙 횡단 열차를 타고 루이지애나 호수를 건너
던 중 대형 화물선이 철교를 들이받는 바람에 다리가 무너져
물 속으로 추락하였다.
오직 딸을 살려야 겠다는 일념에 촌시 부부는 가라앉는 기차
속으로 강물이 쏟아져 들어오는 와중에도 필사적인 노력을 다
했다. 간신히 딸의 몸을 창밖으로 밀어내어 구조대의 손에 맡길
수 있었다. 그리고 자신들은 강물 속으로 가라앉는 열차와 함께
물속으로 사라지고 말았다.[1]

자식의 목숨을 위해 최후까지 용감한 행동을 보여주었던 안드레아 부모의 이야기는 인간이 가지고 있는 신화적인 용기의 순간을 전형적으로 그려내고 있다. 물론 자식을 위해 부모가 희생한 이야기는 선사 시대로부터 수없이 되풀이되어 왔으며, 인류의 진화 과정까지 포함하면 셀 수 없을 정도로 많이 있어 왔다.[2] 진화론에 따르는 생물학자들의 관점에서 볼 때, 그러한 부모의 자기 희생은 자신의 유전 인자를 후세에게 물려주려는 '종족 번식'을 위한 행동의 하나로 간주된다. 그러나 위기의 순간에 극단적인 결정을 내려야 하는 부모의 입장에서 본다면, 그것은 사랑 이외의 것으로는 설명이 불가능하다.

감성Emotion의 목적과 효력 차원에서 생각할 때, 앞에서 예로 든 부모의 영웅적인 행동은 인간의 삶에서 볼 수 있는 이타적인 사랑-기타 우리가 느끼는 모든 감성-이 어떤 역할을 수행하는가를 입증하고 있다.[3] 또한 이것이 제시하는 바는 우리의 가장 깊은 정(情) 또는 열정이나 열망은 우리 행동의 핵심적인 안내자 역할을 함과 동시에 우리는 세상살이에서 이것들이 갖는 힘이 있기 때문에 생존이 가능하다는 점이다. 그 힘은 매우 특별한 것이다.

뜨거운 사랑-소중한 아이를 구해야 한다는 위급성-이 있음으로써 부모는 자기 자신이 생존하고 싶다는 본능을 뛰어넘게 되는 것이다. 이지적인 측면에서 볼 때, 부모의 자기 희생은 불합리하게 보일지도 모른다. 그러나 뜨거운 가슴으로 생각하면 오직 그 방법 외에는 선택의 여지가 없는 것이다.

사회 생물학자들은 인간 영혼의 발전 과정에서 감성이 그토록 중요한 역할을 차지하는 이유를 밝히기 위해서 앞의 경우처럼 위급한 순간에는 언제나 EQ가 IQ를 능가하고 있음을 지적한다. 그들에 의하면 지성에만 맡겨 두기에는 너무나 중대한 난국이나 과업들 예를 들면, 위험이나 심각한 손해, 좌절을 딛고 목표를 향해 나아갈 때, 결혼으로 인한 결합, 가족 형성에 직면했을 때에 인간의 감성이 전면에 나와 안내자 역할을 한다고 한다.[4]

모든 감성은 행동으로 옮길 만한 독자적인 준비성을 갖추고 있으며, 각각의 감성들은 우리로 하여금 인류의 삶에서 반복되어 온 도전을 올바르게 처리하도록 이끌어 왔던 방향성을 제시한다. 이 영속적인 상황이 인류의 진화 역사에서 무수히 반복되어 오는 동안, 우리의 감성을 구성하는 내용들도 그 존재 가치가 인간의 마음에 깃든 내재적이고 자동적인 경향으로써 우리의 신경 속에 각인되어오는 과정에서 끊임없이 검증되어 왔다.

감성의 힘을 무시한 채 인간의 본질을 관찰하는 것은 근시안적일 수밖에 없다. '지성을 가진 인간'을 의미하는 '호모 사피엔스'란 말도 감성이 우리 삶에서 차지하는 정당한 위치에 대한 평가와 관점이란 면에서 본다면 상당한 오해를 유도한 것이 사실이다.

경험에서도 알 수 있듯이, 우리가 무엇인가를 결정하거나 행동을 일으킬 때 감성이 차지하는 비중은 결코 지성에 못지 않다. 사실 그 동안 우리는 IQ로 측정할 수 있는 매우 지성적인 부문의 가치와 중요성만을 강조해 온 경향이 있었다. 그러나 좋은 면에서든 나쁜 면에서든 EQ가 인간을 움직이는 바탕이 될 때에는 IQ는 더 이상 큰 의미가 없는 것이다.

격정이 이성을 압도할 때

그 사건은 실수가 빚어낸 비극이었다. 14살의 마틸다 크랩트리는 언제나처럼 아버지에게 장난을 칠 준비를 하고 있었다. 그녀는 부모가 이웃을 만나러 갔다가 돌아오는 새벽 1시까지 벽장 속에 숨어 있다가 그들이 집에 돌아올 때 "왁!"하고 놀래줄 참이었다.

하지만 그녀의 부모님은 그날 저녁 마틸다가 친구 집에 놀러 간 것으로 생각하고 있었다. 그래서 현관에 들어서는 순간 수상한 소리를 들은 아버지 바비 크랩트리 씨는 35구경 권총을 찾아들고 딸의 방을 살펴보기 시작했다. 마틸다가 벽장에서 뛰어나오는 순간과 거의 동시에 크랩트리 씨는 상대방의 목을 쏘았다. 12시간 뒤 마틸다는 숨을 거두었다.[5]

진화가 인간의 마음에 새겨준 감성적 유산 중에는 위험으로부터 가족을 보호하려고 하는 동기를 부여해 주는 공포도 포함된다. 이 공포로부터의 충동으로 인해 바비 크랩트리 씨는 총을 쥐었고 집 어디인가에 숨어 있을 것으로 생각했던 침입자를 수색하기에 이르렀다. 그러나 공포에 사로잡힌 크랩트리 씨는 발사 대상이 누구인지 확인할 여유도 없이 딸의 목소리도 알아차리지 못한 채 방아쇠를 당겼던 것이다.

진화 생물학자들의 주장에 의하면, 이러한 반사적인 반응이 우리의 신경계 내에 뚜렷이 각인된 것은 그것이 인류의 선사

시대부터 지금에 이르기까지 우리의 생사의 갈림길이었기 때
문이라고 한다. 더욱이 이러한 반응은 진화의 주요 과업과도
깊은 관련이 있기 때문에 우리는 똑같은 유전적 성향을 보이는
후손들을 계속 낳게 되는 것이다. 이러한 성향이 크랩트리 씨
가족의 경우에는 하나의 비극적인 아이러니로 작용한 것이다.

대체적으로 볼 때, 우리의 진화 과정에서 감성이 현명한 안내
자의 역할을 해 왔지만 그 자체의 진화속도가 상당히 느리기
때문에 문명의 변화에 따른 새로운 현실에 보조를 맞추지 못하
고 있는 형편이다.

사실 인류 최고의 법 내지는 윤리 선포령이라고 할 수 있는
함무라비 법전, 유대인의 십계명, 아쇼카 왕국의 칙령과 같은
것들도 우리의 격정적 생활을 억제하거나 굴복시키거나 순화
시키려는 시도라고 할 수 있다. 프로이트*가 자신의 저서『문명
과 불만』에서도 언급하고 있듯이 인간 사회는 내부적으로 출현
할 수 있는 감성적 흐름의 과잉을 규제하기 위해 만들어진 법률
을 외부적으로 강요해야만 했다.

이러한 사회적 규제에도 불구하고 격정은 때때로 이성을 압
도해 버린다. 이러한 인간의 원초적인 조건이 생성된 것은 본성
으로, 정신 생활의 기본적인 구조에서 비롯된다. 우리에게 부여
된 감성의 기본적 신경 회로는 그저 과거 5세대, 또는 5백 세대
사이에 갑자기 형성된 것이 아니라, 장장 5만 세대 이상의 세월
에 걸쳐 그 훌륭한 효율성을 입증 받은 것이다. 인간의 감성을
형성해 온 완만하고도 유유한 진화의 힘은 수백만 년에 걸쳐
이루어진 것이다. 따라서 과거 1만여년 기간이 아무리 신속한

인간 문명의 변화와 500만 인구에서 50억 인구로의 팽창을 가져온 시간이었다고 하더라도, 감성면에서 인간의 반응 패턴은 거의 변화되지 않은 것이다.

좋은 쪽이든 나쁜 쪽이든, 인간과 인간 사이의 개인적인 마주침과 그에 대한 대응의 평가는 합리적인 판단이나 개인적인 역사만이 아닌, 먼 조상들의 과거에 의해서도 형성되는 것이다. 이로 인해 크랩트리 씨 가족의 슬픈 사건에서도 보았듯이 때로는 비극적인 성향이 남아 있게 되기도 한다. 한마디로 말해서, 우리들은 빙하기가 후퇴하고 인류가 출현한 시기인 홍적세의 감성적 레퍼토리를 가지고 포스트 모던적인 딜레머에 맞닥뜨리고 있는 것이다. 이 난국 상황을 어떻게 헤쳐 나가야 할 것인가, 그것이 바로 이 책의 중심 테마이다.

충동에서 행동으로

어느 이른봄 날, 나는 콜로라도 주의 산길을 따라 난 고속도로를 지나가던 중 불과 몇 마일 전방에서 갑작스레 불어오는 눈보라와 마주쳤다. 휘몰아치는 눈발이 온 세상을 흰색으로 바꿔 버려서 아무리 앞을 보려고 해도 아무 것도 식별할 수가 없었다. 브레이크를 밟은 채 그 자리에 꼼짝 않고 멈춰 선 나의 온몸에 불안이 밀려와 심장의 박동 소리가 거의 옆 사람에게도 들릴 정도였다.

불안은 곧 확실한 공포로 변하였다. 겨우 길 옆에 차를 세우고, 눈보라가 그치기를 기다리는 수밖에 없었다. 30분쯤 지나자 눈이 그치고, 시야가 회복되어, 나는 가던 길을 계속 갔다. 그러나 수백 미터 앞에서 다시 멈춰 서게 되었다. 그곳에서는 추돌 사고가 생겨 구급 대원들이 승객들을 구조하느라고 도로가 폐쇄되어 있었기 때문이다. 만약 내가 폭설을 뚫고 계속 질주했더라면 분명 나도 추돌하게 되었을 것이다.

그날 나에게 브레이크를 밟게 한 공포가 나의 생명을 구해 준 셈이었다. 나는 지나가는 여우를 보고 꼼짝 못 하고 얼어붙은 토끼처럼, 또는 공룡을 피해 다니던 원시시대의 포유류처럼, 그때의 나는 멈춰 서서 주의를 집중하고 다가오는 위험에 대비하도록 명령한 내부의 목소리에 지배되고 있었던 것이다.

본질적으로 모든 감성은 진화 과정을 거쳐 우리에게 부여된 행동을 이끌어 내는 충동이자 삶의 관리를 위한 순간적인 계획이다. 원래 감성*Emotion*이란 단어의 어원은 라틴어로 '움직이다'를 의미하는 '*motere*'에 '물러나다'를 의미하는 접두사 e-가 붙어 있는 것으로서, 감성은 행동으로 이어지는 뉘앙스를 함축하고 있다고 할 수 있다. 감성이 행동을 유발한다는 사실은 동물이나 아이들에게는 분명히 드러나는 현상이다. 감성이 순순히 행동으로 이어지지 않는 변칙적인 표현 방법으로 나타나는 것은 오직 동물 왕국의 위대한 예외로 간주되는 '문명화된' 성인 인간들에 의해서 뿐이다.[6]

우리의 감성을 이루는 내용을 살펴볼 때, 각각의 감성은 확연히 구분되는 생리학적 징후를 보이면서 저마다 독특한 역할을 수행한다.

['기본적' 감성들에 대한 세부 사항은 부록 A를 참고할 것.]

연구자들은 신체와 두뇌의 새로운 탐구 방법을 개발하는 과정에서 각각의 감성들이 어떤 식으로 신체에게 서로 확연히 구분되는 대응을 하도록 하는지를 살펴볼 수 있는 생리학적 정보들을 속속 발견해 내고 있다.[7]

· **분노를** 느낄 때는 양 손에 피가 몰려서 무기를 쥐거나 적에게 주먹을 휘두르기가 쉬워진다. 이때 심장 박동 수가 증가하고 아드레날린과 같은 호르몬이 쏟아져 나와 과격한 행동을 일으키기에 충분할 정도의 에너지 파동이 만들어진다.

· **공포를** 느끼면 우리 몸의 피는 우선적으로 다리와 같은 대형의 골격근으로 전달되어서 언제라도 도망칠 수 있게끔 한다. 동시에 피가 빠져나간 얼굴은 창백해지고 몸에는 '소름이 돋는' 느낌이 전해진다. 이때 비록 순간적이나마 몸이 굳어지기도 하는데, 이는 그 동안 몸을 숨기는 것이 좋은 반응인지를 측정하기 위해서이다. 두뇌의 감성 중심부의 회로들은 호르몬의 유출을 촉진하여 신체가 전체적인 경계 상태에 도달하게 하고, 언제든지 행동에 대한 준비를 갖추게 한다. 주의력은 오직 눈 앞의 위협에만 집중되어 어떠한 반응을 선택할 것인지의 평가를 쉽게 만든다.

· **행복한** 사람에게서 볼 수 있는 주요한 생리적 변화로는, 부정적 감정을 억제하고 사용 가능한 에너지 양의 증가를 촉진시키는 두뇌 중심부의 활동이 활발해진다는 것과, 불안감을 촉진시키는 부분은 저하된다는 사실이다. 그러나 평정 상태가 되는 것 이외의 두드러진 변화는 나타나지 않는다. 이것은 신체가 혼란스러운 감정이라는 생리적 흥분 상태에서 재빨리 회복하

도록 하기 위해서이다. 이러한 상태에 처했을 때의 신체는 전반적인 안정성을 보이며 여러 가지 일이나 목표를 향한 의욕으로 가득 차게 된다.

· ***사랑*** 또는 연정이나 성적 만족감은 부교감신경의 자극-이것은 공포와 분노의 감정이 가져오는 '싸우든가 피하든가'의 구조와는 정반대의 생리적인 변화이다. '긴장 이완 반응'이라고도 일컫는 이러한 부교감신경의 패턴은 평온하고 만족스러운 상태를 유도하고, 협조적인 태도를 촉진시키는 신체 전반적인 반응이다.

· ***놀랐을*** 때 눈썹이 올라가는 것은 보다 넓은 시야를 확보하고, 망막에 들어오는 빛의 양을 많게 하기 위한 기능이 있다. 이를 통해 우리는 예기하지 못한 사건에 대해 많은 정보를 수집하고, 현재 진행 중인 상황을 정확하게 파악하여 최상의 행동을 계획해 낼 수가 있다.

· ***혐오의*** 표현은 세계 공통이다. 이것이 전달하는 내용 역시 무엇인가의 맛과 냄새가 역겹다거나 은유적으로 그러함을 표현하는 측면에서 볼 때 대단히 유사하다. 다윈이 관찰한 바에 따르면 얼굴에 나타나는 혐오감의 표현 즉, 코에 주름살이 지면서 윗입술이 옆으로 비틀리는 것은 고약한 냄새가 들어오지 않도록 콧구멍을 막거나 유해한 음식을 내뱉기 위한 원초적인 시도라고 한다.

· ***슬픔이*** 갖는 주요 기능은 가까운 사람의 죽음이나 엄청난 실망과 같은 심각한 마음의 아픔을 겪었을 때 이에 적응하도록 도와주는 데에 있다. 슬픔은 삶의 활력, 특히 기분 전환이나

쾌락 등을 지향하는 우리의 에너지와 열정에 제동을 걸고, 우울함을 강조하거나 그것에 근접해 감으로써 우리 신체의 신진대사를 저하시킨다.

이와 같은 내부로의 후퇴를 통해 손실이나 좌절을 한탄하고 그것이 인생에 가져올 무게를 잴 시간을 주게 된다. 그래서 이윽고 에너지가 회복되면 새로운 출발을 계획할 수 있게 해준다. 이러한 에너지 저하가 있기 때문에 원시시대의 인간들은 슬픔으로 약해질 때에는 보다 안전함을 보장해 주는 가정에 애착을 갖게 되었을 것으로 보인다.

이상의 생리적 행동 성향들은 사람들이 인생 경험과 문화를 거치는 동안에 구체적인 모습을 갖추어 간다. 예를 들어 사랑하는 사람을 잃었을 때 슬퍼하고 비탄스러워 하는 것은 세계 공통의 반응이다. 하지만 다른 사람들의 눈을 꺼리지 않고 드러내는가 감추는가 하는 문제는, 우리 삶에서 어떤 사람들을 슬퍼할 만한 '사랑하는 사람'의 범주에 넣는가 하는 문제와 마찬가지로, 문화에 따라서 다른 모습을 보인다.

이러한 감성 대응이 형상을 갖춰 가던 오랜 기간의 진화 과정은, 유사 이래로 하나의 종(種)으로서의 대부분의 인간들이 겪었던 것보다도 훨씬 힘든 현실이었을 것이다. 그때는 언제 침략자가 습격할지도 모르고, 가뭄과 홍수의 변화는 곧 굶주림과 생존의 갈림길을 의미하는 시절이었기 때문에, 상당수의 아이들이 유아기에 사망하거나 성인이라도 30살까지 생존하는 경우는 매우 드물었다.

그러나 농경이 시작되고 아주 초보적이기는 하지만 사회가

형성되는 동안 인간의 생존율에도 극적인 변화가 생기기 시작
하였다. 그 후, 유사 이래 1만여년 동안 전세계에 걸쳐 각각의
진보들이 확립되어 가는 동안에 인구의 증가를 저지해 왔던
심각한 압력들도 점차 완화되어 갔다.

바로 그러한 압력들이 있었을 때는 우리가 갖고 있던 감성
반응도 생존을 위한 소중한 조건이 될 수 있었다. 그러나 그러
한 압력들이 사라지면서 인간의 감성 반응의 내용들이 갖는
적절함도 차츰 그 의미가 희미해져 갔다. 그래서 옛날에는 폭발
적인 분노가 생존을 위한 중요한 바탕이 될 수 있었지만, 13살
짜리 아이도 자동소총을 구입할 수 있는 오늘날의 현실에서
폭발적인 분노는 파국적인 결과를 불러올 뿐이다.[8]

인간의 이중적인 정신

한 여자 친구가 나에게 자신의 고통스러운 이혼에 대해 이야
기했다. 그녀의 남편은 직장의 젊은 여성과 사랑에 빠져서 내
친구에게 집을 나가 그녀와 살겠다는 선언을 했다고 한다. 그
후 집 문제, 금전, 자녀 양육에 관련된 분쟁이 몇달 동안 진행되
었다. 그런지 다시 몇 개월 뒤, 그녀는 내게 홀로 사는 것도
매력적이라는 말과 함께 이제 독립하게 되어서 행복하다고 말
했다. "더 이상 그 사람 생각이 나지도 않고, 정말 아무렇지도
않다니까." 하지만 그런 말을 건네는 그녀의 두 눈에는 잠깐이
었지만 눈물이 고였다.

생각하기에 따라서는 그와 같이 잠깐 눈물이 비친 두 눈을
무시하고 지나칠 수도 있다. 하지만 상대가 눈물을 보일 때,

그것은 비록 그가 반대로 이야기하더라도 실제로는 슬퍼하는 것임을 감정이입적으로 이해하는 것은 마치 활자로 인쇄된 문장으로부터 총체적 의미를 추출해 내는 것과 똑같은 포괄적 이해 행위로 볼 수 있다.

여기서 전자는 지성적인 정신의 행위이고, 후자는 감성적인 정신의 행위이다. 이를 좀더 실질적인 의미에서 표현한다면, 우리는 사고하는 것과 느끼는 것, 두 가지의 정신을 갖고 있다고 할 수 있다.

이와 같은 서로 다른 두 가지의 이해 방식은 우리의 정신적인 삶을 구축하는 과정에 항상 상호 작용한다. 그중 지성적인 정신은 우리가 보통 인지할 때 갖게 되는 이해 방식인데, 이를테면 지각력에서 탁월함을 발휘하는 것이나, 사려 깊은 것이나, 사고하고 반성할 수 있는 능력 등이 여기에 해당된다. 그러나 이와는 다른 행동 체계가 또 하나 있으니, 그것은 충동적이고 강렬하고 때로는 불합리하기까지한 감성적인 정신이다.

[감성 정신의 보다 상세한 내용은 부록 B를 참고할 것.]

지성과 감성의 양분법은 사람들을 '머리'와 '가슴'으로 나누는 방식과도 흡사하다. 즉, 무엇인가가 옳다고 '가슴으로부터' 느낄 때는 '머리로' 그렇게 생각할 때보다 확신이 한층 강한 것처럼 생각된다. 지성과 감성은 상반되는 역관계에 있는데, 감성이 강하면 강할수록 지배적인 형태를 띠는 것은 감성적 정신이고, 지성적 정신은 무기력한 모습을 보이게 된다.

이것은 수만 년 간 진화적 장점들을 반복하는 가운데, 우리 삶이 위험에 처하는 경우-그렇다고 어떻게 해야 할지 생각하기 위해 잠시 멈춰 섰다가는 생명을 위협 당할 수 있을 때에는 감성과 직관을 통해 즉각적인 반응이 도출되도록 하는 일종의 짜맞춤 방식으로 볼 수 있다.

이 두 가지의 감성적 정신과 지성적인 정신은 세상을 살아가는 우리를 안내하기 위한 서로 다른 이해 방식을 짜맞춰가면서, 거의 모든 상황에서 완벽한 조화를 이루고 있다. 보통의 경우, 감성적 정신과 지성적 정신 사이에는 서로 균형을 취하면서 감성은 지성적 정신 활동에 정보를 제공하고, 지성적 정신은 감성을 이루는 입력 내용을 검토하기도 하고 때로는 차단하기도 한다. 그러면서도 감성적 정신과 지성적 정신은 두뇌 내에서 어느 정도의 독자적인 기능을 갖고 있어서 각각이 확연히 구분되는, 그러면서도 상호 연계성을 갖는 회로들을 이루고 있다.

대부분의 경우에 두 정신은 절묘한 조화를 이룬다. 감성은 지성에 필수적이고, 지성은 감성에 필수적이다. 그러나 격정이 과도하게 분출되면 양자의 균형이 깨지면서 감성이 주도권을 잡고 지성적 정신을 압도해 버린다. 16세기 인본주의 철학자 에라스무스는 지성과 감성 사이의 영원한 긴장에 대해서 다음과 같이 예리한 필체로 묘사하고 있다.[9]

…제우스 신은 지성보다는 훨씬 많은 감성적 격정을-대략 24 대 1 정도로 계산할 수 있는-내려주었다. 그는 지성의 신(神)이 갖는 독자적인 힘에 대항할 강력한 폭군 둘을 만들었으니, 분노와 욕망이 바로 그들이다. 이들 두 연합 세력에 대항하여 지성의 신이 얼마만큼 우세함을 유지하느냐에 따라 개인의 보편적인 삶은 큰 차이를 보이게 된다.

지성의 신은 윤리적인 법칙들을 지키라고 목이 쉬도록 외쳐 대지만, 다른 두 친구는 그에게 나가 죽어 버리라고 말하고는 점차 소음과 공격을 강화하여 마침내 판단의 신이 지쳐서 모든 것을 포기하고 항복하게끔 한다.

두뇌발전의 역사

지성적 정신에 대한 감성적 정신의 강력한 영향력을 제대로 이해하기 위해서, 또는 '머리'와 '가슴'이 그처럼 대립하는 이유를 알기 위해서는 두뇌가 어떻게 변화해 왔는지를 살펴봐야 할 것이다. 인간의 두뇌는 약 1.6kg 정도의 세포와 뇌척수로 이루어져 있으며 이는 진화의 계통상 가장 가까운 유인원의 두뇌보다 부피가 3배 이상 크다. 수백만 년에 걸친 진화의 역사 속에서 두뇌는 아래에서부터 위로 성장했고, 높은 쪽의 중심부는 자기보다 오랜 역사를 갖는 낮은 쪽 부위들을 보다 정교하게 발전시킨 모양을 갖는 과정을 가져왔다. 태아의 두뇌 성장도 이런 진화 과정을 비슷하게 재현한다.

최소한의 신경계라도 갖고 있는 생물이라면 모두 갖고 있는 가장 원시적인 두뇌부위는 척수의 제일 상단부를 둘러싸고 있는 뇌간(腦幹)이다. 뇌간은 인간의 기본적인 생존 기능, 이를테면 단순 반복적인 반응이나 동작은 물론, 호흡이나 신체 다른 기관들의 신진대사 등을 담당한다. 그러나 이 원시적인 두뇌는 사고하거나 학습하는 기능은 갖고 있지 않다. 다만 신체가 올바르게 작동하고 생존을 위한 반응을 유지하는가를 감시하는 예비 프로그램화 된 조절기 정도로 보아야 할 것이다. 이 두뇌 부분이 최고로 군림했던 시기는 파충류 시대로써, 우리는 공격의 위협을 알리기 위해 쉭쉭대는 뱀의 모습을 상상해 보는 것도 좋을 것이다.

이 원시적 뿌리인 뇌간으로부터 감성을 이루는 주요 부분이 생성되었다. 수백만 년의 진화 과정을 거치면서 이 감성 영역들로부터 큰 전구 모양의 얇은 회선형 세포 조직들이 생성되면서 두뇌의 상부를 차지하게 되었는데, 이것이 사고를 담당하는 대뇌 신피질(新皮質)이다. 사고하는 뇌가 감성적 뇌로부터 생겨났다는 사실은 사고와 감성이 어떻게 관련되는지에 대해 많은 것을 시사해 준다. 한 가지 분명한 것은 지성적 두뇌가 생기기 훨씬 전부터 감성적 두뇌가 있었다는 점이다.

감성 생활의 가장 오래 된 뿌리는 냄새를 맡는 감각, 좀더 정확히 표현하면 후각엽(嗅覺葉)이라고 하는 냄새를 맡고 분석하는 기관에서 찾을 수 있다. 모든 생명체는 유익한 것이든 유독한 것이든 성적 욕구의 대상이든 천적이든 각각 특징적인 분자를 공중에 발산하고 있다. 원시시대에는 냄새가 생존을 위한 최우선적인 감각인 것이다.

이러한 후각엽에서 원시적 모습의 감성 기관들이 출발하여 점차 뇌간의 윗부분을 둘러쌀 만큼의 크기로 성장하였다. 초창기에 후각의 중심부는 냄새를 분석하기 위해 모인 얇은 층의 신경돌기에 지나지 않았다. 한 세포층이 냄새를 받아들이면 우선 그것이 먹을 수 있는지, 독이 들어 있는지, 성적 접근이 가능한지, 적인지 또는 음식인지에 따라 적당한 범주들로 구분했다.

두번째 세포층은 신경 세포를 통해 몸 전체가 무엇을 할 것인지 즉, 깨물 것인가 뱉을 것인가, 접근할 것인가 도망칠 것인가 쫓아갈 것인가를 지시하는 반사적인 메시지를 전달한다.[10]

그러다가 최초의 포유류가 등장하면서 감성두뇌에 가장 핵심적인 층이 생겨났다.

뇌간을 둘러싸고 있는 이 층은 도넛처럼 생겼는데, 바로 그 곳에 뇌간이 자리잡고 있다.

이렇게 휘감은 모양으로 뇌간에 맞대고 있다고 해서 우리는 이 부분을 '대뇌 변연계'(Limbic System)라고 부르는데, 이때 limbic이란 말은 라틴어로 '고리'를 뜻하는 'limbus'에서 파생된 것이다. 이 새로운 신경 영역으로 인해 두뇌의 고유한 활동 내용인 감성들이 생겨나게 되었다.[11] 우리가 열망이나 분노에 사로잡혔을 때나 사랑에 빠졌을 때, 공포로 인해 움찔할 때 우리의 신체를 장악하는 것이 바로 이 대뇌 변연계인 것이다.

대뇌 변연계는 진화됨에 따라 강력한 두 가지 도구를 개량해 왔는데, 그 하나는 학습이고 다른 하나는 기억이다. 이런 혁명적인 진보가 있었기 때문에 동물들은 생존을 위한 선택에서 보다 현명하게 대처할 수 있게 되었고, 늘 변화 없는 자동적인 대응이 아닌, 변화하는 요구에 적응해 나가는 정제된 대응력을 갖추게 된 것이다.

그래서 어떤 음식을 먹고 병이 나면 다음부터는 그 음식을 피할 수 있게 되었다. 무엇을 먹고 무엇을 거부할 지를 알아내는 판단력은 아직도 냄새에 의해 결정되지만, 후각엽과 대뇌 변연계 사이의 연결 부위가 있음으로 해서 냄새 차이를 구분하고, 그것을 인식하고, 과거와 현재의 냄새 차이를 비교해서 좋은 음식과 나쁜 음식을 차별화하는 작업을 행할 수 있게 되었다. 이 작업을 하는 부분이 대뇌 변연계의 한 부분이자 신피질의 기초가 되는 '비뇌(鼻腦)'이다.

지금으로부터 약 100만 년 전부터 포유류의 두뇌는 성장 속도에 박차를 가하기 시작했다. 이때부터 계획하고, 감지된 것을 이해하고, 움직임을 조절하는 역할을 맡고 있던 얇은 두겹의 피질 위에는 새로운 뇌세포 층이 몇 겹 쌓여서 신피질을 형성하게 되었다. 오래된 두겹의 피질과는 달리, 신피질은 놀랄 정도로 뛰어난 지적인 능력을 보여주게 된다.

호모 사피엔스의 대뇌 신피질은 다른 어떤 동물들보다도 크게 발달되어 있는데, 이로 인해 인간들만이 갖는 뚜렷한 특징들이 생겨났다. 신피질은 사고(思考)의 근원지로써 이곳에는 감각을 통해 인식한 것들을 종합하고 해득하는 중심부가 들어 있다. 신피질은 우리가 생각한 것을 감성에 첨가시켜서 우리로 하여금 사상이나 예술, 상징, 심상 등에 일정한 감정을 갖게 한다.

진화 과정에서 신피질은 난관을 뚫고 하나의 유기체가 생존하기 위해서는 더할 나 위없이 큰 장점이 될 수 있는 현명한 '정교한 조절'의 능력을 부여해 주었고, 후손들에게 그러한 유리한 신경 회로를 차례로 물려줄 수 있게 해주었다. 이 모든 생존 기술은 작전을 짜거나 장기적인 계획을 세우게 할 수 있는 신피질 덕분에 가능한 것이다. 그 뿐만 아니라, 예술이나 문화, 문명의 개화도 모두 신피질의 활동 덕분이다.

신피질의 발달은 인간의 감성적 생활에도 미묘한 변화를 일으켰다. 사랑을 예로 들어보면, 대뇌 변연계는 성적인 정열을 지탱하는 감성인 쾌락과 성적 욕망의 느낌을 만들어 낸다. 그러나 거기에 대뇌 신피질이 더해지고, 그것이 대뇌 변연계와 연결됨으로써 비로소 가족 단위의 기본이 되는 모자간의 유대감과 인간 성장을 위한 양육에의 장기적인 헌신이 가능해진 것이다. 신피질이 없는 파충류 따위의 종(種)은 모성애가 없기에 어린 새끼들은 부화됨과 동시에 부모에게 잡아먹히지 않으려고 피해 다니게 되는 것이다.

인간의 경우, 부모와 자식간의 강한 유대 관계가 있기 때문에 오랜 유아기 동안 성숙 과정의 대부분이 이루어질 수 있고, 이로 인해 그 기간 동안에도 두뇌가 지속적인 발전을 할 수 있는 것이다.

우리가 파충류에서 유인원으로, 그리고 인간으로의 계통학적 진보를 거치는 동안, 신피질의 얇은 부피도 계속 증대되었다. 그와 함께 두뇌 신경 회로 내의 상호 연결 부분들도 기하학적인 증가를 거듭하게 되었다.

그 연결 부분의 숫자가 많으면 많을수록, 가능한 대응의 범위도 더욱 커지는 것이다. 신피질이 존재함으로써 자신의 감정에 대해서 무엇인가를 느끼는 것처럼 인간의 감성의 기능은 한층 더 미묘하고 정교하게 작용하는 것이다.

영장류에서는 다른 어떤 종보다도 많은-물론 인간에게서는 훨씬 더 많은-신피질과 대뇌 변연계의 연결 시스템을 볼 수 있는데, 이것이 왜 우리가 우리의 감성에 대해 다양한 반응과

보다 많은 뉘앙스들을 보이는지의 이유가 되는 것이다.

예를 들어, 토끼나 원숭이라면 공포를 느낄 때 전형적인 몇 가지의 반응 밖에 보이지 않겠지만, 고도로 발달한 대뇌신피질을 가진 인간은 훨씬 더 정교한 반응 예컨대, 119 구급대에 전화를 거는 행동 등이 가능해지는 것이다. 사회 체계가 복잡하면 복잡할수록 그러한 탄력적인 대응들이 더욱 중요해지는 것이다. 사실 우리 자신보다 복잡한 세계란 없겠지만 말이다.[12]

그러나 이 상층의 중심 부위가 우리의 감성 생활을 지배하고 있는 것은 아니다. 마음 깊은 곳의 중요한 문제들에서, 특히 감성적 위급성이 관련된 문제들에서 신피질층은 대뇌 변연계에 자리를 양보하는 경우가 많다. 실제로 그렇게 많은 두뇌의 상위 중심부도 알고 보면 대뇌 변연계 영역에서 파생되었거나 확대된 것에 지나지 않기 때문에, 신경 구조에서 핵심적인 역할을 담당하는 것은 감성 두뇌로 보아야 한다. 새로운 두뇌가 성장하는 뿌리로서의 감성 영역은 무수히 많은 연결 회로들을 통해 신피질의 각 부위들과 연계된다. 이를 통해 감성 영역은 엄청난 힘을 갖고 사고의 중심부를 비롯한 두뇌의 모든 부분의 기능에 영향력을 행사하게 되는 것이다.

＊ 프로이트(Freud, Sigmund: 1856～1939)

오스트리아의 정신 의학자. 정신 분석의 창시자. 한때 뇌신경 연구를 했음. 프랑스에 유학하여 최면(催眠) 현상에 관심을 가졌으며, 이것이 훗날 정신 분석의 발단이 되었음. 그 후 최면 대신 자유 연상법을 채택하게 되었고, 또한 히스테리 증세 등도 성욕(性慾)과 관계가 있음을 발견하여 성욕설을 전개함. 1차 대전 후에는 특히 사변적 이론의 경향을 띠기는 했으나 그의 사상은 심리학·문화 인류학·사회학·교육학·범죄학·종교·문학 등 각 분야에 받아들여져 많은 영향을 미쳤음.(역주).

제2장

돌발적 감정의 해부

사고하는 사람에게 인생은 코메디이고, 느끼는 사람에게 인 생은 비극이다.

호레이스 월폴

1963년 8월의 매우 더운 어느 날 오후였다. 그날은 마틴 루터 킹 목사가 시민권 획득을 위한 워싱턴 시가 행진에 부쳐 "나에 게는 꿈이 있습니다"라는 연설을 행했던 날이다.

같은 날, 마약을 살 돈 때문에 백 차례가 넘는 도둑질로 교도 소에서 3년 형을 살았던 리처드 로블즈란 이름의 좀도둑 한 명이 막 가석방으로 출옥했다. 그는 즉시 또 한차례의 범행을 모색하였다. 사건 후 그의 주장에 따르면, 그는 다시는 범죄를 저지르지 않으려고 했지만, 애인과 3살짜리 딸을 위해 돈이 급 하게 필요하여 어쩔 수 없었다고 한다.

그가 침입해 들어간 아파트에는 두 명의 아가씨가 살고 있었 는데, 한 사람은 뉴스 위크 지의 조사원으로 일하던 21살의 재니스 와일리 양이었고, 또 한 사람은 초등학교 교사로 근무하던 23살의 에릴리 호퍼트 양이었다.

　로블즈가 상류층 사람들이 사는 뉴욕 동북부 지역의 아파트를 선택한 것은 그 시간이면 집에 아무도 없을 것이라고 믿었기 때문이다. 그런데 불행히도 아파트에는 와일리 양이 남아 있었다. 로블즈는 그녀를 칼로 위협한 뒤 온몸을 묶었다. 그가 아파트를 막 나가려고 할 때에 호퍼트 양이 집으로 들어왔다. 그는 안전한 탈출을 위해 호퍼트 양도 묶어 놓았다.

　몇 년 뒤 로블즈가 밝힌 이야기에 따르면, 호퍼트 양을 묶고 있는 동안 와일리 양은 로볼즈에게 범죄를 저지르고 멀리 도망갈 수 없을 것이라고 계속해서 경고했다고 한다. 그녀는 "나는 당신의 얼굴을 똑똑히 기억하고 있어요. 경찰이 당신을 잡을 수 있도록 협조할 거예요."라고 말했던 것이다.

　로블즈는 그것이 마지막 강도 짓이라고 스스로에게 한 약속을 잊어버리고 순간적으로 강렬한 공포심에 휩싸여 자제력을 잃고 말았다. 흥분 상태에서 그는 사이다 병으로 두 여자를 마구 내리쳐서 의식을 잃게 한 뒤, 다시 분노와 공포에 휩싸인 상태로 부엌칼로 두 여자를 몇 번씩 찔러 댔다.

　25년이 지난 후 로블즈는 그 때를 술회하면서 탄식했다.

　"난 그때 완전히 돌았어요. 머리가 터져버렸던 것 같아요."

　오늘날까지 로블즈는 그 자제가 불가능했던 몇 분간의 흥분 상태를 후회하며 살고 있다. 이 글을 쓰고 있는 이 순간에도 그는 교도소에서 '직장 여성 살해 사건'으로 알려졌던 그 범행의 죄값을 치르기 위해 30여년째 복역중이다.

이와 같은 감정의 폭발은 대개 '돌발적 감정'에 기인한다. 여러 연구에 따르면 돌발적 감정이 발생하는 순간에 대뇌 변연계 중심부가 긴급 사태를 선언하고 두뇌 전체를 제압해 버리게 된다. 이때의 반응은 사고 두뇌인 신피질이 어떤 것이 좋은 생각인지는 말할 것도 없고, 전체의 상황을 파악하기도 전에 순간적으로 발생하기 때문에, 아주 중요한 시간 동안 우리의 신체 반응은 이 돌발 상태에 의해 조종된다. 그러한 돌발적 감정의 특징은 그것이 한번 발생하면, 여기에 휩싸인 사람들은 자기에게 어떤 일이 일어나고 있는지를 감지하지 못한다는 점이다.

그렇다고 이와 같은 돌발적 감정이 꼭 '직장 여성 살해 사건'과 같은 잔인한 범죄를 초래하는 비일상적이고 끔찍한 사건들에 의해서만 발생하는 것은 아니다. 훨씬 덜 파국적이기는 하지만 그렇다고 격렬성이 덜하지도 않은 형태로도 상당히 자주 발생한다.

최근에 당신이 '이성을 잃고' 배우자나 자녀를 또는 다른 차의 운전사에게 분통을 터뜨렸는데, 나중에 생각해 보니까 지나쳤다는 생각이 들었던 경우를 상상해 보자. 여러가지 가능성을 생각할 수 있겠지만, 그런 경우 역시 돌발적 감정이 일어난 것으로서 이는 대뇌 변연계의 중심부에 위치한 편도에서 발생하는 '신경 엄습'의 일종인 것이다.

대뇌 변연계의 엄습이 모두 고통스러운 것만은 아니다. 어떤 농담이 엄청나게 우습게 들렸을 때 우리는 거의 폭발적인 웃음을 터뜨리는데, 그것 역시 대뇌 변연계의 반응인 것이다.

또 격렬한 즐거움의 순간에도 대뇌 변연계는 작동한다.

댄 잰슨은 올림픽에서 스피드 스케이팅 종목의 금메달 획득 (자신의 죽은 누이에게 맹세했었다.)에서 몇 번씩이고 쓰라린 실패를 거듭한 뒤, 1994년 노르웨이에서 열린 동계 올림픽 1,000미터 경주에서 마침내 금메달을 획득하였다. 그 순간에 그의 아내는 흥분과 행복감에 졸도하여서 링크 주위에 있던 응급 의사에게 급히 실려 나가야 했다.

모든 격정의 근원지

두뇌의 편도(Amygdala: 그리스어 '*Almond*'에서 파생)는 대뇌 변연계 고리의 아랫 부분과 뇌간 윗부분 사이에 자리잡은 상호 연결 구조체로서 아몬드 모양을 하고 있기에 이런 이름이 붙여졌다. 편도는 두 개가 있으며, 각각은 뇌의 좌우에 하나씩 있다. 인간의 편도는 진화 단계에서 제일 가까운 동물인 영장류 중에서 가장 크다.

초창기의 비뇌(鼻腦)를 이루던 두 부위는 해마(海馬: Hippoc -ampus)와 편도로서, 이들은 진화 과정을 겪으면서 피질과 신피질을 만들어 냈다. 오늘날에도 두뇌가 행하는 학습과 기억의 대부분은 이러한 변연계 구조가 담당하는데, 이때 감성적인 문제는 편도가 전문적으로 다룬다. 만일 편도가 뇌로부터 절단되어 버린다면, 그 결과는 감성적 바탕에 의한 사건의 비중을 판단하지 못하는 증세로 나타날 것이다. 이런 상태를 '감성 공백'이라고 한다.

감성적 비중이 취약한 사람들은 여러 형태의 접촉에도 별

다른 영향을 받지 않는다.

간질 발작을 막기 위해 편도 제거 수술을 받은 어느 청년은 타인들에 대해 전혀 관심을 보이지 않고, 하루종일 사람들과의 접촉이 없는 곳에 홀로 있기를 즐긴다.

그는 대화 능력은 완벽하게 갖추고 있지만, 가까운 벗도, 친지도, 어머니도 인식하지 못하고, 심지어 그들이 보이는 안타까움에도 아랑곳하지 않은 채 아무런 감정 변화를 보이지 않는다. 편도가 없는 그로서는 감정에 대한 느낌은 물론, 감정에 대한 인식조차 잃어버렸던 것이다.[1]

편도는 감성적 기억들의 보고(寶庫)와도 같은 곳이기 때문에 그 중요성은 말할 나위가 없을 정도이다. 편도가 없는 삶이란 인간으로서의 의미가 박탈된 삶과도 같다고 할 수 있다.

편도는 애정에 결부되어 있을 뿐만 아니라, 모든 격정과도 관계하고 있다. 편도를 잃거나 절제 당한 동물은 두려움과 분노를 알지 못하고, 경쟁과 협력에 대한 충동도 느끼지 않을 뿐만 아니라, 유사한 동물끼리의 사회적 질서 내에서 자신이 차지하는 위치에 대한 감각도 갖고 있지 않기 때문에 이들의 감성은 무감각하거나 아예 존재도 하지 않는 것이다.

인간의 특이한 감성 표시인 눈물은 편도와 그 부근에 있는 구조물인 대뇌 섬유회선(纖維回腺)에 의해 조정되는 것으로서, 껴안거나, 토닥거리거나, 기타 위안을 해주면 이 부분이 진정되어 울음을 그치게 할 수 있다. 편도가 없다면 슬픔이나 눈물이 없을 것이므로 위로도 필요 없게 된다.

뉴욕 주립대의 신경과학연구소 소장인 르두 박사는 감성두뇌에서 편도가 하는 역할을 처음으로 발견해 낸 사람이다.[2] 르 두 교수는 신경 과학의 신이론 주창자 중의 한 사람으로서, 활동 중인 두뇌의 도식(圖式)화를 예전보다 훨씬 정확한 수준에까지 끌어올린 혁신적인 방법과 기법을 발견하였다.

이를 통해 초창기 시대의 과학자들에게는 도저히 진입이 불가능한 영역으로 보였던 정신 활동의 신비도 다소나마 벗겨지게 되었다. 그가 두뇌 회로에서 발견해 낸 사실들은 대뇌 변연계에 대해 견지되어 오던 오랜 관념을 뒤엎기에 충분한 것으로서, 그것은 편도가 행동 중심에 위치하고, 기타 대뇌 변연계의구조들은 서로가 완전히 다른 역할을 한다는 점이다.[3]

르두 교수의 연구는 사고 두뇌인 신피질이 의사 결정을 이끄는 순간에까지 편도가 우리의 행동을 통제하고 있음을 밝혀주고 있다. 지금부터 좀더 자세히 살펴보겠거니와, 편도의 작용과 편도와 신피질의 교류 방식이야말로 본서의 주제인 감성지능 *EQ*의 핵심 부분을 이룬다.

편도의 신경망

정신 생활에서의 감성의 힘을 이해하고자 할 때 가장 어려운부분은 한바탕 소란을 일으킨 뒤 대개의 경우 후회를 불러오기마련인 격정에 휩싸인 행동을 하는 순간에 대한 것이다. 도대체왜 인간은 그렇게 비이성적인 행동을 하게 되는 것일까?

한 보기로서, 남자 친구를 만나 늦은 아침을 먹기 위해 보스톤 시까지 2시간 동안 차로 달려갔던 어떤 아가씨의 예를 들어

보자. 두 사람이 식사를 하는 동안, 남자 친구는 그녀가 몇 달 동안 갖고 싶어했던 스페인에서 사온 매우 귀한 판화(版畵)를 선물로 주었다.

그러나 기쁨도 잠시, 식사 뒤 그녀가 무척 보고 싶어했던 영화를 보러 가자는 제안을 하자 남자는 소프트볼 연습이 있어서 함께 하루를 보낼 수 없다는 말로 그녀를 실망시켰다.

자존심이 상한 그녀는 눈물을 흘리며 자리에서 일어나 식당 문을 박차고 뛰쳐 나온 뒤 남자 친구에게서 받은 선물을 본능적으로 쓰레기통에 처넣었다. 몇 달이 지난 뒤, 그 사건을 회상할 때 그녀가 후회하는 것은 자리를 박차고 떠났던 것이 아니라 선물을 잃어버린 것이었다.

바로 이 순간처럼 충동적인 감정이 이성을 압도할 때, 새롭게 발견된 편도의 역할이 모든 움직임의 중심에 자리잡는다. 감각 기관을 통해 여러 신호들이 접수되면 편도는 모든 문제점에 대한 경험들을 검색하기 시작한다.

이 과정에서 편도는 정신 작용의 가장 강력한 위치를 차지하고 심리적 파수꾼과 같은 역할을 행하며, 단 한 가지의 원론적인 질문만을 가지고 모든 상황과 인식에 대해 도전하는데, 그 질문은 이렇다.

"이것은 내가 싫어하는 것인가? 나에게 해로운 것인가? 내가 두려워하는 것인가?"

그렇다면 다시 말해서 대답이 "그렇다"라면 편도는 신경의 경보망처럼 즉각적으로 두뇌전체에 위기상황을 보고한다.

두뇌라는 건축물에서 편도는 마치 안전 신호 체계에 문제가 발생했을 경우 소방서, 경찰, 이웃 등에게 비상 신호를 보내는 오퍼레이터가 근무하는 경비 용역 회사와도 같다.

예컨대, 공포에 대한 비상 신호가 울렸을 경우, 편도는 두뇌의 모든 주요 각 부위에 긴급 메시지를 보내어 싸울 것인지 도피할 것인지를 결정하는 호르몬의 분비량을 조절하면서 행동으로 옮길 준비를 하고, 심장 혈관계, 근육, 배짱 따위를 활성화시키거나 한다.[4]

그런가 하면 편도에서 출발한 일부 회로들은 노르에피네프린이라는 호르몬의 비상 분비를 지시하여서 두뇌의 주요 각 부위가 활성화될 수 있도록 하고, 감각이 더욱 충실한 경계 태세에 있도록 함으로써 전체적인 두뇌의 활력을 유도한다. 그밖에 편도에서 발생하는 신호 가운데에는 뇌간에 지시를 해서 얼굴이 공포에 질린 표정을 짓도록 하는 것이 있고, 현재 근육이 행하는 움직임 중 필요 없는 것을 중단시키는 것도 있고, 심장 박동과 혈압을 높이고 호흡을 완화시키는 것들도 있다.

또 다른 종류로서는 공포를 일으키는 원인에 주의를 집중하여 신체의 근육들이 적절한 대응을 취하도록 만드는 것들도 있다. 이때 거의 동시적으로 피질 내의 기억 체계들이 검색되어 현행 위기 상황에 알맞은 정보를 찾아내는데, 이 모두는 사고의 흐름에 선행하여 이루어진다.

이상 예를 든 사항들은 편도가 두뇌 곳곳을 점유하며 조정해 가는 일련의 주의 깊은 변화 활동의 일부에 지나지 않는다. 감정의 비상 사태가 발발할 때, 편도는 광대한 신경과의 연결망을 통해 이성적 정신을 포함한 두뇌의 대부분을 장악하고 이끌어

가는 것이다.

[보다 상세한 내용은 부록 C를 참고할 것.]

감성의 파수꾼

나의 한 친구가 영국에서 휴가를 보내면서 경험했던 이야기를 나에게 해 주었다. 그는 운하가 보이는 카페에서 늦은 아침 식사를 한 뒤, 운하 쪽으로 이어진 돌계단을 따라 산책을 하던 중, 우연히 새파랗게 질린 채 호수를 바라보고 있는 한 여자를 목격했다고 한다. 친구는 이유를 알아보기도 전에 양복에 넥타이 차림 그대로 물 속으로 뛰어들었다. 그는 물 속에 뛰어든 다음에야 그녀가 망연자실해서 호수를 바라보고 있던 까닭이 어린아이가 물에 빠져 있었기 때문이었다는 것을 알았다. 다행히도 그는 아이를 구조할 수 있었다고 한다.

상황을 파악하기도 전에 그를 물 속에 뛰어들게 한 것은 무엇이었을까? 그 해답은 말할 것도 없이 편도인 것이다.

과거 10여 년 간의 감성에 관한 가장 두드러진 발견 사실들 중, 르두 박사의 연구는 뇌의 구조가 어떤 식으로 편도에게 감성의 파수꾼이라는 특수한 지위를 부여하고 때로는 돌발적 감정을 이끄는지를 밝혀 주고 있다.[5] 그의 연구에 따르면 눈이나 귀로 들어온 감각 신호들은 우선 두뇌 내부를 여행하여 시상(視床)을 거친 후, 하나의 신경 세포를 통해 편도에 도달하게 된다.

이때 시상에서는 두번째 신호가 생성되어 사고 두뇌인 신피질로 수송된다. 이러한 분지화(分枝化)를 통해 편도는, 여러 층에 걸친 두뇌 회로들을 통해서 정보들을 검사해야만 완전한 인식과 정교하게 맞추어진 대응을 만들어 낼 수 있는 신피질보다 먼저 대응할 준비를 갖추게 된다.

르두 교수의 연구는 신피질을 통과하지 않은 감정에 대한 신경 경로들을 처음으로 산정해 내었다는 면에서 감성 생활의 이해 측면에서 볼 때 가히 혁신적인 것이라고 할 수 있다. 편도를 직접 통과하는 감정들에는 우리의 가장 원시적이고도 강력한 감정들이 대부분 포함된다. 이 회로는 지성을 압도하는 감성의 힘에 대해 많은 것을 설명해 준다.

신경 과학에서의 전통적인 관점은 눈, 귀, 기타 감각 기관들이 신호들을 접수하면 이를 시상으로 운송하여 그곳에서 신피질의 감각 처리 영역으로 보낸 뒤 각 신호들이 인지 가능한 객체들로 조합된다는 견해를 견지해 왔다. 이때 이 신호들은 각각의 의미에 따라 분류되어서 두뇌로 하여금 각각의 실체는 무엇이고 그것의 존재가 어떤 의미를 갖고 있는지를 인식할 수 있게 한다.

따라서 옛 이론에 의하면, 신피질로부터 파생된 신호들은 대뇌 변연계에 보내져서 그곳으로부터 적절한 대응들이 두뇌와 몸 전체에 수송된다고 했다. 이것이 대부분의 시간에 발생하는 현상이라는 것이다. 그러나 르두 박사는 신피질로 향하는 대형의 신경 경로를 따르는 것 외에도 시상에서 직접 편도로 향하는 소형의 신경 무리들도 있음을 지적하였다.

이 작지만 짧은 경로는 신경의 뒷길과도 같은 것이어서, 신피질에 의한 접수가 시작되기 전에 편도로 하여금 감각으로부터 직접적인 정보들을 받으면서 대응을 시작하게 한다.

　이러한 발견은 편도가 전적으로 신피질로부터의 신호를 받아 감성의 대응을 형식화한다는 이론을 뒤집는 것이다. 편도와 신피질 사이에 정규적인 반사 회로가 작동을 개시하고 있는 순간에도 편도는 이러한 비상 경로를 거쳐 감정 대응을 조절한다. 약간 느리지만 완벽한 정보를 갖춘 신피질이 보다 정교한 행동 계획을 진행시키는 데에 반해, 편도는 우리에게 즉시라도 행동에 뛰어들도록 한다.

　르두 박사는 특정 동물이 보이는 공포를 연구하여 감정의 전달 회로에 관해 그간 폭넓은 지지를 받아 오던 종전의 통설을 뒤엎었다. 그중 한 결정적인 실험에서 그는 쥐의 청각 신피질을 없애고 특정한 소리를 들려주면서 전기 쇼크를 주었다. 쥐들은 그 소리가 자신의 신피질에 의해 접수될 수 없음에도 불구하고, 그 소리만 들리면 무서워했다고 한다.

　이때의 소리는 모든 상위 조직의 경로를 뛰어넘어 귀에서 시상으로, 다시 편도로 직접 도달한 것이다. 이를 간단히 표현하면, 쥐들은 어떤 상층의 대뇌피질이 관계하지 않더라도 감정적 대응을 할 수 있었다는 의미이기도 하다. 편도는 자신의 공포심을 독자적으로 인지하고, 기억하고, 공포를 환기한 것이다.

　'해부학적인 면에서 감성 체계는 신피질과는 별개로 독자적인 활동을 할 수 있다.' '몇몇 감정적 반응이나 기억은 어떠한 의식이나 인지가 관계하지 않더라도 얼마든지 형성될 수 있다.' 라고 르두 교수는 강조한다.

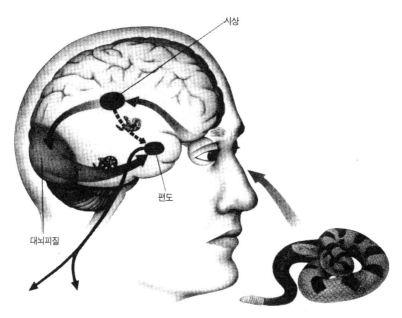

시상

편도

대뇌피질

공격 · 도피 반응

심장 박동 수가 증가하고, 혈압이 상승한다. 대근육질은 신속한 행동을 준비한다.

시각 신호는 망막을 통해 시상에 도달한 다음, 그곳에서 두뇌 언어로 해석된다. 해석된 대부분의 메시지는 시각 신피질로 보내져서 각각의 의미와 그에 따른 적절한 반응이 분석되고 평가되어진다. 이때 그 반응이 감성적인 경우, 신호는 편도로 진행하여 감성 중심부를 움직이게 한다. 그러나 시상에 도달한 신호의 일부는 시상에서 편도로 직접 보내져 대뇌 만큼 정확하지는 않지만 대뇌보다 빠른 반응을 한다. 따라서 편도는 대뇌의 중심계가 상황을 완전히 파악하기 전이라도 언제든지 감성 반응을 조절할 수가 있다.

신피질을 통과하지 않고 시상에서 편도에 직접 이르는 단축 통로로 인해서 우리가 이유도 모르고 반응할 때 보이는 모든 기억과 반응의 내용들은 이미 모두 편도에 입력되어 있던 것들이다. 이러한 과정에서 편도는 우리가 완전히 깨어 있을 때에는 알지 못하는 감성적 인상과 기억들을 위한 저장소가 되어 준다. 르두 박사는 사람들이 자신의 눈 앞에 순간적으로 나타났다 사라져 확실한 인식이 불가능한 기하학적 모양의 물체에 대해서도 일종의 편향성을 갖게 되는 현상을 설명해 주는 것도 기억 내에 존재하는 편도의 잠재적 역할이라고 주장했다.[6]

또 다른 연구 결과에 따르면, 우리 인간이 어떤 것을 인지하게 되는 처음 수천 분의 몇 초 사이에 그것이 무엇인지를 무의식적으로 파악할 뿐만 아니라, 좋은지 싫은지의 판단까지도 내린다고 했다. 이러한 '인지적 무의식'을 통해 우리는 본 것에 대한 정체성의 인식만이 아닌, 그에 대한 의견까지도 나타내게 된다.[7] 우리의 감성은 독자적인 정신을 가지고 지성적 정신과는 전혀 다른 방식으로의 관점들을 견지하게 되는 것이다.

감성기억의 전문가

앞에서 설명한 무의식적 의견들을 감성 기억이라고 한다면, 이들의 저장소는 편도로 볼 수 있다.

르두 교수를 비롯한 일부 신경 과학자들은 그간 진행해 온 연구를 통해 오랫동안 대뇌 변연계의 중핵 구조로 여겨져 왔던 해마(海馬)는 감성적 반응보다는 지각 패턴의 등록과 인식에 더욱 많은 관련성이 있다고 주장하고 있다.

즉, 해마의 중요한 역할은 감성적인 의미 부여에 없어서는 안될 정확한 환경의 기억을 제공해 주는 데에 있다는 것이다. 한 가지 예로서, 동물원에 있는 곰과 내 집 마당에 있는 곰이 갖는 서로 다른 의미를 인식하는 것은 해마가 하는 일이다.

해마가 있는 그대로의 사실들을 기억하는데 대해서 편도는 이 사실에 부수하는 감성적 특징들을 기억한다. 만약 당신이 두개의 차선 밖에 없는 고속도로에서 앞선 차를 추월하려다가 맞은 편에서 오는 차량과 정면충돌할 뻔 했다면, 해마는 그때 달리고 있었던 도로 상태, 함께 있었던 사람, 상대의 차종과 같은 사건의 세부 사항들을 기억한다. 하지만 그 후 비슷한 상황에서 앞차를 추월하게 될 때마다 불안해지는 것은 편도의 작용이다.

르두 교수는 이를 가리켜, '해마는 눈앞의 사람을 알아보고 그가 당신 사촌의 얼굴임을 인식하는 데에 대단히 핵심적인 역할을 한다. 그러나 사촌을 좋아하지 않는다는 감정을 부가하는 것은 편도이다.'라고 설명하고 있다.

우리의 두뇌는 간단하면서도 정교한 방법을 사용하여 감성 기억에 특수한 능력을 부여한다. 즉, 공격·도피 반응의 이분법으로 치명적인 위급 상황에 대처하는 신경 화학적 경계 시스템이 그 순간의 상황을 생생하게 기억 속에 각인시켜 놓는 작업을 수행하는 것이다.[8]

스트레스나 불안 때로는 즐거움으로 인한 격렬한 흥분 상태일 때에 두뇌에서 출발하여 신장 윗부분에 위치한 부신 호르몬

분비선에 도달하는 신경이 에피네프린과 비(非)에피네프린 호르몬의 분비를 촉진하는데, 이 호르몬들은 몸 곳곳을 흐르면서 신체로 하여금 언제든지 위급 상황에 대처할 수 있게 해준다.

이 호르몬들은 미주신경(迷走神經 : 내장 대부분에 포함되어 있는 부교감신경의 일종으로서, 운동과 지각의 섬유를 포함한다: 역주)의 수용체들을 활성화시키는데, 이때 미주신경들은 두뇌로부터의 메시지를 전달받아서 마음을 조절한 다음에 다시 에피네프린과 비에피네프린을 통해 두뇌에 여러 가지 신호를 다시 보내는 일을 한다.

이 신호들이 되돌아가는 두뇌의 주요 정거장이 바로 편도이다. 편도 내에서 각 신호들은 신경들을 활성화하여 두뇌의 다른 영역들로 하여금 현재 벌어지는 상황에 대한 기억을 강화할 것을 지시한다.

이러한 편도의 자극 상태는 감성이 자극을 받을 때마다 더욱 강화된 상태로 기억 속에 각인된다. 그 때문에 우리들은 첫번째 데이트 때에 어디를 갔었는지, 우주선 챌린저호가 폭발했을 때 우리가 어떤 행동을 보였는지를 기억할 수 있게 되는 것이다.

편도의 자극이 심화되면 될수록, 각인되는 내용도 더욱 강력해진다. 즉, 우리 삶에서 가장 무섭거나 오싹했던 경험일수록 쉽게 지워지지 않는 기억 속에 남아 있게 된다.

결론적으로 우리의 두뇌는 두 가지 시스템을 가지고 있다. 하나는 보통 사실에 대한 기억 체계이고, 다른 하나는 감성에 의해 각인된 기억 체계이다. 물론 이때의 감성 기억을 위한 특별한 기억 시스템은 진화를 반복하는 동안 훌륭한 감각으로

발전했기 때문에 동물들도 자신을 위협했거나 기쁘게 했던 것
에 대해서는 생생한 기억을 갖게 되는 것이다.

그럼에도 불구하고 감성 기억들은 아직까지는 불완전한 안
내자일 뿐이다.

구태의연한 신경경보

이러한 신경 경보에서의 결점은 편도가 보내는 위급한 메시
지가 낡은 것일 경우가 종종 발생한다는 점이다. 오늘날과 같이
유동성이 심한 사회에서는 더욱 그렇다. 감성 기억들의 저장소
로서의 편도는 경험들을 점검하는 가운데 현재 진행 중인 사건
을 과거에 발생했던 것과 비교한다.

이때의 비교는 현 상황의 주요 요소가 과거와 유사할 때 이
둘을 '짝(Match)'으로 규정하는 연상(聯想) 방식을 사용한다.
그로 인해 이 회로는 엉성할 수 밖에 없으며, 때로는 완전한
확인을 거치기도 전에 행동을 지시하는 일이 벌어지기도 한다.
현 상황과는 아주 일부 밖에 유사성이 없는 사건도 오래 전에
각인 되었던 사고나 감정, 또는 반응을 기초로 하여 편도에 경
보를 울려서 현 상황에 반응할 것을 다급히 명령하게 된다.

전쟁터에서 치료를 받기 위해 계속해서 밀려드는 심각한 부
상자들로 인해 마음의 충격을 받았던 종군 간호사 출신의 부인
은 수년 뒤 우연히 벽장문을 열다가 그녀의 어린애가 더럽혀진
기저귀를 그곳에 처넣어 놓은 것을 발견하는 순간, 그 악취 때
문에 다시 한번 옛날 전장의 기억이 가져다준 공포와 혐오와

당혹스러움의 복합적인 감정에 휩싸이게 되는 것이다.

이런 식으로 상황에 관련된 약간의 요인들만 있어도, 편도는 위급 상황을 선포해 버린다.

문제는 이 위기에 대한 반응을 촉진시키는 영향력을 가진 감성 기억은 과거 위기 상황에 반응했던 방식과 똑같은 반응을 일으키게 한다는 점이다.

생후 2~3년까지의 유아 시절에 우리를 돌보아 주던 사람들과의 사이에서 형성되는 관계와 같이, 상당수의 강렬한 감성 기억들은 이러한 감성 반응의 부정확함을 더욱 증폭시키는 원인이 된다. 구타나 노골적인 양육 소홀과 같이 마음에 깊은 상처를 주는 경험을 할 때는 특히 이러한 경향이 강해진다.

태어난지 얼마 안되었을 때에는 여러 다양한 두뇌 구조, 특히 언어적으로 문맥을 기억하는 해마나 지성적 사고의 근원지인 신피질은 아직 완전히 개발되어 있지 않다.

기억 작용을 위해 편도와 해마는 긴밀한 관계를 유지하지만 각각은 독자적으로 자기만의 정보를 저장하기도 하고 검색하기도 한다. 해마가 정보를 검색하는 동안에 편도는 그 정보에 감성적 가치가 있는 내용이 포함되어 있는지를 파악한다.

유아기에 매우 빠른 성장을 보이는 편도는 대부분이 탄생 시기부터 거의 완전한 형상을 갖추고 있다.

르두 박사는 오랫동안 심리 분석적 사고의 기본 원리로 여겨져 왔던 이러한 내용을 뒷받침하기 위하여 유년기의 편도의 역할에 눈을 돌린다. 그의 주장에 따르면, 생애 초기 몇 년 간은 유아와 그를 돌보는 양육자와의 관계에 어떠한 조율과 혼란이

있는가에 따라서 일련의 감성적 교훈이 존재하게 된다.[9]

이러한 감성적 교훈은 한편으로는 강력하면서도 성인이 된 후의 삶을 기준으로 볼 때는 이해하기 어려운 점도 있는데, 그것은 그 교훈들이 감성 생활에 관련된 거칠고도 비언어적인 설계도로서 편도 내에 저장되어 있기 때문이다.

유아들은 자신의 경험을 표현하는 말을 배우기 전부터 이미 일련의 감성 기억들이 형성되기 때문에, 성인이 된 후에 감성 기억들이 자극을 받는 경우에 자신을 압도하는 반응에 대한 명확한 사고의 짝을 제대로 찾아내지 못하는 것이다. 우리가 감정 폭발로 인해 커다란 곤란을 겪게 되는 한 가지 이유는, 모든 것들이 당혹스러운데도 그것들을 포괄적으로 이해할 수 있는 표현들을 갖고 있지 못했던 어린 시절로 종종 회귀하기 때문이다. 우리는 이따금씩 난처한 감정을 느끼지만, 그것을 형성화했던 기억에 관한 언어를 갖고 있지 못한 것이다.

감성은 빠르지만 불완전하다

새벽 3시 경, 자고 있던 침실 한쪽 구석에서 무엇인가 커다란 물체가 갑자기 천장을 뚫고 떨어지면서 다락에 두었던 물건들이 함께 바닥으로 쏟아지는 것 같았다. 순간 나는 천장 전체가 무너져내리는 것이 아닌가 하는 공포심에 사로잡혀 반사적으로 침대를 박차고 방을 뛰쳐나갔다.

안전하다는 것을 확인한 뒤, 조심스럽게 침실 쪽으로 되돌아와서 그 소동을 일으킨 것이 도대체 무엇이었는지를 확인해 보았다. 천장이 무너지는 것으로 믿었던 소리는 사실은 전날 아내가 장롱을 정리하면서 구석에 쌓아 두었던 커다란 상자 더미들이 넘어지면서 난 소리였다. 다락에서 떨어진 것은 사실 아무 것도 없었다. 우리 집에는 다락이 없다. 천장은 멀쩡했고, 나도 멀쩡했다.

잠결에 침대를 뛰쳐나온 행동은 (진짜로 천장이 무너졌다면 이 반응 덕분에 부상을 당하지 않았을지도 모른다.) 위급 상황, 즉 신피질이 현 상황을 완전히 입력하기 전의 치명적인 순간에 행동을 재촉하는 편도의 힘을 잘 보여주고 있다. 이처럼 눈이나 귀에서 시상과 편도로 이어지는 비상 경로는 대단히 중요하다.

이러한 비상 경로는 즉각적 대응이 요구되는 위기 상황에서 시간을 절약시켜 준다. 그러나 시상에서 편도로 향하는 이 회로로 전달되는 지각(知覺) 메시지는 소량일 뿐이고, 대부분은 주 경로를 통해 신피질로 향한다.

따라서 이 급행 경로를 통해 편도에 등록되는 것은 기껏해야 경고 발송에나 쓰이는 엉성한 신호일 뿐이다. 르두 교수는 이를 가리켜, "어떤 것이 위험한 지 여부를 알기 위해서라면 그것이 무엇인지 확실하게 알 필요까지는 없는 것"이라고 지적하고 있다.[10]

두뇌 시간으로 볼 때 이 직접적 경로는 수천 분의 일 초 밖에 안 걸리기 때문에 엄청난 장점이 있다. 쥐의 경우 편도가 어떤 지각 대상에 대한 반응에 보이는 시간은 12밀리 초(천 분의 12초) 밖에 걸리지 않는다. 그러나 시상에서 신피질을 거쳐 편도에 이르는 경로는 이의 두 배 이상의 시간이 소요된다. 인간

의 두뇌에도 이와 유사한 측정이 시도되고 있으나 아직 정확한
비율은 나와 있지 않다.

진화라는 관점에서 볼 때, 이러한 직접 경로는 위험에 대한
반응에서 단 천 분의 몇 초 밖에 걸리지 않는 신속한 반응을
가능하게 하므로, 그것이 생존에 부여하는 가치는 아주 크다고
할 수 있다. 그 몇 밀리 초의 시간차 덕분에 포유류의 조상들은
상당수가 목숨을 건질 수 있었고, 그 결과 이러한 형태의 반응
이 당신과 나를 포함한 모든 포유류의 두뇌 속에 하나의 특징으
로 자리잡게 된 것이다.

실제로 이 감정 회로는 인간의 정신 활동에 관계할 때는 긴급
한 감성 반응과 같은 비교적 제한적인 역할만을 수행하지만,
새나 물고기, 파충류들은 그들의 생존이 오로지 침략자나 먹이
에 대한 지속적인 감시에 의해 좌우되기 때문에 정신 활동의
상당수가 감정 회로를 중심으로 진화되어 가고 있다.

르두 박사는 이를 가리켜 다음과 같이 말하고 있다.

"포유류에게는 원시적이고 부차적인 두뇌 시스템이 포유류
이외의 것들에게는 주요 두뇌 시스템으로 작용합니다. 이 시스
템은 신속하게 감성을 작동시키지만 그 과정은 어설프기 짝이
없다. 즉, 세포 활동은 빠르지만 정확하지 못합니다."

그러한 부정확성은 예를 들어, 다람쥐의 경우라면, 어렴풋이
다가오는 적을 나타내는 어떤 신호를 간파하자마자 도망치거
나 무엇인가 먹이가 있다는 암시에 급히 그쪽으로 뛰어드는
정도의 안전성의 측면에 대한 실수가 전부이기 때문에 그런대
로 괜찮다. 하지만 인간의 감성 생활에서 나타나는 이러한 부정

확성은 인간관계에 심각한 파탄을 가져올 위험성이 있다.

말하자면 엉뚱한 것이나 엉뚱한 사람을 놓고 도망가거나 달려들 수 있기 때문이다.

예를 들어, 어떤 식당 여종업원이 뚱뚱하고 붉은 머리에 파마를 한 여자를 보자마자 전 남편이 자신을 버리고 떠났을 때 함께 도망친 여자로 착각하고 여섯 사람 몫이 담겨 있던 음식 받침 접시를 떨어뜨린다고 가정해 보자.

이와 같은 미숙한 감성적 실수들은 사고보다 먼저 선행하는 감정에 바탕을 두고 있다.

르두 교수는 이를 가리켜 인식 가능한 대상으로 완전히 분류되고 통합되지 않은 신경학적 지각 정보에 기초를 둔 반응이란 의미에서 '전(前)인지적 감성'이라고 불렀다. 그것은 전혀 가공되지 않은 형태의 지각 정보로서, 몇몇 음표들을 보고 멜로디를 신속하게 파악하는 것이 아니라, 처음 몇 군데의 가설적 부분들을 바탕으로 하여 전체적인 판단이 이루어지는 조성(調聲)과도 같은 것이다. 편도는 일단 지각 가능한 의미 패턴의 도출을 감지하기만 하면 바로 결론으로 뛰어들어, 확실한 증거 확인이나 심지어는 확인 자체도 없이 신체의 반응들을 촉발한다.

사람들이 언제 폭발할지 모르는 감성의 우울한 면에 대해서, 더욱이 그것들이 자신을 궁지에 몰아넣고 있는 지금 이 순간에도, 아직 미미한 통찰력 밖에 갖고 있지 않다는 것은 너무나 어처구니가 없는 일이다. 사고와는 별개로, 또는 그것에 선행해서 가공되지 않은 감성이 자극을 받고 있기 때문에, 편도는 신피질이 현황을 파악하기에 앞서 광란적인 흥분이나 공포의 상태에서 반응을 하게 되는 것이다.

감성의 관리자

내 여자 친구인 캐롤의 6살짜리 딸 제시카가 처음으로 단짝 친구네 집에서 자던 날은 캐롤과 제시카 중 누가 더 걱정하는지 구분이 안 갈 정도였다. 캐롤은 제시카에게 자신이 몹시 불안해하고 있다는 것을 눈치채지 않게 하려고 노력했지만, 그날 밤 잠들 무렵에 전화벨 소리를 듣고 그녀의 긴장감은 거의 폭발 직전에 이르고 말았다.

캐롤은 물고 있던 칫솔을 떨어뜨리고 전화기로 달려갔다. 가슴이 두근거렸고, 무서워서 떨고 있는 딸의 모습이 문득 뇌리를 스쳐 갔다.

캐롤은 수화기를 움켜쥐고 다급하게 소리쳤다.

"제시카니?"

그러나 수화기 저편에서 어떤 여자의 음성이 들려 왔다

"어머, 제가 번호를 잘못 누른 것 같군요…"

순간 캐롤은 냉정을 되찾고 부드럽고도 절제된 목소리로 되물었다.

"몇 번에다 거셨나요?"

편도가 불안하고 충동적인 반응을 촉발시키고 있는 동안에 감성적 두뇌의 또 다른 쪽에서는 보다 적절하고도 올바른 대응이 준비되고 있다. 편도의 돌출을 제어하는 이 두뇌 장치는 신피질로 통하는 주 감정 회로의 맨 마지막 부분, 즉 이마 바로

속 부분에 있는 전두엽에 들어 있다. 전두엽 피질은 사람이 무서움이나 공포를 느끼면서도 현 상황을 보다 효과적으로 컨트롤하려고 할 때 작용한다. 예를 들어 제시카의 어머니인 캐롤처럼 딸이 걱정된 나머지 전화에 뛰어들었지만 상황을 재조명하고 반응을 바꾼 경우처럼 완전히 다른 대응을 위한 재평가가 필요할 때에 주로 나타나서 감정을 억압하기도 하고 통제하기도 한다.

신피질의 일부인 이 두뇌 영역은 인간의 감성 충동에 대해 보다 분석적이고도 적절한 대응력을 부여하며, 편도와 기타 대뇌 변연계 영역의 활동을 조절한다.

정상적일 경우, 이 전두엽 영역은 우리의 감성 반응을 처음부터 통제한다. 앞서도 밝힌바 있지만 우리의 시상에 도달한 감각적 정보의 대부분은 편도가 아닌 신피질이나 기타 여러 중심부들로 투사되어 그 중 인지된 내용들이 흡수되거나 파악된다.

이때의 정보나 이에 대해 우리가 보이는 대응은, 감성적 목표를 포함한 일체의 목표 달성 계획과 조직화의 본거지인 전두엽에 의한 조절화 과정을 밟게 된다.

신피질 내에 존재하는 수많은 회로들은 그 정보를 입력하고, 분석하고, 이해한 뒤, 전두엽을 통하여 적절한 반응을 만들어 간다. 만일 그 과정에서 감성적 반응이 요구되는 경우, 전두엽은 편도나 기타 감성두뇌의 여러 회로들과 협력 체계를 갖추며 그것을 지시한다.

감성 대응에 분별성을 제공해 주는 이와 같은 과정이야말로 감성적 위기와 같은 특수한 예외 경우를 제외하고는 가장 표준적이라고 할 수 있는 정돈 상태이다. 그러나 감성이 고조되는 경우에는 전두엽이 짧은 순간에 이해 득실의 밸런스를 계산하여 수많은 대응들 중 어떤 것이 제일 적합한가를 판단하게 되는 것이다.[11]

동물의 경우에는 공격해야 할 시기, 달아나야 할 시기 등을 결정하는 것이다. 그러나 우리 인간의 경우에는 공격과 달아나는 시기는 물론이고, 달래고, 설득하고, 동정을 구하고, 경멸하고, 고집을 피우고, 잘못을 일깨우고, 넋두리하고, 허세 부리고, 경멸을 보이는 등 모든 행위의 시기를 총체적인 감성 계획의 레퍼토리에서 해결하게 된다.

신피질의 반응은 보다 많은 회로의 활동들을 요구하기 때문에 돌발적 감정에 관련된 메커니즘보다 느릴 수밖에 없다. 이들은 또한 보다 많은 사고들이 감정에 선행하므로 판단적이고 고찰 중심적이다. 우리가 상실감을 느끼고 슬퍼지거나, 승리를 겪은 뒤에 행복해지거나, 누구인가가 이야기한 내용을 곰곰 생각한 뒤에 상처받거나 분노하는 것들은 모두 신피질이 활동하고 있다는 증거이다.

편도와 마찬가지로 전두엽이 활동을 하지 않으면 우리의 감성적 생활은 엉망이 된다.

감성적 대응을 할 가치가 있는지의 여부를 이해하지 못하고서는 아무 것도 얻을 수가 없다.

그럼에도 불구하고 신경 학자들은 1940년대 초반부터 감성에서 전두엽이 차지하는 역할에 계속 의심을 품어 온 결과 절망적인, 그리고 결과적으로 잘못된 정신병의 외과적 치료 방법을 도입하게 되었다. 그것은 '전두엽 절제술'이라고 불리는 것으로서, 전두엽의 일부를 제거하거나 전두엽 피질과 두뇌의 하부 구조 사이의 연결 부분을 잘라 내는 처치인 것이다. 정신병을 위한 효과적인 치료법이 발견되지 않고 있었던 당시, 이러한 절제술은 위중한 감성적 고통에 대한 하나의 해결책으로서 대대적인 환영을 받았다. 의사들은 전두엽과 두뇌의 다른 부분 사이의 연결을 끊어 버리면 환자의 고통이 경감된다고 생각했던 것이다.

그러나 이와 동시에 불행하게도 환자의 감성 생활도 함께 사라져 버렸다. 감성을 전달하는 주요 회로가 파괴되었기 때문이다.

돌발적인 감정에는 두 가지 현상이 작용하고 있다. 그 한 가지는 편도의 촉발이고, 다른 하나는 신피질 작용 과정이 제대로 이루어지지 않아 균형 잡힌 감성 반응 및 감성적 위기에 대응한 신피질 영역의 보충적 활동이 어려워지는 경우이다.[12]

이렇게 되면 지성은 감성에 휩쓸려 버린다.

전두엽 피질이 감성의 관리자로서 올바른 역할 즉 행동하기에 앞서 반응을 평가하는 것을 행하도록 하는 한 가지 방법은 편도와 대뇌 변연계에 의해 발송되는 행동 개시의 신호를 조절하는 것이다. 이는 마치 아무 것이나 마구 손에 쥐는 아이들의 충동적인 행동을 막고, 대신 원하는 것을 적절한 방법으로 요구하도록 또는 기다리도록 하는 부모의 행위와 유사하다.[13]

비통한 감정을 억제하는 장치는 좌측 전두엽에 있다. 전두엽 일부에 손상을 입은 환자들의 감정을 연구한 신경 정신 학자들에 따르면, 좌측 전두엽의 역할 가운데에는 신경학적 온도 조절기와도 같이 불쾌한 감정을 제어하는 기능이 있다.

좌측 전두엽이 적절한 억제를 통해 미숙한 감정의 활성화를 막는 반면, 우측 전두엽은 공포와 공격성과 같은 부정적 감정의 진원지로서의 역할을 수행한다.[14] 뇌졸증 환자들을 조사해 보니 좌측 전액질에 손상이 있는 환자들은 파국적인 걱정과 공포를 느끼는 경향이 강했고, 우측에 손상이 있는 환자들은 이상하리 만치 즐거워하는 경향이 있어서, 신경분석 조사를 행하는 동안에도 계속 농담을 하거나, 벌렁 눕거나 해서 제대로 검사받는 것에 전혀 아랑곳하지 않는 듯한 태도를 보였다.[15]

여기서 한 행복한 남자의 경우를 소개하면, 그는 두뇌의 기형을 치료하기 위해 우측 전두엽 일부를 제거한 사람이었는데, 그의 부인이 밝힌 바로는 남편이 수술을 받은 다음에 극적인 성격의 변화를 보여서 여간해서는 화를 내지도 않고 아주 다정한 사람이 되었다고 한다.[16]

이상을 요약하면, 좌측 전두엽은 강력한 부정적인 감정의 분출을 제외하고는 다른 모든 감정을 방해하거나 억제하는 신경 회로로 볼 수 있을 것이다. 비상 사태를 맞아 편도가 촉발되는 경우에 좌측 전두엽은 불안한 감정을 '꺼 버리는' 두뇌의 제동기로 작용하게 된다. 이러한 전두엽과 대뇌 변연계의 연계는 감정의 단순한 조절을 뛰어넘어 정신 생활 전체에 없어서는 안되는 중요한 것이다. 이러한 연계는 우리 인생에서 중요시되는 모든 의사 결정을 수행하는 과정에서 중대한 역할을 하는 것이다.

감성과 사고의 조화

편도 및 이에 관련된 대뇌 변연계 구조와 신피질 사이의 연결 회로는 머리와 마음, 또는 사고와 감정 사이에 일어나는 분쟁이나 조화로운 협정의 축을 이룬다. 이 회로가 있기 때문에 우리는 현명한 의사 결정을 위해서든 단순하고 명확한 사고를 위해서든 효과적인 사고를 위해서는 감성이 대단히 중요하다고 말할 수 있다.

감성의 힘이 사고 자체를 혼란시키는 경우를 생각해 보자. 그것이 모델 하우스에서 예상 고객들을 탐측하면서 이상적인 손님을 찾아내는 것이든, 시험 과정에서 추론적인 문제점들을 구성하는 요소를 파악하는 것이든 간에 주어진 과업이나 문제점을 해결하는 데에는 필수적인 사항들을 마음 속에 간직할 수 있는 집중 능력이 필요한데, 이를 가리켜 신경 과학자들은 '활동 기억'이라는 용어로써 묘사하고 있다. 전두엽 피질은 이 활동 기억을 책임지는 두뇌 영역이다.[17]

그러나 대뇌 변연계에서 전두엽에 이르는 회로에 대해 강력한 감정-불안, 분노, 기타 이와 유사한 것들- 신호들이 신경학적 방해 현상을 일으킬 때는 전두엽이 갖는 활동 기억의 유지 능력에 심각한 장애를 가져오게 된다. 이러한 이유로 인해서 우리가 감정적으로 혼란스러울 때는 제대로 생각할 수 없게 되는 것이고, 정서가 불안정한 상태가 계속되면 지적 능력에 결함이 생겨서 학습 능력이 저하되는 것이다.

이러한 장애가 보다 미묘한 경우에는 IQ 측정 따위의 검사로

는 잘 드러나지 않는다. 그러나 어린이들의 지속적인 불안정이
나 충동성에 대한 연구들이 보여주듯이 보다 정교한 신경 심리
학적 측정을 거치면 쉽게 드러난다. 한 조사 결과에 따르면 평
균 이상의 IQ를 갖고 있음에도 불구하고 학업 곤란증을 겪는
초등학교 학생들에게 이러한 신경 심리학적 테스트를 치렀더
니, 상당수가 전두엽 피질의 기능에 손상이 있음이 밝혀졌다.[18]

  그 외에도 이 어린이들은 대개 충동적이고, 쉽게 불안해 하
고, 분열 증세를 보이거나 각종 장애를 겪고 있었는데, 이 모두
가 대뇌 변연계적 충동을 전두엽이 제대로 통제하지 못했기
때문이다. 그들의 지적 가능성이 아무리 높다고 해도, 이러한
문제점이 있을 때 어린이들은 학업 부진이나 알콜 중독, 범죄
등의 문제를 일으킬 확률이 매우 높아진다.

  이것은 그들의 지력(知力)이 부족해서가 아니라, 감정을 컨
트롤하는 능력에 결함이 있기 때문이다. EQ는 IQ 검사로 파악
되는 신피질 영역과는 달리, 분노와 동정심을 함께 통제한다.
이러한 감성 회로들의 상당수가 유아기의 경험을 통하여 형성
된다. 그럼에도 불구하고 우리들은 이 매우 중요한 경험들을
단순히 운에 맡겨 버리는 커다란 오류를 범하고 있는 것이다.

  다음에는 가장 이성적인 의사 결정 과정에서의 감성의 역할
을 고찰해 보도록 하자. 아이오와 의과 대학 신경학과 다마지오
교수는 장기적으로는 정신 생활의 이해에 이르기까지 목표를
두고 추진하는 연구에서 전두엽과 편도의 회로에 손상을 입은
환자들이 어떤 결함을 보이는지를 조사하였다.[19]

  이 환자들은 IQ나 인지 능력은 결코 남들에게 뒤떨어지지

않으면서도 의사 결정 과정에서는 형편없는 능력을 보여주었다. 이들은 지능상 아무런 결함이 없음에도 불구하고 자신의 사업과 개인적인 생활에서는 어처구니없는 결정을 내리기 일쑤였고, 때로는 사람들과의 일상적인 만남을 위한 약속 시간을 정하는 정도의 선택을 놓고서도 한없이 고민하고는 했다.

다마시오 박사는 그들이 의사 결정을 그렇게 제대로 할 수 없는 이유는 그들의 감성 학습으로 이르는 접근로가 상실되었기 때문이라고 주장한다. 사고와 감정이 만나는 지점인 전두엽과 편도의 회로는 우리가 평생을 통해 획득하는 호(好)/불호(不好)의 창고에 이르기 위한 핵심적인 통로가 된다.

편도가 감성 기억으로부터 분리된다면 신피질이 고찰하는 무엇이라도 과거에 연결되어 있는 감성적 반응-회색 빛의 중립성을 띠고 있는 모든 것들-을 촉발시키지 못한다. 다시 말해서 좋아하던 애완 동물을 봐도 귀엽다는 생각이 들지 않고, 싫어하던 이웃을 만나도 혐오의 감정이 생기지 않는다. 이는 그 환자들이 편도에 저장된 기억에 접근하지 못하기 때문에 학습한 감성을 모두 잊어버린 탓이다.

이상의 사례를 근거로 다마시오 박사는 대체로 이성적 결정과 감정은 불가분의 관계를 맺고 있다는 일종의 역설적인 주장을 하고 있다. 감정은 냉철한 논리가 최상의 선택이 될 수 있는 올바른 방향으로 우리를 인도하고 있다. 세상은 종종 우리들에게 벅찬 선택 예컨대, 퇴직금을 어디에다 투자할 것인가? 누구랑 결혼할 것인가? 등의 신중한 판단을 강요하는 것이다. 이때 인생을 통해 획득한 관련된 감성 학습 예컨대, 실패로 끝난 투자, 고통스러운 이혼의 기억 등이 있으면 처음부터 몇몇 선택 범위를 제거하고 기타 선택들을 강조함으로써 의사 결정을 보다 유연하게 할 수 있는 신호들을 획득할 수 있게 되는 것이다.

다마시오 박사는 이와 같은 방식으로 우리의 감성두뇌는 사고 두뇌 못지 않게 우리의 추론 과정에 깊숙이 관여한다고 주장한다.

반면에, 감성도 합리성을 위해 중요하다. 감성과 지성의 곡예 속에서 감성 능력은 우리의 순간적인 의사 결정, 합리적인 정신과의 협조, 사고력 그 자체의 가능성 또는 불가능성이라는 문제들을 인도해 간다. 마찬가지로 감정이 통제를 벗어나 과다 분출되거나 감성두뇌가 자기 멋대로 움직일 때를 제외한다면, 사고 두뇌도 우리의 감성에서 중요한 역할을 차지하는 것이다.

어떤 면에서 우리는 두 개의 두뇌, 또는 두 개의 정신 곧, 지성적인 것과 감성적인 것 두 개의 서로 다른 지능을 가지고 있다고 할 수 있다. 우리가 인생에서 어떤 성과를 거두는가는 양자에 의해 결정되는 것이다. 즉, IQ 뿐만이 아니라 EQ 역시 깊이 관여하는 것이다. 다시 말해서 IQ는 EQ의 도움이 없이는 결코 충분히 기능하지 못하는 것이다. 정상적인 경우 대뇌 변연계 시스템과 신피질, 또는 편도와 전두엽이 상호 보완성을 갖고 있음은 정신 생활에서 서로가 완벽한 동반자 관계가 될 수 있음을 의미하는 것이다. 이러한 동반자 관계가 올바로 지속될 때, EQ는 강화되고 IQ 역시 제 기능을 다하게 되는 것이다.

이상을 종합하면, 지성과 감성을 대립하는 정신 활동으로 이해했던 종래의 이론은 근본적으로 바뀌어야 할 것이다. 그렇다

고 이것이 중세 철학자 에라스무스가 주장했던 것처럼 최대한
감성을 제거하고 지성을 강화하자는 뜻은 아니다. 단지 둘 사이
의 균형을 취하자는 것이다. 옛 경구들을 보면, 모든 감성에서
완전히 해방된 이상적인 지성에 대해서 주로 논의하고 있다.
이제 새로운 경구들은 우리로 하여금 머리와 가슴의 조화를
이룰 것을 촉구하고 있다. 이를 훌륭하게 수행하기 위해서 이제
부터라도 우리는 감성을 올바르게 개발한다는 것이 무엇인지
를 잘 이해해야 할 것이다.

제II부

감성지능EQ의 본질

제3장

공부만 잘한다고 능사가 아니다

고등학교 물리 교사인 데이빗 폴로그루토 선생님이 제자가 휘두른 칼에 찔린 정확한 이유가 무엇인지에 대해서는 아직도 의견이 분분하다. 그러나 널리 알려진 바로는 다음과 같다.

플로리다 주 코럴스프링 고등학교의 2학년생인 제이슨 군은 전과목 A를 기록하던 수재로서, 장차 의과 대학에 입학하려는 포부를 가지고 있었다. 그것도 여느 평범한 곳이 아닌 하버드 대학이었다. 그런데 폴로그루토 선생님이 담당하는 물리 과목 시험에서 그는 80점을 받고 말았다. 이러한 B학점의 성적으로는 자신의 꿈이 수포로 돌아갈지도 모른다고 판단한 제이슨 군은 식칼을 들고 학교로 찾아갔고, 물리 실험실에 있던 폴로그루토 선생님과 말다툼 끝에 스승의 목 부근을 찔렀는데, 결국 힘에 밀려 그 자리에서 붙잡히고 말았다.

재판정에서 배심원으로 참석한 4명의 심리학자와 정신과 의사들은 사건이 벌어졌을 때 그에게 정신 이상 증세가 있었음을 주장했고, 결국 제이슨 군은 당시의 일시적인 정신 착란 증세가

인정되어 무죄를 선고받았다. 그에 앞서 제이슨 군은 자신의
시험 점수를 받아 보는 순간에 너무도 비관스러워 자살을 결심
했었다는 것을 말하기 위해 폴로그루토 선생님을 찾아갔던 것
이라고 증언하였다.

그러나 폴로그루토 선생님의 이야기는 좀 달랐다.

"그 녀석은 오로지 나를 없애겠다는 생각 외에는 아무 것도
하지 않았어요."

제이슨 군이 자신의 나쁜 성적에 대해 보인 태도는 거의 광적
이었다는 주장이다. 그후 다른 사립 고등학교로 전학을 간 제이
슨 군은 2년 뒤 수석으로 졸업을 했다. 정규 수업에서 받을 수
있는 완벽한 성적은 모든 과목에서 A를 기록하는 4.0이다. 그런
데 제이슨은 상급 과정도 이수했기 때문에 평점은 A⁺를 훨씬
상회하는 4.614였다. 그만큼 우수한 성적으로 졸업을 했음에도
불구하고, 옛 스승 데이빗 폴로그루토 선생님은 제이슨 군이
한번도 그 사건에 대해 죄송스럽게 생각하거나, 책임감을 느끼
지 않는 것을 괘씸하게 생각하고 있다.[1]

여기서 우리가 짚고 넘어가야 할 문제점은 어떻게 해서 그렇
게 우수한 지능을 가진 학생이 그렇게도 비합리적이며 천치
같은 행동을 저질렀는가 하는 점이다. 이에 대한 대답으로 학문
적인 지능(*Academic Intelligence*)은 개인의 감성 생활과는 아
무런 관계가 없다는 사실을 들 수 있다. 인간은 아무리 총명한
사람이라도 때로는 고삐 풀린 열정과 통제되지 않은 본능에
휩싸일 수가 있는 것이다. 즉, 아무리 높은 IQ를 갖고 있더라도
종종 자신의 개인적 삶에 대한 인도 능력을 상실할 수 있는

것이다.

심리학자들 사이에는 IQ나 SAT(*Scholastic Aptitude Test*: 대학 진학 적성 시험: 역주) 등 널리 사회에서 신용 받고 있는 평가 기준들이 사실은 인생에 있어서의 성공을 측정하는 예측 기준이 되기에는 상대적으로 문제점이 많다는 이론을 공공연한 비밀처럼 받아들이고 있다. 물론, 대다수의 사람들에게 있어서 IQ와 생활 환경 사이에 상관 관계가 있다는 사실은 의심할 필요가 없다. IQ가 낮은 사람은 비천한 직업에서 벗어나지 못하고, IQ가 높은 사람은 상대적으로 많은 대가를 받는 직업에 종사한다. 그러나 항상 그러한 것은 아니다.

IQ가 성공의 척도가 된다는 규칙에는 많은 예외가 존재한다. 오히려 예외가 규칙과 부합하는 사례보다도 많을 정도이다. 삶의 성공을 결정하는 요소들 중에서 IQ가 차지하는 비율은 기껏해야 20%이고, 나머지 80%는 다른 요소들에 기인한다. 지능·리더십·창의성 분야에서 미국내 제1인자로 꼽히는 하버드 대학의 하워드 가드너 교수는 이렇게 말한다. "인간이 사회에서 보여주는 궁극적인 자리 매김은 그 대부분이 사회 계급이나 운과 같은 비(非) IQ적인 요소들에 의해 결정된다."[2]

심지어 자신들의 저서 『벨 커브』에서 IQ의 유의성(有意性)을 높이 평가했던 헌쉬타인 박사나 머레이 박사의 경우에도 다음과 같은 사실을 인정하고 있다.

"수학 과목 수능 점수에서 500점 이상을 받은 대학 신입생들이라고 해서 꼭 수학자가 되어야 하는 것은 아니다. 오히려 사업가가 되고 싶다거나 국회의원이 되고 싶다거나 백만장자가 되고 싶은 꿈을 갖고 있다면 그 꿈을 포기하지 말아야 할 것이다. 수능 테스트의 점수와 실제 인생의 성공 사이에 존재하는 관련성은 그가 삶에 부여하는 기타 다른 특성들의 종합체에 비교하면 아주 사소한 것이다."[3]

저자의 관심사 역시 바로 이 '기타 다른 특성들'의 종합체의 핵심인 감성지능*EQ*에 집중되어 있다. EQ야말로 사람들에게 동기를 부여해 주고, 절망적인 상황에서 의욕을 잃지 않게 하고, 충동을 억제하고, 순간적인 만족감을 지연시킬 수 있게 하고, 기분을 조절하고, 고뇌 때문에 사고 능력이 방해를 받지 않게 하며, 감정이입과 희망을 키워 주는 능력인 것이다.

EQ는 수십만 명이 수백년 간을 연구해 온 IQ와는 달리 새로운 최신 개념이다. 그렇기 때문에 인생을 살아가는 동안에 생기는 개인적인 격차 중에서 EQ에 기인하는 것이 어느 정도인지를 정확히 설명하지는 못한다. 하지만 현재 밝혀지고 있는 여러 데이터들은 모두가 하나같이 EQ가 강력한 효과를 야기시키고 있으며, 때로는 IQ보다 더욱 강력한 효과를 가져오고 있음을 증명하고 있다. 그리고 경험이나 교육 등으로 IQ가 크게 바뀔 수는 없다고 주장하는 분들을 위해서 나는 이 책 제 Ⅴ부에서 핵심적인 EQ를 가르치기만 한다면 아이들에게 학습될 수도, 개발될 수도 있는 것임을 보여주도록 하겠다.

감성지능EQ와 운명

내가 다니던 앰허스트 대학의 같은 반에서 공부했던 친구

중에는 입학 전에 치른 SAT와 기타 성취도 시험에서 모두 다섯 번의 800점 만점을 받은 학생이 있었다. 그러나 그는 이러한 가공할 만한 지력(知力)에도 불구하고 대부분의 시간을 빈둥거리며 늦은 시간까지 놀러 다니고, 한낮이 되도록 늦잠을 자다가 수업을 빼먹기 일쑤였다. 결국 그가 졸업 학위를 받기까지는 10년이란 세월이 걸렸다.

IQ는 비슷한 재능과 비슷한 학력을 갖춘 사람들의 운명이 그렇게 달라지는 이유에 대해서 거의 설명하지 못한다. 1940년대, 지금보다는 보다 다양한 범위의 IQ 소유자들이 아이비 리그(Ivy League: 미국 북동부의 오랜 전통을 가진 명문 8대학-하버드, 예일, 콜럼비아, 프린스턴, 브라운, 펜실베니아, 코넬, 다트마우스: 역주)에 다니던 시절에 졸업한 95명의 하버드 대학 출신들을 추적 조사하였다. 그 결과 장년의 나이에 접어들은 이들 중 대학에서 성적 상위자였던 사람들이 성적 하위자였던 동료들에 비해서 봉급, 생산성, 자기 분야에서의 지위 등에서 그다지 성공적이지 못했다. 그렇다고 그들이 삶에서 커다란 만족감을 보인 것도 아니고, 친구나 가족 관계, 연인 관계에서 큰 행복을 누리는 것도 아니었다.[4]

이와같은 추적조사는 450명의 아이들을 대상으로도 실시되었다. 그들 대부분은 이민 2세들로서 3분의 2 정도가 정부의 보조금을 받는 가정 출신자이고, 하버드대학에서 그리 멀리 떨어져 있지 않은 '황량한 슬럼가'인 서머빌, 매사추세츠 등에서 성장한 아이들이다. 게다가 그들의 3분의 1은 IQ 90 이하였다.

그러나 이 경우 역시 IQ와 일과 인생에서의 성공 사이에는 아무런 연관성이 없음이 밝혀졌다. 예를 들어, IQ 80이하의 사람들 중 7%는 10여 년 이상 직업을 얻지 못했지만, 그 비율은 IQ 100 이상의 경우도 마찬가지였다. 물론, 연구가 종결되는 47세를 기준으로 볼 때, 어느 정도 IQ와 사회 경제 수준과의 사이에는 연관성이 있었다. 그러나 좌절을 극복하고, 감정을 통제하고, 다른 사람들과 잘 어울리는 아동기의 능력이 그보다는 훨씬 큰 차이를 만들어 냈다.[5]

다음에는 1981년까지 일리노이 고등학교의 수석 졸업자와 차석 졸업자 81명을 대상으로 한 연구를 고찰해 보자.

그들 모두는 말할 것도 없이 학업 성적이 우수한 학생들이다. 이들은 대학에 진학한 뒤에도 계속 훌륭한 성취도를 보이고 우수한 성적을 획득했음에도 불구하고, 20대 후반에 이르러서는 겨우 평균적인 성공을 거두었을 뿐이다. 고등학교를 졸업한 지 10년 뒤, 이들 중 4분의 1만이 그들이 선택한 분야에서 또래의 젊은이들보다 높은 성공을 거두었고, 나머지는 그보다 훨씬 못 미쳤다.

이 조사를 담당했던 연구자 중 한 사람인 보스턴 대학의 교육학과 아놀드 교수는 다음과 같이 설명하고 있다.

"그들은 일정한 제도 안에서 우수한 성적을 올리는 방법을 알고 있는 '우등생'이었을 뿐이다. 결국은 수석으로 졸업한 학생들일지라도 우리 모두처럼 분투해야만 하는 것이다. 누가 수석 졸업을 했다는 것은 테스트 성적으로 결정되는 경쟁에 그가 매우 강하다는 점을 뜻할 뿐이다. 성적만으로는 그가 삶의 변화에 얼마나 제대로 대응할 수 있는지를 알 수 없는 것이다."[6]

여기서 또 다른 문제점이 발생된다. 그것은 학문적 지능은

삶의 변화가 가져오는 위기나 기회에 대해서 실제적인 도움이
되지 못한다는 사실이다.

높은 IQ가 부(富)와 명성과 삶의 행복에 대해 아무런 보장이
되지 못하고 있음에도 불구하고 우리의 학교와 문화는 학업
능력에만 촛점을 맞춘 채, 인간 운명에 대해 광대한 역할을 수
행하는 감성지능EQ와 같은 일련의 특성-혹자는 이를 성품으
로 부르기도 한다-은 무시하는 경향이 있다.

EQ는 수학이나 국어 과목에서와 마찬가지로 사람마다 차이
가 있는 것으로써 그 나름의 독특한 능력 요소들을 필요로 하는
하나의 영역인 것이다.

그리고 한 개인이 이러한 능력에서 얼마 만큼 우수한가 하는
것은, 똑같은 지적 수준을 가졌음에도 불구하고 어떤 사람들은
인생에서 성공을 하고, 어떤 사람들은 성공하지 못하는가를 이
해하는데 결정적인 단서를 찾을 수 있다. EQ는 우리가 IQ를
포함하여 기타 어떤 다른 능력들을 가졌는지에 관계없이 그것
들을 얼마나 잘 활용할 수 있는지를 결정하는 일종의 '초능력'
이라고 할 수 있는 것이다.

물론, 삶의 성공에 이르는 길이 다양한 만큼, 여타 능력들로
보상을 받을 수 있는 영역들도 많이 있다. 오늘날의 지식 집약
형 사회에서의 전문 기술이 그 전형적인 실례이다. 아이들끼리
의 농담에 이런 것이 있다.

"멍청이가 15년 뒤에는 뭐라고 불리는지 알아?"

그 해답은 "보스"이다. 하지만 앞으로 제 Ⅲ부에서 상세하게
설명하겠지만, 설령 '멍청이'일지라도 EQ가 높은 쪽이 현실 세

계에서 유리함으로 작용하는 것이다.

감성적으로 우수하여 자신의 감정을 잘 알아내어 관리하고 다른 사람들의 감정을 훌륭하게 읽어 내고 효과적으로 대처하는 사람들이 연애나 개인적 인간관계에서든 조직에서의 성공을 좌우하는 무언의 법칙을 선택하는 문제에서든 모든 영역에서 우위를 점하고 있음은 여러 가지 증거들을 통해서 입증되고 있다. 잘 개발된 EQ 능력을 갖고 있는 사람들은 인생에 있어서의 만족감과 효과성이 높으며, 자신의 생산성을 향상시켜 주는 마음의 습관들을 터득할 기회도 아주 많아진다. 그러나 반대로 자신의 감성 생활에 대한 통제를 상실한 사람들은 직무에의 집중과 명징한 사고를 방해하는 내부적 투쟁에 계속 시달리게 되는 것이다.

단일지능인가 다중지능인가

특별히 관심을 두고 보지 않으면 4살짜리 주디는 내성적인 아이일 뿐이다. 주디는 놀이 시간에 항상 한 걸음 물러서서 바라볼 뿐, 여간해서는 함께 어우러져 놀지 않는다. 그러나 주디는 유치원 내에서 벌어지는 사교적 관심사에는 항상 우수한 관찰력을 보이고, 다른 아이들의 감정의 흐름에 보조를 맞추는 능력에서는 또래들 중 가장 정교한 통찰력을 발휘한다.

주디의 우수성은 선생님이 같은 4살짜리 아이들을 빙 둘러서게 한 뒤 '유치원 놀이'라는 것을 시작할 때부터 유감없이 드러난다. 유치원 놀이란 유치원의 교실을 본뜬 인형집과 아이들과 선생님 얼굴 사진들을 붙인 작은 인형을 가지고 하는 게임으로 써 일종의 사회적 지능의 성숙도를 보는 테스트이다. 미술실이 나 블록실 등 "친구들이 가장 좋아하는 놀이방으로 데려다 주 세요." 하고 선생님이 지시하면, 주디는 거의 완벽할 정도로 이것을 해 낸다.

또 각각의 아이들을 서로 가장 좋아하는 상대들끼리 짝을 지어 보라고 하면, 주디는 교실 전체의 아이들을 놓고 서로 가 장 친한 사이끼리 짝을 지어 준다.

주디의 정확성은 주디가 학급을 대상으로 한 완벽한 사교적 계보를 익히고 있다는 것과 4살짜리치고는 놀라울 정도의 지각 수준을 갖고 있다는 것을 의미한다. 이는 주디가 성장한 뒤에 세일즈나 경영, 외교 분야에 이르기까지 어느 분야에서건 '인간 관계 능력'이 절실히 필요한 분야에서 뛰어난 인물로 꽃필 수 있음을 의미하는 것이기도 하다.

이렇게 주디의 사교적 우수성이 어릴 때부터 모든 사람들을 대상으로 발휘될 수 있는 것은 주디가 다양한 종류의 지능을 개발하기 위한 '스펙트럼 계획'을 실시하고 있는 터프츠 대학 부속 엘리어트 피어슨 유치원의 학생이기 때문이다.

스펙트럼 계획에서는 인간 능력의 한계를 그간 학교에서 집 중해 온 언어와 숫자만의 편협적 교육인 3R(읽기, 쓰기, 셈하기; Reading, wRriting, aRithmetic의 약자: 역주)을 훨씬 능가하는 것으로 보고 있다. 또한 이 계획은 주디가 보인 사회적 지능과 같은 자질도 무시하거나 제한하지 말고 교육에 의해 더욱 배양시켜 야 할 능력으로 인식하고 있다. 실제적인 성공으로 이끌 수 있든 단지 자신이 하는 일에서의 성취감을 맛보기 위해서이든 학교는 활용 가능한 모든 능력 영역을 개발할 때에만 '진정한 인간 능력'을 교육하는 장이 될 수 있는 것이다.

스펙트럼 계획은 하버드 대학 교육 학부의 심리학 교수인 하워드 가드너 박사의 이론에 바탕하고 있다.[7]

가드너 박사는 저자와의 인터뷰에서 다음과 같이 말했다.

"드디어 재능의 스펙트럼에 대한 우리의 개념도 넓혀야 할 시기가 왔다. 어린아이의 개발을 위해 교육이 해줄 수 있는 유일하고도 가장 중요한 공헌은, 아이가 자기의 재능에 가장 잘 어울리고, 능력을 충분히 발휘할 수 있고, 만족을 느낄 수 있는 분야를 향해 나아가도록 도와주는 것이다. 그 동안 우리는 잘못된 길을 걸어왔다. 모든 아이들에게 성공하는 것이 무엇이냐는 질문에 대학 교수가 되는 것이라는 관점의 교육을 시켜 왔을 뿐이다. 그리고 그와 같은 편협된 기준에 맞느냐 안 맞느냐 만으로 모든 학생들을 평가하고 있다. 이제 아이들의 순위를 매기는 일은 서서히 그만두고, 그들의 선천적인 능력과 재능을 발견하여 개발시켜 줄 시기이다. 성공에 이르는 길은 수만 가지가 있는 법이며, 얼마든지 많은 다양한 능력들을 통해 우리는 그곳에 이를 수 있다."[8]

지능에 관한 구시대적인 사고 방식이 갖는 한계를 누구보다도 분명하게 간파한 사람이 바로 가드너 박사이다. 그에 의하면, IQ 테스트가 번성했던 시절은 제1차 세계대전까지로 거슬러 올라가며, 그 당시 2백만 명의 미국 젊은이들이 스탠포드 대학의 심리학 교수 터맨 박사에 의해 새롭게 개발된 문제지와 연필만으로 치루는 필기식 집단 테스트에 의해 분류되었다고 한다. 그 이후 수십년 간을 가드너 교수의 묘사처럼 'IQ적 사고방식'이 이끌어 오고 있는데, 이 방식이 주장하는 것은 결국 "머리가 좋은지 나쁜지는 선천적인 것으로서 어떻게 할 수 없는 문제이며, IQ 테스트를 통해서 자신이 머리 좋은 그룹에 속하는지 그렇지 않은 그룹에 속하는지를 알 수 있다"는 것이다. 또한 대학 입학 자격을 위한 SAT도 실제로는 단 하나의 기준만으로 인간의 능력을 평가하고 장래를 판단하는 개념에 바탕을 두고 있으며, 아울러 이러한 사고 방식은 사회 전반에 침투해 있는 것이다.

가드너 교수가 1983년에 쓴 획기적 저서인 『정신의 틀』은 IQ적 견해에 반론을 제기하는 도전장과도 같은 글이다. 이 책이 주장하는 것은 삶의 성공에 필수적인 유일하고도 단색적인 지능이란 있을 수 없으며, 대신 일곱 가지 핵심적인 변인을 갖는 광범위한 지능의 스펙트럼이 존재한다고 했다. 그의 일곱 가지 지능 중에는 표준적인 학습 지능으로 언어 능력과 산술 논리의 민첩성 두 가지가 포함되어 있고, 이외에도 뛰어난 예술가나 건축가에게서 볼 수 있는 공간 지각 능력, 마샤 그래엄이나 매직 존슨의 유려한 움직임으로 대표되는 신체 운동적 지능, 모짜르트나 요요마와 같은 음악적 지능도 함께 분류되어 있다.

아울러 가드너 박사의 목록에 추가되는 다른 두 가지 지능은 그가 '인간적 지능'이라고 부르는 것으로써 하나는 칼 로저스와 같은 위대한 심리학자나 마틴 루터 킹 목사와 같은 세계적인 지도자가 보여주는 인간관계 능력이고, 다른 하나는 이와 대조적으로 프로이트 박사의 뛰어난 통찰력에서 볼 수 있는 '정신 내부적' 능력, 또는 그만큼 화려하지는 않아도 이에 못지 않게 중요한 개인의 삶을 진실된 감정에 조율시키려는 노력에서 출발하는 내부적 만족감이다.

　이러한 지능의 여러 관점에서 어떠한 것이 중요한 요소인가는 상황에 따라 다중적일 수 밖에 없는 것이다. 가드너 교수의 '다중 지능 모형'은 IQ만을 유일한 분별 인자로 인정하려는 기존의 관념을 능가하는 것이다. 그것은 우리가 학교-우리들 중 일부는 기술계 학교로 빠져나가고, 일부는 대학 진학이 가능하다고 결정지어 주는 적성 검사에서부터 입학이 가능할 때 우리가 다닐 수 있는 대학은 어디인지를 정해 주는 SAT에 이르기까지-를 거쳐오는 동안 폭군처럼 행세했던 여러 검사들이, 실은 편협된 지능 개념에 바탕을 두고 있는 것이며, IQ를 뛰어넘어 우리의 삶 전체에 영향을 미치는 진실된 능력과는 아무런 관련이 없다는 사실을 밝히고 있는 것이다.

　가드너 박사는 자신의 일곱 가지 구분도 지능의 다양성을 제시하기 위한 임의의 숫자임을 밝히고 있다. 즉, 인간의 다양한 능력을 딱 몇 종류라고 분류하기는 불가능하다는 것이다. 경우에 따라서 가드너 교수와 그의 동료 연구가들은 이 일곱의 숫자를 늘려서 20가지의 서로 다른 다양한 지능으로 확대하기도 한다. 예를 들어, 그중 하나인 인간관계 기술은 리더십, 인간관계 개선 및 우정 유지 능력, 갈등 해결 능력, 4살짜리 주디가 보여주었던 것과 같은 사회적 지각 능력의 4가지 기술로 세분화된다. (실제로 1995년 4월에 발행된 가드너 교수의 최신작인 『Leading Mind s』에서는 종래의 일곱 가지 구분에 'Naturalist Intelligence'를 여덟 번째로 추가하고 있다: 역주)

지능에 대한 이와 같은 다각적인 관점은 어린이의 능력과 성공 잠재성이란 면에서 표준 지능 지수인 IQ보다 훨씬 풍부한 그림을 그릴 수 있다. 스펙트럼 계획에 따라서 지도를 받는 학생들을 대상으로, 한때 황금의 표준 검사 방식으로 알려졌던 스탠포드-비네식 IQ 테스트를 한 뒤에 다시 가드너식 다중 지능 스펙트럼의 측정 방식 도구로 검사한 결과, 두 검사의 점수 사이에는 유사성이 별로 없는 것으로 밝혀졌다.[9]

상위의 IQ 점수대(125에서 133까지)에 있었던 5명의 아이들에 대한 스펙트럼 계획의 열 가지 항목의 검사 성적을 살펴보면, 한 명이 3가지 항목에서 우수하였고, 세 명은 2가지 항목에서 우수하였고, 나머지 한 명의 '똑똑한' 아이는 겨우 한 가지의 스펙트럼에서 우수성을 보였다.

또한 이 강점들도 상당히 분산적이었는데, 그 중 음악에 대한 성적이 좋았던 아이가 네 명, 미술에 우수했던 아이가 두 명, 사회적 지능 분야에 강했던 아이가 한 명, 논리성이 우수했던 아이가 한 명, 언어에 대한 성적이 좋았던 아이가 두 명이었다. 다섯 명의 높은 IQ를 가진 아이들 중에서 운동과 수학, 기술 분야에서 우수성을 보인 아이는 한 명도 없었다. 다섯 명 중 두 명은 운동과 수학에서 오히려 취약했다.

가드너 박사의 결론은 다음과 같다.

"스탠포드-비네식 IQ 테스트로는 스펙트럼상의 각 활동들로 이루어진 다양한 집합에서의 성공적 성취도는 측정할 수 없다.

" 이와 반대로, 스펙트럼 검사에 의한 점수는 아이들이 자발적인 흥미를 갖는 영역과 앞으로 단순 숙련을 넘어 완전 숙달에 이를 때까지 스스로를 이끌 만한 충분한 열정이 개발되는 영역이 무엇인가에 대해 부모나 교사들에게 확실한 안내가 되어줄 수 있는 것이다.

가드너 박사는 지능의 다양성에 관한 연구를 계속 발전시켜 자신의 첫 이론이 발표된 지 약 10여년 후에 '인간적 지능'에 관해 다음과 같이 요약하고 있다.

> '인간관계 지능'은 타인을 이해하는 능력으로서 사람들을 움직이는 것, 그들이 일하는 방식과 그들과 협력하여 함께 일하는 방식을 이해하는 능력이다. 성공적인 세일즈맨, 정치가, 교사, 의사, 종교 지도자들은 모두가 고도의 인간관계적 지능을 갖고 있는 사람들이다. 반면에 '인간 내부적 지능'은 내적 지향의 상호 관련적인 능력을 말한다. 이것은 자신에 대한 정확하고 진실된 모델을 형성하는 능력이며, 인생에서 이와 같은 모델을 이용하여 현명하게 살아가는 능력이다.[10]

그 밖의 저서에서 가드너 박사는 인간관계적 지능의 핵심에는 '다른 사람들의 기분, 기질, 동기, 욕망을 적절히 변별해서 반응하는 능력'이 포함되어 있다고 적고 있다. 또한 인간 내부적 지능이자 자아 지식의 중심에는 '자신의 감정들에 접근하여 그것을 파악하고 변별하면서 그것들을 활용하여 자신의 행동을 유도하는 능력'이 있다고 한다.[11]

스포크 박사 대 데이터 소위 :
인식이 전부는 아니다

가드너 교수의 역작(力作)을 살펴보면, 여러 차례 지적은 되면서도 아직 구체적인 탐구에는 이르지 못한 인간 지능의 한 가지 차원이 있는데, 바로 감성의 역할에 대한 것이다.

가드너 박사 스스로도 말하고 있듯이 그 원인은 주로 그의 연구가 인지 심리학적인 정신 모형으로부터 매우 많은 영향을 받고 있기 때문이라고 생각된다.

따라서 인간의 다중 지능에 대해 그가 갖고 있는 관점은 주로 지능의 인지적 측면에 중점을 두고 있는 것이다. 즉, 개인적 동기와 직무 습관을 통해, 그리고 그와 같은 통찰력을 자기 자신의 생활과 타인들과의 원만한 관계 유지에 사용하는 과정을 통해 자신과 타인을 이해하는 것에 중점을 두고 있다. 운동 감각 영역에서 신체적 우수성이 비언어적 방법으로 드러나듯이 감성의 영역도 단순한 언어와 인식의 범위만으로는 설명될 수 없는 것이다.

가드너 박사의 인간 지능 묘사가 감성의 역할이나 제어에 대해서 아직도 많은 탐구의 가능성을 남겨 놓고 있음에도 불구하고, 그와 그의 동료 학자들은 인간 지능에서의 감성의 역할에 대한 세부적인 추적을 피하고 감성에 대한 인지적 접근에 주목하고 있는 형편이다.

물론 의도적인 것은 아니겠지만, 이와 같은 주목은 감성이라

는 풍요로운 미개척 분야를 그대로 남겨 두는 것이기 때문에
때로는 내면적 생활과 인간관계를 몹시도 복잡하고 강요적이
면서 당황스럽게 만든다. 그리고 그것은 감성 내에 존재하는
지능의 측면에서든, 감성에 지능을 접목할 수 있다는 의미에서
든 많은 논쟁의 여지를 남겨 두게 된다.

　가드너 박사가 인간 지능에서 인지적 측면을 이처럼 강조하
는 것은 그의 견해를 형성했던 시대 정신의 조류가 반영된 탓이
다. 감성의 영역에까지 인지를 강요하는 이러한 철학은 부분적
으로 과학 역사에서 보이는 변덕스러움에 기인한다. 20세기 중
반의 수십년 동안에 학문으로서의 심리학은 B.F. 스키너 박사
를 추종하는 행동 주의자들에 의해 지배되어 왔다. 이들은 오직
외부로부터 객관적으로 관찰할 수 있는 행동만이 정확한 과학
적 연구의 대상이라고 믿어 왔다. 행동주의 심리학자들은 감성
을 포함한 인간의 내면을 모든 심리학의 대상에서 배제했던
것이다.

　그러다가 1960년대 후반부터 '인지 혁명'이 발생하면서 심리
학의 초점도 인간의 두뇌가 어떤 식으로 정보를 입력하고 저장
하는가 그리고 지능의 본질은 무엇인가를 밝히려는 쪽으로 돌
아섰다. 그러나 감성은 여전히 출입 금지 상태였다.

　인지설을 취하는 과학자들 사이에서도 지능이란 사실을 있
는 그대로 냉정하게 처리하는 것이라고 하는 것이 일반적인
통념이었다. 그것은 스타 트렉(미국 영화의 제목-역주)에 나오는 과
도한 지성적 인물인 스포크 박사와 같이 감정에 빠져들지 않는
무미건조한 정보 덩어리의 전형과도 같아서 감성이란 것은 지

능 내에 들어설 수 없는 것으로써 인간의 정신 세계를 혼란시킬 뿐이라는 것이다.

　이러한 관점을 견지해 온 인지주의 과학자들은 마치 정신을 위한 길잡이적 은유를 양산하는 청결하고도 질서 정연한 실리콘과는 상관없이 난잡하고 어수선한 신경 화학 물질의 뒤범벅 속에 두뇌의 소프트 웨어의 내용물들이 휩쓸리고 있다는 사실을 잊은 채 오직 컴퓨터야말로 인간 정신 활동의 구현이라고 생각해 온 것이다. 따라서 인지주의 과학자들 사이에 널리 퍼진 두뇌 정보 처리 방식에 관한 모형들은 지성이 감성에 의해 인도 되거나 제압 당할 수 있다는 면을 깨닫지 못하고 있다. 이런 측면에서 볼 때 무미건조한 관점으로만 정신을 처리하려는 인지 모형은 지능에 특별한 맛을 부여하는 질풍노도와도 같은 감정을 제대로 설명하지 못하고 있는 것이다.

　인지주의 과학자들이 이러한 관점을 끝까지 고집하기 위해서는 인간의 희망과 두려움은 물론, 결혼생활의 파탄, 동업자간의 경쟁심과 같이 삶에 대한 맛과 위기를 가져오면서 순간마다의 정보 처리 방식에 일종의 편향성을 부여하는(올바르든 그렇지 못하든) 적절한 정신 모형들을 무시해야만 하는 것이다.

　감성적 의미가 없는 정신 생활에 편중되어 있던-아울러 근 80년 동안 지능 관련 연구를 이끌어 온-과학적 견해들도, 감성이 사고에 중요한 영향을 미친다는 사실을 심리학 분야가 인정해 감에 따라 함께 변화하고 있다. 그것은 마치 '스타 트렉: 다음세대(후편)'에 나오는 스포크 박사와 아주 비슷한 안드로이드의 데이터 소위와 마찬가지로 심리학도 점차 인간의 정신 활동에서의 감성의 힘과 가치, 그리고 위험성을 평가하는 추세이다. 영화에서 데이터 소위는 냉정한 논리만으로는 인간 차원의 올바른 해결책을 제시할 수 없음을 유감스럽게도 최후에 깨닫게 된다. 만일 그가 감정을 느낄 수 있었다면 혼란스러워 했을 정도로 우리의 인간성이란 오직 감정 속에서 드러나는 것이다. 데이터 소위는 자기에게 중요한 무엇인가가 부족하다는 것을 깨닫고는 감정을 느껴 보려고 했다. 그는 '오즈의 마법사'에 나오는 깡통인간과 마찬가지로 우정과 충실성을 원했지만 불행히도 심장이 없었다. 감정이 가져다주는 감성적 감각이 없는 데이터 소위는 기술적인 능숙성으로 음악을 연주하거나 시를 쓸 수는 있었어도, 열정을 느낄 수는 없었던 것이다.

데이터 소위가 감정, 그 자체를 동경하고 있음을 볼 때, 우리는 차가운 인지적 시각만으로는 신앙, 희망, 헌신, 사랑 등 인간의 마음이 갖는 고도의 가치를 갖출 수 없다는 교훈을 얻을 수 있다. 감성은 사람을 비옥하게 만든다. 그것이 없는 정신은 불모지와도 같은 것이다.

저자는 가드너 박사에게 감정에 대해 감정 그 자체보다도 인지나 초인지를 그토록 중시하는 이유를 물어 본 적이 있다. 그때 그는 자신의 글이 인지적 방식에서 바라본 지능에 편중되어 있음을 인정하면서 이런 말을 했다.

"사실 내가 처음 인간의 다중 지능에 대해 글을 쓸 때는 감성, 특히 하나의 구성 요소를 감성적으로 개인적 취향에 맞춰 조율할 수 있는 능력인 인간 내부적 지능 차원에서의 감성을 이야기하고자 했다. 우리가 인간 내부적 지능에서 얻을 수 있는 핵심적인 것은 직감적 감정이라는 것이다. 그런데 다중 지능의 이론이 실제적 전개 과정을 거치면서 점차 감성 능력의 전 영역에 관한 내용이 아닌 초인지-인간의 정신 작용 과정에 대한 인식-쪽으로 집중되었다."

그렇다고 가드너 박사가 삶의 역경에서 감성적, 인간관계적 능력이 차지하는 역할이 얼마나 중요한지를 인정하지 않는다는 뜻은 아니다. 그는 이렇게 말한다.

"만일 IQ가 160이면서도 형편없는 인간 내부적 지능을 가진 사람과 IQ는 100이지만 높은 인간 내부적 지능을 가진 사람이 있다고 할 때, 전자가 후자 밑에서 일하는 경우를 얼마든지 목격할 수 있다. 요즘같이 하루가 다르게 변하는 세계에서 인간 내부적 능력 만큼 중요한 것도 없다. 자신에게 이러한 지능이 갖추어져 있지 않다면 누구와 결혼할 것인가, 어떤 직업을 선택할 것인가 하는 문제 등에서 계속 형편없는 결정을 내리게 될 것이다. 지금이라도 학교에서 아이들에게 가르쳐야 할 첫번째 항목은 바로 인간 내부적 지능인 것이다."

감성의 지능적 측면

이와 같은 교육이 정확히 어떤 모양을 갖춰야 하는지를 제대로 이해하기 위해서 우리는 가드너 박사의 다중 지능 이론을 추종하는 다른 이론가들에게도 눈을 돌릴 필요가 있다. 이에 관해 가장 주목할 만한 사람은 우리의 감성에 지능을 부여하는 방식을 상세하게 구조화한 예일 대학의 심리학자 피터 샐로비

교수와 같은 분이 대표적이다.[12]

감성에 지능을 부여하는 시도는 사실 새로운 것이 아니다. 수년간 강력하게 IQ 이론을 옹호해 왔던 사람들조차도 '감성'과 '지능'을 본질적으로 대립되는 개념으로 보지 않고, 지능 영역 내에 감성을 도입하려는 시도를 해 오고 있다.

따라서 1920년대와 30년대에 IQ 개념의 대중화에 결정적인 영향력을 행사했던 E.L. 손다이크 박사와 같은 저명한 심리학자들도 하퍼 매거진을 통하여 감성지능의 한 측면인 '사회적' 지능-타인들을 이해하고 인간관계를 현명하게 처리하며 행동하는 능력-이 IQ의 한 측면이 될 수 있다는 글을 발표하였다.

아울러 같은 시대의 다른 심리학자들 중에는 사회적 지능에 대해 비판적 시각을 견지하는 사람들도 있었는데, 이는 사회적 지능을 타인이 원하든 원하지 않든 그들을 조종하여 내가 원하는 것을 행하게 하는 조작적 기술의 한 조건으로 보았기 때문이다. 그러나 사회적 지능에 대한 이상의 공식화 작업도 IQ 이론가들에게 별다른 영향을 끼치지 못한 채, 1960년대에 이르러서는 IQ 검사에 대한 영향력 있는 서적들이 하나같이 사회적 지능을 '쓸모 없는' 개념이라고 단언하기에 이르렀다.

하지만 인간의 지능을 직관적이고 상식적이라는 이유만으로 무시할 수는 없는 것이다.

한 예로 예일 대학의 또 다른 심리학자 로버트 쉬텐버그 박사는 '지적 인간'이 어떤 사람을 의미하는가를 놓고 일반인들을 대상으로 설문 조사를 실시했는데, 그들이 지적한 실제적 인간관계 기술들 속에서는 앞서 열거한 내용들이 다수 포함되어

있었다. 쉬텐버그 교수는 이에 그치지 않고 손다이크 교수의
결론을 뒷받침하기 위해 보다 체계적인 연구를 추진하였는데,
그는 사회적 지능이란 학문적 능력과는 전혀 다른 것으로서
삶의 실제적 문제들을 사람들이 훌륭하게 해결해 나갈 수 있도
록 해주는 능력이라고 했다. 한 가지 예로 직장에서 높이 평가
받는 사회적 지능은 부하의 무언의 메시지를 민감하게 추출해
내는 상사의 능력이라고 했다.[13]

최근 몇년 간 많은 심리학자들이 이와 유사한 결론에 도달하
면서, 낡은 IQ의 개념은 편협된 언어 및 수학 기능을 중심으로
변화되어 왔기에 IQ 점수가 높다는 것은 학교 생활이나 대학
교수로서의 성공을 예측하는 기준은 될 수 있어도, 아카데미즘
에서 벗어난 삶의 경로에는 별 다른 의미를 부여하지 못하고
있다는 주장을 활발히 제기하고 있다.

이러한 심리학자들-그들 중에는 쉬텐버그 박사와 샐로비 박
사도 있다-은 지능에 관한 보다 폭넓은 관점을 견지하며, 삶을
성공적으로 영위하도록 도와주는 능력을 중심으로 한 IQ의 개
념들을 재창조하고자 노력하고 있다. 그리고 그런 탐구 과정들
을 통해 우리는 다시 한번 '인간적'인 또는 '감성적'인 지능이
얼마나 중요한 것인가를 재음미하게 된다.

샐로비 박사는 자신의 감성지능EQ에 대한 기본 정의에 가드
너 박사의 인간적 지능을 포함시키면서 다음과 같은 다섯 가지
범주로 각 능력들을 확장시키고 있다.[14]

• **자신의 감정을 인식하는 능력** 감정이 발생되는 그 자체를

인지하는 자기 인식은 감성지능의 중추를 이룬다. 본서 제 4장
에서도 나오지만 각 순간마다의 감정을 탐지하는 능력은 심리
적 통찰력과 자기 이해에 없어서는 안되는 능력이다. 만일 우리
가 스스로의 진실된 감정을 주시하지 못한다면 우리는 언제든
지 감정의 노예가 될 수 있는 것이다. 자신의 감정을 확실하게
알고 있는 사람들은 자신의 인생에 대한 주도적 위치에 서서
결혼 문제에서부터 직업 선택의 문제에 이르기까지 개인적인
의사 결정에 있어서 자신이 진실로 원하는 바가 무엇인지를
분명히 인식한다.

 • ***자신의 감정을 조절하는 능력*** 자신의 감정을 잘 다루어서
적절하게 발휘되도록 하는 능력은 자기 인식을 바탕으로 구축
될 수 있다. 본서의 제5장에서는 자신을 위로하는 능력과 격렬
한 불안, 우울, 조바심 따위를-그리고 이러한 EQ 능력의 결함
이 초래하는 실패의 연속성을-떨쳐 버릴 수 있는 능력을 점검
하게 된다. 이러한 능력이 취약한 사람들은 끊임없는 고뇌의
감정과 싸워야 하지만, 여기에 우수성을 보이는 사람들은 인생
의 실패와 혼란을 딛고 더욱 높은 도약을 할 수가 있다.

 • ***자신에게 동기를 부여하는 능력*** 본서 제 6장에서 자세히
등장하겠지만, 목표 달성을 위해 감정을 잘 정리해 나가면 주의
집중과 동기 부여, 자기 극복, 창의성이 증가하게 된다. 순간의
희열을 잠시 뒤로 미루고 충동을 억제하는 자기 감정의 통제야
말로 온갖 종류의 소양에 바탕이 된다. 또한 '자연스러운 흐름'
의 상태로 몰입하는 것은 모든 우수한 성취를 가능하게 한다.
이러한 능력을 개발한 사람은 어떠한 일을 맡든지 고도의 생산

성과 효과성을 보인다.

•*타인의 감정을 인식하는 능력*　감정이입은 감성적 자기 인식이 있어야 구축될 수 있는 또 다른 능력으로서, '인간관계 능력'의 근본이 되는 것이다. 본서의 제7장에서는 감정이입의 뿌리는 어디에서 출발하고, 감성적인 냉담이 가져오는 사교적 손실은 무엇이며, 감정이입이 이타주의를 양성할 수 있는 이유는 어떤 것인지 등을 살펴보게 된다. 감정이입적인 인간은 타인이 무엇을 원하고 요구하는가를 파악할 수 있는 미묘한 사회적 신호에 매우 민감하다. 이 능력은 봉사 단체나 교직, 또는 영업이나 경영 관리를 담당하는 사람들에게 보다 많은 기회를 제공하게 된다.

•*인간관계를 관리하는 능력*　인간관계를 관리하는 능력은 넓게 보면 타인의 감정을 관리하는 기술이기도 하다. 본서 제8장에서는 사교적 재능과 무능력, 기타 이에 관련된 특수한 기술들을 고찰하게 된다. 이 기술은 인기와 리더십, 또는 인간 내부적 효율성 등을 포착하는 능력이기도 하다. 이 기술에 뛰어난 사람들은 타인들과의 원활한 교류가 필요한 일은 무엇이든지 잘 할 수 있다. 그들은 사교의 스타들이다.

물론 이러한 5가지의 분야에서 사람들이 보이는 능력은 각기 다르다. 즉, 우리들 중 어떤 사람은 자신의 불안감을 처리하는 데에는 뛰어나지만, 타인을 위로하는 데에는 그렇지 못하기도 하다. 그것은 이러한 능력 수준의 기저에 바로 우리의 신경 회로가 자리잡고 있기 때문인데, 앞으로도 확인할 수 있듯이 두뇌란 놀라우리 만치 유연하고 학습적이다. 따라서 이상 5가지의 EQ 능력에 관해 보여지는 지체나 미숙함은 얼마든지 향상될 수 있는 것이다. 다시 말해서 앞에 열거된 각 영역들의 상당 부분은 두뇌가 학습한 습관과 그 대응으로서의 적절한 노력이 병행되면 충분히 개발될 수 있는 것이다.

IQ와 EQ의 비교

IQ와 EQ는 서로가 상반되는 능력이라기보다는 별개적인 능력이라고 보아야 한다. 우리들 모두는 지능과 감성적 예민성의 혼합체를 지닌다. 그러나 그 전형성에도 불구하고 높은 IQ에 낮은 EQ 또는, 낮은 IQ에 높은 EQ를 지닌 사람들은 실제적으로 드물다.

확실히 IQ와 EQ 사이에는 상호 독립적인 총체들이라고 생각해도 좋을 만큼 밖에 안되기는 하지만 어느 정도의 관련성이 있다.

친숙한 IQ 검사와는 달리 EQ를 측정할 수 있는 단일 페이퍼 테스트는 존재하지 않으며, 앞으로도 존재할 수 없을 것이다. 그러나 EQ의 각 요소에 대한 연구는 풍부하게 진행되고 있다. 감정이입 같은 능력은 과업에 대한 개인적인 실제적 능력을 파악하면 제대로 검사할 수 있는 것이다. 예를 들자면, 얼굴 표정을 찍은 비디오를 보여주고 그의 감정을 읽어 내게 하는 식으로 표본을 추출하는 것이다. 또한 캘리포니아 대학 버클리 분교의 심리학 교수 잭 블록 박사는 스스로 '자아 탄력성'이라고 부르는 능력(주요한 사회적 감성적 능력을 포괄하고 있다는 면에서 EQ와 유사한)을 측정하는 방법을 개발하였다. 그는 이론적으로 완전무결한 유형의 사람들, 즉 높은 IQ를 지닌 사람들과 높은 EQ를 지닌 사람들을 비교했었는데, 그 차이는 상당히 시사하는 바가 크다.[15]

높은 IQ를 가진(즉, EQ를 제외한) 유형은 인텔리를 풍자할 때 흔히 볼 수 있는 지적인 영역에서는 뛰어난 반면에 개인적 세계에서는 무능함을 보이는 사람들이다. 이 프로필은 남성과 여성이 약간씩 다르게 나타난다. 고도의 IQ를 가진 남성들은 광범위한 지적 관심과 능력으로 특징지어진다. 이들은 야심적이고 생산적이며, 예측 중심적이고 끈질기고, 여간해서는 개인적인 관심사에 동요되지 않는다. 이들은 대개 비판적이고, 짐짓 겸손한 척하고, 자못 까다롭고, 금욕적인가 하면 성욕과 성적 경험에 대해서 거북해 하고, 자신의 감정을 밖으로 표현하지 않고 초연하며, 감성적으로 밋밋하고 냉정하다.

대조적으로 EQ가 높은 남성들은 사회적으로 안정적이고, 외향적이고 쾌활하며, 두려움이나 불안한 생각에 이끌리지 않는다. 이들은 남을 위한 대의 명분에 대한 헌신, 책임감, 윤리감 등에 주목할 만한 수용성을 보이는가 하면 인간관계에서 호의적이고 봉사적이다. 이들의 감성적 생활은 풍부하면서도 적절하고, 자기자신과 다른 사람들, 또는 살고 있는 사회에서 편안함을 느낀다.

IQ가 높은 여성들은 예견 가능한 지적 자신감을 갖고 있으며, 사고의 표현에 자유롭고, 지적인 문제들에 관해 높은 가치를 두면서 광범위한 지적, 심미적인 관심사를 가지고 있다. 이들은 대체로 내성적이고, 불안과 자책감 등에 쉽게 말려들고, 심사숙고하는 편이며, 자신의 분노를 공개적으로 표현하기를 주저(물론 간접적으로는 표현하지만)한다.

EQ가 높은 여성들은 이와는 대조적으로 적극적이고, 자신의 감정을 직접적으로 표현하며, 스스로에 대해 긍정적인 생각을 갖는 경향을 보인다. 이들에게 삶은 풍부한 의미를 갖는다.

EQ가 높은 남성들이 그러하듯이 이들도 외향적이고 대중적이며 나중에 후회하게 되는 감정 폭발을 하는 것이 아니라 자신의 감정을 적절하게 표현한다. 따라서 스트레스에도 잘 적응한다. 이들은 사회적 안정감을 갖고 있기 때문에 언제나 새로운 사람들과의 접촉에 자신감을 갖는다. 이들은 스스로에게 편안함을 느끼기 때문에 활발하고, 자발적이고, 성적 경험에 대해서도 개방적이다. IQ만 높은 여성들과는 달리 이들은 여간해서 조바심을 내거나 자책감을 갖거나 고뇌하지 않는다.

물론 이러한 분류는 다소 극단적인 감이 있다. 사실 우리 대부분은 다양한 혼합 차원에서 IQ와 EQ를 함께 가지고 있다. 그러나 이렇게 순수한 타입을 만들어 보면, IQ와 EQ가 각각 인간의 성질에 어떤 특징을 부여하는가를 잘 알 수 있게 된다. 그래서 인간은 IQ와 EQ의 비율에 의해 인간으로서의 여러 가지 특징이 혼합된 성질을 갖게 되는 것이다. 그렇다고는 해도 역시 EQ는 우리가 완전한 인간적 모습을 이루기 위한 보다 많은 강점들을 가져다 준다고 보아야 할 것이다.

제4장

너 자신을 알라

옛날 일본에서 있었던 일이다. 한 용감한 사무라이가 노스님에게 극락은 무엇이며 지옥은 무엇이냐고 물었다. 그러자 선승은 경멸하듯이 다음과 같이 대답했다.

"이 무지렁이, 얼간이야. 너 같은 놈과 말하기에는 시간이 아깝다."

체면을 크게 손상 당한 사무라이는 격노하여 칼집에서 칼을 빼 들었다.

"이 무례한 늙은이, 당장 없애 버릴테다!"

"그것을 지옥이라고 하오."

노스님은 조용히 대답했다.

자신을 휘감은 격노를 정곡으로 찌른 노스님의 말에 진리를 깨닫고 사무라이는 얼른 평정을 되찾고 칼을 다시 칼집에 꽂은 뒤 큰절을 올리면서 노스님의 통찰력에 감사를 표했다.

그러자 노스님은 다시 입을 열었다.

"그것이 극락이지요."

자신의 흥분 상태를 깨우치게 된 사무라이의 이야기는 우리에게 감정에 사로잡혀 자아를 잃은 상태와 감정에 사로잡혀 있음을 인식하고 있는 상태와의 차이가 얼마나 큰 것인가를 훌륭하게 설명해 주고 있다. 소크라테스의 명언인 "너 자신을 알라"도 사실은 EQ의 핵심인 '현재 일어나고 있는 자기 자신의 감정 상태를 인식하는 것'임을 가리키고 있는 것이다.

언뜻 볼 때 우리의 감정은 뻔한 것처럼 여겨진다. 그러나 좀 더 생각해 보면 우리가 때로는 진정으로 느끼는 것이 무엇인지를 너무나 모르고 있거나, 상당한 시간이 지난 뒤에야 그 감정을 제대로 깨닫게 되는 것을 알게 된다. 심리학자에 따라서는 사고 과정을 인식하는 것을 초(超)인지, 자기 감정의 지각을 의식하는 것을 초(超)기분이라는 다소 장황한 용어를 사용하고 있지만, 저자는 자신의 내부 상태에 대한 지속적인 주의력을 의미하는 '자기 인식'이라는 말이 이 경우에는 더 어울린다고 본다.[1] 이러한 자기 성찰적인 인식이 있을 때, 우리의 정신은 감정을 포함한 경험 자체를 관찰하고 검증할 수 있게 된다.[2]

자아 인식의 장점은 프로이트가 정신분석 학자에게 요구되는 올바른 태도로써 제시한 '변함없이 유지되는 관조(觀照)의 주의력'에 가장 근접하다는 데에 있다. 이러한 주의력이 있을 때, 우리는 흥미는 갖되 민감한 반응을 보이지 않으면서, 우리의 지각을 통과하는 사실들을 편향되지 않게 흡수할 수가 있는 것이다. 정신분석 학자가 환자들의 이야기를 듣고 있는 자기 자신의 반응을 모니터 할 수 있는 것은 이런 종류의 자아 인식의 능력을 가지고 있기 때문이며, 이를 '관찰하는 자아'라고 부

르기도 한다. 자유 연상법은 이러한 자아 인식을 환자 자신에게
갖게 하려는 시도인 것이다.[3]

이와 같은 자아 인식에는 신피질의 활성화, 특히 감정의 자극
여부를 확인하고 이의 명명을 담당하는 언어 영역의 신피질의
활성화가 요구된다. 자아 인식은 감정에 의해 압도되거나 인지
된 내용에 대해 과민 반응하고 그것을 증폭시키는 주의력과는
아무런 관계가 없다. 오히려 혼란스러운 감정의 와중에서도 자
성(自省)을 유지하는 중립적인 심리상태에 가깝다. 자기 자신
이 경험한 깊은 우울증을 글로 쓴 윌리엄 스타이런도 이러한
자아 인식에 관하여 "자신에게 깃든 광기는 공유하지 않으면서
자신의 분신이 투쟁하고 있는 모습을 냉정한 호기심을 가지고
관찰할 수 있는 영매와도 같은 제 2의 자아에 함께 따라다니는
정신 기능"이라고 묘사하였다.[4]

자아 성찰 능력이 최대한 발휘될 때, 바로 윌리엄 스타일런이
지적한 것처럼 격심하고 혼란스러운 감정을 냉정하게 인식할
수 있는 상태가 된다. 또는 적어도 경험으로부터 한 걸음 물러
서서 이와 수평적으로 흐르는 또 하나의 의식인 '초인식' 즉,
현 상황 속에 흡수되거나 빠져들지 않은 채로 그것을 인식하며,
주된 흐름을 일정하게 관조하는 실체로서의 모습을 보여주기
도 한다. 구체적으로 말하면 당장 죽이기라도 할 듯이 누군가에
게 화를 내면서도 '지금 내가 느끼는 것은 분노이다.'라는 자성
적 사고를 하는 심경이 자아 성찰이 행해지고 있는 상태이다.

지각에 대한 신경회로적 구조에서 볼 때, 정신 활동 상의 미
묘한 전환은 신피질 회로가 감정을 적극적으로 모니터하고 있

다는 것을 나타내는 징후라고 생각된다. 이것은 감정을 컨트롤하는 첫 단계에 이르는 것을 의미한다. 이와 같이 자기의 감정을 인식하는 능력은 감성에 관계되는 모든 능력의 기초가 되는 것이다.

예일 대학의 샐로비 교수와 함께 EQ 이론을 구축했던 뉴햄프셔 대학의 심리학 교수 존 메이어 박사는 자아 인식에 대해서 '자기의 기분을 알고, 동시에 그 기분에 대한 자신의 생각도 아는 것'이라고 간결하게 묘사했다.[5] 즉 감정의 자기 인식은 자기의 내부 상황에 대해 반응이나 가치 판단 없이 주의력을 기울이는 모습을 의미하는 것이다.

하지만 메이어 박사는 이러한 감수성이 평정심과는 또 다른 것이어서, 자기의 감정 인식에서 볼 수 있는 전형적 사고로서는 '나는 이렇게 느끼지 말아야 해.' '기분 전환을 위해서 좋은 것을 생각하자'라든지, 또는 보다 단편적인 자기 인식의 경우, 대단히 불편한 감정을 가져오는 사실에 대한 반응으로서 '생각을 말자'라는 식의 일과성 사고가 있을 수 있음을 지적하고 있다.

감정에 대한 인식과 그것을 변화시키려고 행동하는 것 사이에는 논리적인 차이가 있을지라도, 메이어 교수는 실질적인 목표를 위해 두 가지를 같이 다룰 것을 제시한다. 불쾌한 기분을 인식하는 것은 곧 그 기분에서 벗어나기를 원하는 것이라는 주장이다. 한편으로 이러한 인식은 감정적 충동에 따라서 행동하지 않으려는 노력과는 또 다른 것이다.

화가 나서 자기 친구를 때리는 아이에게 "당장 그만둬!" 하고 소리를 지르면, 때리는 것은 그만둘지 몰라도 그의 분노는 여전히 수그러들지 않는다. 그것은 아이의 사고가 "하지만 저 녀석이 내 인형을 빼앗아 갔단 말이야!"라는 분노 촉발 요인에 고정되어 있어서 치미는 분통이 좀처럼 가라앉지 않기 때문이다.

자아 인식은 이와 같은 강력하고도 혐오스러운 감정에 보다 강력한 효과를 발휘한다.

즉 '지금 내가 느끼는 것은 분노다.'라는 인식만으로도 우리는 상당한 수준의 자유를 맛볼 수 있는데, 이를 통해 더 이상 그것을 바탕으로 행동하지 않아도 될 뿐만 아니라, 그것을 떨쳐 버릴 수 있는 선택권도 발휘할 수 있게 되기 때문이다.

메이어 박사는 인간이 자기 자신의 감정에 대처하는 패턴을 다음과 같이 세 가지로 대별하고 있다.[6]

· **자기 인식형** 이 타입은 자신의 감정을 인식하는 능력이 있으며, 어느 정도 감정을 잘 처리하는 능력을 가지고 있다. 감정에 대한 명쾌한 인식은 자신의 다른 성격적 특징들을 보완해 주기도 한다. 즉, 이들은 자율적이고 자신의 한계를 잘 알 뿐만 아니라 정신적으로 건강하고 긍정적인 인생관을 가지는 경향이 있다.

이들은 불쾌한 기분이 되었을 때에도 너무 곱씹어 생각하거나 몰두하지 않기에 곧 그 위기에서 벗어난다. 한마디로 자신의 기분을 분명하게 알고 있기 때문에 감정을 적절하게 관리할 수가 있다.

· **매몰형** 이 타입의 사람들은 감정에 휩쓸리는 일이 잦고, 한번 감정에 휘말리면 마치 자신의 기분이 전부인 것처럼 그

속에서 빠져 나오지 못한다. 이런 사람들은 대개 변덕스럽고 자신의 감정도 정확히 인식할 수 없기 때문에 일정한 관점을 유지하기보다는 감정의 노예가 되는 일이 많다. 그 결과, 자신이 감정을 컨트롤하지 못한다는 점을 깨닫지 못하고 따라서 불쾌한 기분을 벗어나려는 노력도 하지 않는다. 이들은 때때로 격한 감정에 압도되거나 감정을 주체하지 못한다.

 · 수용형 이 타입의 사람들은 종종 자신의 감정에 대해 분명한 태도를 보이기 때문에 자신의 기분 또한 있는 그대로 수용하고 변화시키지 않으려는 경향을 보인다. 이들의 수용 유형은 두 가지로 나눌 수 있는데, 그 하나는 언제나 즐거운 기분을 갖고 있어 그것을 변화시킬 동기가 없는 경우이고, 다른 하나는 자신의 기분에 대한 확신에도 불구하고 워낙 불쾌한 기분에 빠지기 쉽기 때문에 방관적인 태도를 유지하다가 고뇌에 빠지는 유형이다. 후자의 패턴은 절망의 나락으로 떨어질 정도로 우울증에 빠진 사람들에게서 종종 발견된다.

격정형과 담담형

 지금 당신은 뉴욕에서 샌프란시스코로 향하는 비행기에 몸을 싣고 있다고 가정해 보자. 여행은 아무런 탈없이 진행되고 있는데, 록키 산맥을 넘을 무렵 갑자기 기장의 목소리가 안내방송을 통해 흘러나온다. "승객 여러분, 지금부터 본 여객기는 난기류로 들어갑니다. 자리로 돌아가셔서 안전벨트를 매어 주시기 바랍니다." 그리고 난 후 비행기는 지금껏 경험했던 그 어떤 것보다 강력한 난기류에 휘말려 들었고, 당신을 비롯한 모든 승객들은 파도 위에 떠다니는 비치 볼처럼 상하 좌우로 마구 흔들린다.

그런데 이때 당신은 어떤 행동을 취하겠는가? 안내 방송을 무시해 버리고 독서에 몰두하거나 계속해서 비디오를 보고 있겠는가, 아니면 '위급 상황 안내 책자'를 꺼내어 주의 사항을 읽어 보거나, 승객들이 공포에 사로잡혀 있는지를 관찰하거나, 엔진 소리에 이상이 있나 없나 귀를 기울여 보겠는가?

이때 어떠한 반응을 선택하는가는 극한 상황에 대해서 어떠한 자세로 임하는가를 나타내고 있다. 예로 든 비행기 시나리오는 템플 대학의 심리학자인 수잔 밀러 교수가 개발한 심리학 검사 중 한 항목으로써 평가의 목표는 당사자가 경계심을 늦추지 않고 혼란스러운 위기의 모든 세부 항목들에 주의를 기울이는 형인가, 아니면 이와는 대조적으로 자신의 주의를 분산시키는 방법을 써서 위급한 순간을 처리하는 형인가로 구분하는 데에 있다.

위기에 대한 서로 다른 두 가지의 태도는 사람들이 자신의 감정적 반응을 어떤 식으로 경험하는가에 대해서도 완전히 다른 결과를 가져온다. 위기적 상황에 주의 깊게 대처하려고 하는 사람일 경우에는, 세심한 주의 집중 행위로 인해서 반응의 폭이 확대되는 일이 많다. 이때 심리적인 평정에 도움이 되는 감정의 자기 인식 없이 위기적 상황에 파장을 합쳐 버리는 경우에 그 폭은 더욱 커진다. 그 결과, 이들의 감정은 더욱 격렬성을 띠게 된다. 한편, 신경을 쓰지 않고 다른 데로 자신의 주의를 돌리는 사람들은 자신의 반응에 보이는 주의 집중도 그만큼 줄어들게 되어, 대응의 크기나 감정적 대응의 경험들도 상당량 축소되는 경향을 보인다.

단적으로 말하자면, 어떤 사람들은 감정의 인식력이 엄청나게 큰 것으로 나타나고, 어떤 사람들은 아주 형편없는 것으로 나타난다.

한 대학생의 예를 생각해 보자. 어느 날 밤 그는 자기가 사용하는 기숙사에 화재가 일어난 것을 발견하고 소화기를 찾아 불을 껐다. 그렇다고 그에게 특이한 점이 있었던 것은 아니다. 이 대학생은 소화기가 있는 곳으로 걸어가서 기구를 가지고 와 불이 난 곳에 분사한 것 뿐이었다. 심지어 그는 단 한번도 뛰지 않고 보통 걸음으로 걸었다. 왜 뛰지 않은 것일까? 그는 위급하다고 느끼지 않았기 때문이다.

이 예화는 사람들이 감정 경험 과정에서 종종 겪는 격렬성을 연구해 온 일리노이 어바나 대학의 심리학 교수 에드워드 다이너 박사가 내게 들려준 내용이다.[7] 이 이야기에 등장하는 대학생의 경우는 다이너 교수가 수집해 온 연구 사례들 중 가장 격렬성이 희박한 사람의 예로 뽑힌다. 문제의 대학생은 본질적으로 격정이 적은 사람이었고, 인생 역경을 헤쳐 나갈 때, 심지어 화재와 같은 긴급 상황에서도 별다른 동요를 느끼지 않는 담담한 사람이었다.

다이너 박사의 스펙트럼상 이와는 정반대인 어느 여자의 사례를 생각해 보자. 그녀는 아끼던 만년필을 잃어버리자 며칠간 마음이 산란한 채 지내야 했다. 또 어떤 때는 비싼 백화점에서 여성용 신발을 대바겐세일한다는 소식을 듣고 너무나 흥분하여 하던 일도 중단한 채 자동차에 올라타고 시카고의 백화점까지 3시간이나 달려가기도 했다.

다이너 교수는 대체로 여자들이 남자들보다 긍정적인 쪽이든 부정적인 쪽이든 훨씬 강렬한 감성을 갖고 있다고 보고 있다. 또한 성 차이에 관계없이, 보다 많은 것에 관심을 갖는 사람들에게 감성 생활도 풍부하게 나타난다. 이러한 감성적 감수성이 의미하는 한가지 중요한 사실은, 그것이 거의 없는 사람들은 아무리 견디기 힘든 상황 하에서라도 좀체로 감정의 동요가 없는 반면, 격렬성이 강한 사람일수록 아주 미미한 자극을 받아도 천사 같은 모습으로든 악마 같은 모습으로든 쉽게 감성적 폭발을 보인다는 사실이다.

감정이 없는 사람

게리는 그의 아내 엘렌을 몹시 화나게 만들었다. 지적이면서, 사려 깊고 성공적인 외과 의사임에도 불구하고 게리는 감성적으로 너무나 무뚝뚝하고 어떠한 감정의 전달에도 무관심한 반응을 보이기 때문이었다. 그는 과학이나 예술에 관한 놀라운 식견을 보이다가도 자기의 감정에 대한 부분에 이르게 되면 아내에게 조차도 침묵을 지켰다. 엘렌은 남편으로부터 열정을 이끌어 내려고 많은 노력을 했지만, 언제나 냉담하고 무관심한 반응만 돌아올 뿐이었다. 아내의 강요에 못 이겨 상담을 요청한 정신과 의사에게도 그는 다음과 같이 말했다.

"저는 원래 감정을 표현하지 않습니다."

게리는 자신의 감성 생활에 관해서 다음과 같이 덧붙였다. "무엇을 말해야 할지 모르겠군요. 긍정적이든 부정적이든 그다지 강한 느낌은 생기지 않는데요."

게리의 무관심에 대해 스트레스를 받는 사람이 엘렌만은 아니었다. 게리 자신의 경우도 역시 여태껏 살아오면서 어느 누구에게도 개방적으로 자신의 감정을 밝힐 수가 없었다고 한다. 그 이유는 자기 자신이 느끼는 것이 무엇인지를 모르기 때문이다. 그가 말할 수 있는 것이라고는 자신에게 아무런 분노도, 슬픔도, 즐거움도 없다는 점 뿐이었다.[8]

그의 정신과 의사가 관찰한 바에 따르면, 게리나 그와 유사한 사람들은 '감성적 공백'으로 인해 대개 무미건조한 삶을 산다고 한다.

"그들은 누구라도 따분하게 만들지요. 오죽하면 부인이 치료를 의뢰하겠습니까?" 게리의 감성적 무반응은 정신과 의사 사이에서 '언어 감각 불능증'(Alexithymia)으로 불리기도 하는데, 그 어원은 그리스어의 *a-* '부족', *lexia* '단어', *thymos* '감성'에서 비롯된 것이다.

이러한 사람들은 자신의 감정을 말로 표현하지 못한다. 실질적으로도 이들은 감정이 없는 사람처럼 보이는데, 이는 감정 자체가 없어서가 아니라 전적으로 감정을 표현하는 능력이 부족하기 때문이다. 이들은 보통 어떠한 감정도, 공상도, 생기 있는 꿈도 즉, 말할 가치가 있는 내부적 감성 생활에 관한 어떤 것도 표현하지 않기 때문에 치료가 불가능한 일련의 환자들을

만나 당혹스러워하던 심리 분석 의사들에 의해서 처음 발견되었다.[9]

언어 감각 불능증 환자들의 임상적 특징으로는 자기와 타인에 관한 어떠한 감정도 제대로 묘사하지 못한다는 점과 지극히 제한적인 감성적 언어만을 갖고 있다는 점이다.[10] 게다가 이들은 신체 감각을 포함한 여러 가지 다양한 감정들을 제대로 구분하지 못하기 때문에 가슴이 두근거리고, 맥박이 뛰고, 땀을 흘리고, 어지럽다는 말은 하면서도 그것이 근심하고 있는 증세라는 사실은 알지 못하는 것이다.

"그들은 무엇인가 이상하고 이질적인, 사람들의 감정을 짓누르는 전적으로 아주 다른 세계에서 살다 온 것 같은 인상을 줍니다."

이 묘사는 1972년 처음으로 '언어 감각 불능증'이란 용어를 만들어 낸 하버드 대학의 정신과 교수 피터 시프니어스 박사가 밝힌 내용이다.[11] 한 예로 언어 감각 불능증 환자는 거의 울지 않지만 일단 한 번 울기 시작하면 엄청난 눈물을 흘린다. 그러면서도 왜 그렇게 우느냐고 질문을 받으면 당황해 한다.

어떤 여성 환자는 8명의 자녀를 두고 암으로 죽어 가는 여자를 그린 영화 한편을 보고 너무나 슬퍼한 나머지 울다 지쳐 잠이 들었다고 한다. 의사가 그녀에게 그때의 기분이 어떠했느냐고 묻자, 그녀는 '끔찍했다'고만 했을 뿐, 그 이상 자신의 감정을 규명해 내지 못했다. 아울러, 그녀는 '이따금씩 울게 되는데 정확히 무엇 때문에 우는 지를 모르겠다'라고 했다.[12]

핵심은 바로 이것이다. 문제는 언어 감각 불능증 환자가 느끼는 능력이 부족한 것이 아니라 자신의 감정이 무엇인지를 알지 못하며 특히, 그것을 말로 표현하지 못한다는 점에 있는 것이다. 이 환자들은 감성지능의 가장 기본적인 항목인 자기 인식 능력이 내부에서 활동하고 있을 때 자신이 무엇을 느끼는 지를 아는 것이 전혀 없다.

이들에게는 '자신이 느끼고 있는 것이 분명하다'라는 상식적인 개념조차 맞지 않는다. 즉, 이들로부터는 아무런 실마리를 구할 수가 없는 것이다. 무엇인가가 또는 누군가가 이들을 감동시켜 감정을 일으키도록 유도를 해도 이들은 그 경험을 어떻게 해서든지 피해야 할 당황스럽고 갑갑한 것으로 인식할 뿐이다. 이들에게 있어서 감정은 자신을 혼란시키는 불쾌감의 실체일 뿐이다. 즉, 영화를 보고 울었던 환자의 말처럼 이들은 '끔찍하다'라고 느끼면서도 그들이 느끼는 것이 어떤 종류의 끔찍함인지를 표현하지 못하는 것이다.

감정에 관한 근본적인 혼란으로 인해 이들은 감정적인 스트레스를 애매한 신체 증상으로써 의사에게 호소하는 경우가 종종 생긴다. 감정적 고통을 신체적 고통과 혼동하는 증세로 정신의학에서는 '신체화 증후군'이라고 부르고 있다. 이는 감정적인 장애가 실제로 의학상의 문제들을 일으키는 '심신증'과는 다른 장애이다

실제로도 언어감각 불능증을 다루는 정신과 의사들 대부분이 도움을 청하는 환자들로부터 이 증상을 제거하기 위한 노력에 골몰하는데, 그 이유는 이 증상이야말로 실질적으로 감정적인 문제점을 찾아내는 의학적 진단과 장기적인 치료의 지속을

요구하기 때문이다. 그러면서도 대개 좋은 결실을 보기 힘든 것이다. 아직까지는 언어 감각 불능증의 정확한 원인이 밝혀지지 않았지만, 시프니어스 박사는 대뇌 연변계와 신피질 사이, 특히 언어 체계 중심부와의 사이에서 발생하는 단락(短絡)이 그 주된 이유일 것으로 보고 있는데, 그의 이론은 우리가 감성 두뇌에 대해 알고 있는 사실들과도 웬만큼 부합된다.

시프니어스 박사의 발견에 따르면, 심각한 간질 증상을 보이는 몇몇 환자들에게서 증상의 완화를 위해 이 연결 부위를 제거한 결과, 이들 중 상당수는 언어 감각 불능증 환자와 마찬가지로 감성적 무감각증을 보이고, 자신의 감정을 잘 표현하지 못할 뿐만 아니라 환상적 생활과는 담을 쌓고 사는 사람처럼 바뀌었다고 한다.

다시 말해서, 아무리 감성두뇌의 회로들이 감정에 따라 반응하고 있어도, 신피질이 이러한 감정들을 분류하고 언어화할 수가 없는 것이다. 소설가 헨리 로스 씨는 자신의 작품『잠자는 사람들』에서 언어의 힘에 대해, '당신이 느낀 것을 언어로 표현할 수 있다면, 그것은 당신의 감정이다.'라고 한 바 있다. 이 묘사는 언어 감각 불능증의 딜레마가 어떤 것인지를 역설적으로 밝혀 준다. 즉, 우리가 감정을 표현할 언어가 없다면 그 감정은 우리의 것이 될 수 없는 것이다.

배짱을 찬양하라

엘리엇의 종양은 그의 이마 속에서 작은 오렌지 만하게 자라고 있었는데 수술을 통해 완전히 제거되었다. 비록 수술은 성공적이었다고 하지만, 엘리엇을 잘 아는 사람들은 그가 더 이상 옛날의 엘리엇이 아니라고 생각할 만큼 그에게는 심각한 성격의 변화가 발생했다.

한때 성공적인 기업 변호사였던 엘리엇은 이제 더 이상 직장에 다니지 못하게 되었다. 그의 아내는 그를 버리고 떠나갔다. 저축해 두었던 돈은 쓸데없는 투자로 다 날려 버렸고, 지금은 자기 동생의 집 골방에서 신세를 지고 있는 몸으로 전락하였다.

엘리엇의 비극에는 다소 이해하기 힘든 패턴이 들어 있다. 지능면에서 그는 예전과 조금도 다름이 없는데, 어떻게 되어도 괜찮은 사소한 일에만 집착하다가 소중한 시간들을 허비해 버리는 것이다. 그에게는 업무의 우선 순위에 대한 감각이 전혀 없었던 것이다. 따라서 그에게는 어떠한 비난이나 질책도 소용이 없었다.

결국 그는 다니는 법률 회사마다 쫓겨나게 되었다. 자세한 지능 테스트 결과 엘리엇의 정신 능력에는 아무런 이상이 없음이 밝혀졌지만, 그럼에도 그는 계속 신경과 의사를 찾아다니면서 자신의 신경학적인 문제점이라도 발견하여 그가 누릴 수 있는 장애인의 혜택이라도 얻겠다는 희망을 버리지 않았다. 그렇지 않고는 누구든지 그가 꾀병을 부린다고 할 것이기 때문이었다.

엘리엇의 신경과 주치의인 안토니오 다마시오 박사는 그의 정신 활동 중에서 한가지 중요한 요소가 빠져있다는 것을 발견했다. 그는 자기에게 일어나는 사건에 대한 감정에 지극히 무관심했던 것이다. 그밖에 논리성이나 기억력, 주의력, 기타 인식 능력 구조에는 이상이 없었다.[13] 그 중에서도 가장 충격적인 것은 마치 자신이 과거에 겪은 손실과 실패에 대해 방관자이기라도 한 것처럼 자신의 비극적인 일상사들을 아무런 마음의 동요 없이 진술한다는 사실이었다. 그에게는 어떠한 회한과 슬픔도 없으며, 인생의 불평등에 대한 절망과 분노도 없는 것처럼 자신의 비극이 아무런 고통이 되지 않았다. 진술을 듣고 혼란스러워한 것은 그 자신보다도 오히려 다마시오 박사 쪽이었다.

다마시오 박사는 엘리엇의 이러한 감성적 무지각의 근원이 뇌종양 수술을 받았을 때 전두엽의 일부가 함께 제거된 데에서 기인한다고 잠정적인 결론을 내렸다. 실제로 엘리엇은 수술 과정에서 감성두뇌의 하부 중심체 사이에 있는 연결 고리도 함께 절단되었는데, 이 중에는 편도와 관련된 신경 회로 그리고 신피질의 사고 능력 부위 사이에 있는 고리들이 포함되어 있었다.

그 결과 엘리엇의 두뇌는 컴퓨터처럼 연산을 거듭해서 결론을 내리는 일은 할 수 있어도 여러 가지 선택지에 가치 판단을 내리는 일은 할 수 없게 되어 버린 것이다.

그에게 있어 모든 선택은 중립적이었다. 다마시오 박사는 가치 판단의 과정에서 모든 감정이 빠져 버린 것이 엘리엇이 갖는 문제의 핵심이라고 생각했다. 대상에 대한 자신의 감정에 너무 무지한 것이 엘리엇의 추론을 불완전하게 만들었던 것이다.

이러한 핸디캡은 통상적인 의사 결정에서도 잘 나타났다. 다마시오 박사는 엘리엇과의 다음 약속 시간과 날짜를 정할 때면 항상 그의 우유부단한 태도에 시달려야만 했다. 그는 다마시오

박사가 제의한 날짜와 시간에 대해 좋고 나쁜 점을 지적할 줄은
알면서도, 그중 한 가지를 선택하지는 못했다.

　논리적인 측면에서 볼 때는 어떤 이유도 나름대로 조리가
서 있었지만 엘리엇은 시간에 대해서 자신이 어떻게 느끼는가
에 관해서는 아무런 감각이 없었다. 자기 자신의 감정에 대한
지각이 없다는 것은 동시에 어떠한 선호도 없다는 것을 의미하
는 것이다.

　우리가 엘리엇의 우유부단함을 통해서 알 수 있는 것은 인생
에 있어서 개인적인 의사 결정에 대한 감정의 결정적인 역할이
얼마나 중요한가 하는 문제이다. 너무 격렬한 감정은 추론 과정
에 타격을 입힐 수 있지만, 반대로 감정의 지각이 부족한 것도
우리의 운명이 좌우되는 모든 의사 결정 예컨대, 어떤 직업을
선택할 것인가, 안정된 직장에 남을 것인가 아니면 다소 위험해
도 흥미로운 곳으로 옮길 것인가, 누구와 데이트를 하고 누구와
결혼할 것인가, 어디서 살 것인가, 어떤 집에 세들어 살고 어떤
집을 살 것인가 등에서 그 가치의 비중을 가릴 때 심각한 장애
를 초래할 수 있는 것이다.

　의사 결정은 오로지 합리적 사고만 가지고는 해결될 수가
없다. 때로는 배짱이 동반되는 감정과 과거의 경험을 통해 축적
된 감성적 지혜가 요구된다. 형식적인 논리만으로는 누구와 결
혼하고 누구를 의지하고 어떤 직업을 선택하는가에 대한 의사
결정의 기반을 마련할 수가 없다. 이 영역에서 감성이 수반되지
않는 지성은 맹점을 노출할 뿐이다.

　이러한 순간에 우리를 인도하는 직관적 신호는 복강 내에서

이루어지는 대뇌 변연계적 충동의 한가지 형태인 '배짱'으로부터 발생한다. 이를 다마시오 박사는 '신체적 기록자'(Somatic Marker)로 부르고 있다. 이 신체적 기록자는 일종의 자동 경보 체계와도 같아서 주어진 행동 과정에서 있을 수 있는 위험에 대비해 주의할 것을 알려준다.

이 기록자는 때로는 절호의 찬스에 주의하게 해주는 경우도 있지만, 대부분의 경우에는 우리의 경험이 조심하도록 경고를 내린 선택 사항들로부터 우리의 관심을 멀어지도록 유도한다. 이때 우리의 부정적인 감정을 형상화한 것이 어떠한 구체적인 경험인지는 쉽게 기억할 수 없다. 그저 그쪽 방향은 위험천만하다는 것을 알 수 있는 하나의 신호만 있으면 그만인 것이다.

이러한 배짱이 발생할 때마다 우리는 망설임 없이 즉각 방향 전환을 하여 선택을 보다 현실적인 범위로 추구하게 되는 것이다. 이때, 보다 건강한 의사 결정에 이르는 핵심은 우리가 감정에 얼마만큼의 주의력을 기울이는가에 따라 결정된다.

무의식의 탐측

엘리엇의 감성적 공백이 우리들에게 제시하는 것은 사람들이 감정을 지닐 때 그것을 인식하는 능력에 따라 일정한 스펙트럼이 존재한다는 사실이다. 즉, 신경 회로의 부재가 일부 능력의 결함을 야기시킨다는 신경학 논리에 따른다면, 결함이 없는 두뇌 회로에서도 그것의 상대적인 강점이나 약점에 따라 동일 분야에서 능력 수준의 비교가 가능하다는 이론이 성립한다.

이를 전두엽 회로가 감정의 자기 인식에서 차지하는 역할의 측면에서 고찰해 본다면, 우리들 중 어떤 사람들은 몇몇 신경학적인 원인으로 인해 다른 사람들에 비해 공포나 기쁨을 쉽게 느끼고, 보다 빠른 감정적 자기 인식을 보인다는 점을 쉽게 생각해 볼 수가 있다.

우리의 심리적인 성찰 능력 역시 이러한 두뇌 회로에 의해 결정된다. 우리들 중 몇몇은 감정의 특수한 상징 체계에 천성적인 조율력을 보여준다. 시, 노래, 이야기, 또는 은유와 직유도 모두 마음의 언어의 표출이다. 감성적 정신의 논리를 따르며 애매한 관계에 의해 이야기 서술의 흐름이 결정되는 꿈과 신화들 역시 마찬가지이다.

자신의 마음의 목소리 즉, 감성의 언어에 훌륭하게 조율하는 능력을 가진 사람들은 소설가든 작곡가든 심리치료사든 그 메시지를 분명하게 전달하는 데에도 매우 우수하다. 내부적인 조율력은 사람들로 하여금 '무의식적 지혜'-우리들의 가장 깊은 내부에 깃들어 있는 희망의 상징인 꿈이나 환상이 감지된 의미-에 관한 목소리를 낼 때 보다 좋은 재능을 보일 수 있게 한다.

자아 인식은 심리학적 통찰에 대단히 중요하다. 대부분의 심리요법이 존재하는 이유도 그것을 강화하기 위해서이다. 실제로도 가드너 박사가 밝힌 인간 내부적 지능 모델의 바탕은 그 누구보다 훌륭하게 정신 세계의 역동성을 펼쳐 보였던 프로이트 박사의 이론에 근거한다. 프로이트 박사도 분명히 밝힌 것처럼 감성 생활의 대부분은 무의식적인 것이다.

따라서 우리 내부에서 활동하는 감성이 항상 인식이라는 표면에 등장하는 것은 아닌 것이다.

이 심리학의 명제에 대한 증명은, 사람들이 이전에 보았다는 사실을 기억하지 못하는 물건에 대해 분명한 호감을 보이는 경우와 같이 무의식적인 감성에 대한 실험들을 통해서도 쉽게 밝혀진다. 어떠한 감성이라도 무의식적일 수 있고, 또 상당수가 그렇다.

감정의 생리학적 반응은 대체로 본인이 감정 그 자체를 인식하기 이전부터 시작된다.

예를 들어 뱀을 무서워하는 사람들에게 뱀 그림을 보여주면, 본인이 전혀 무섭지 않다고 말할지라도, 피부에 붙여 놓은 감지 장치는 불안의 신호로 땀을 분출하는 것을 탐지할 수 있게 된다. 심지어 뱀 그림이 너무 빨리 보여졌기 때문에 방금 자신이 본 것이 무엇인지 조차 깨닫지 못하는 경우에도 사람들의 불안 감을 유도함은 물론 땀까지 흘리게 하는 것이다.

이와 같이 전(前)의식 차원에서 감정의 자극이 계속해서 형성되면 이윽고 의식 차원에서 인식할 수 있게 되는 것이다.

따라서 감성에는 깨닫는 것과 깨닫지 못하는 것 두 가지가 있다고 해야겠다. 감성이 의식 차원에 표출되는 것은 정보가 전두엽 피질에서 인지되는 순간인 것이다.[14]

우리가 그것이 활동하고 있는지 조차 모르는 순간에도 지각의 입구 아래에서 들끓고 있는 감정들은 우리의 지각과 반응 방식에 대해 강력한 영향력을 발휘한다. 아침 일찍 누군가에게 불손한 대접을 받은 뒤, 오전 내내 공연히 화를 내고, 별다른 뜻도 없이 공격적인 태도를 보이고, 특별한 이유도 없이 남들에게 툴툴거리는 사람의 예를 들어보자. 그는 아마도 자신의 계속되고 있는 감정적 불안을 깨닫지 못하고 있기 때문에 누군가가 그것에 대해 주의를 환기시켜 준다고 해도 약간 놀라기만 할 뿐, 자신의 불안정은 여전히 지각의 범위에서 벗어나 있기 때문에 퉁명스러운 대꾸를 계속하게 되는 것이다.

하지만 일단 그 반응이 인식 범위에 포함된다면 다시 말해서, 신피질 속에 입력된다면 그는 모든 사물들을 새롭게 평가하고 그날 아침부터 갖고 있었던 감정적 불안을 떨쳐 버리고 새로운 기분 전환을 꾀할 수 있을 것이다. 이처럼 감정의 자기 인식은 '나쁜 감정을 떨쳐 버리는 능력'이라는 다음 상위 단계의 EQ에 이르는 바탕을 구축하게 되는 것이다.

제5장

격정의 노예

자네야말로…
운명의 신이 해를 끼치거나 은혜를 베풀거나
언제나 감사한 마음으로 받아들이는 그런 사람이네…
자네처럼 격정의 노예가 되지 않는 사람을 나는 언제까지라도
마음 속에 고이고이 간직해 두겠네.
마치 지금 자네에게 하듯이 말이야…

햄릿이 친구 호레이쇼에게

'자기 완성감'은 격정의 노예로부터 벗어나서 운명의 시련이 일으키는 감성의 격정에 과감히 맞서는 능력으로서, 과거 플라톤 시대부터 꾸준히 찬양 받아 오는 덕목의 하나이다.

자기 완성감은 옛 그리스어로 *sophrosyne*이라고 하는데, 이는 '자신의 삶을 영위하는 데 지녀야 할 주의와 사고, 정서의 조화와 지혜'라는 의미이다.

로마인이나 초대 교회에서는 이것을 과도한 감정의 억제를 의미하는 *temperantia*(Temperance: 절제)라는 용어를 사용하기도 했다. 자기 완성감이 지향하는 것은 감정의 억압이 아닌 균형이다. 왜냐하면 모든 감정에는 나름대로의 가치와 중요성이 있기 때문이다.

감정이 없는 삶은 삶 자체의 풍요로움으로부터 벗어나 고립되어버린 황량한 불모의 세계가 되어 버린다. 중요한 것은 각각의 장면에 어울리는 적절한 감정을 갖는 것이라고 아리스토텔레스는 말했다.

감정을 억누르기만 한다면 무미건조함과 소원함을 불러오게 된다. 반대로 통제에서 벗어난 감정은 과도함과 완고함으로 치닫게 되어 고정된 우울과 압도적인 불안, 광란적인 분노, 심각한 불안등을 가져오는 병리적인 현상으로 바뀐다.

사실 침울한 감정에 빠지는 것을 제지하는 것이야말로 감성적 행복 성취의 요체이다.

반면에 극단적인 정서-극렬하거나 지나치게 오랫동안 지속되는 감정-도 우리의 안정감을 약화시킨다. 그렇다고 해서 항상 한가지의 감정만을 느껴야 한다는 것은 아니다. 시도 때도 없이 싱글거리고만 있어서는 70년대에 유행했던 스마일 뱃지처럼 얼빠진 모습으로 비칠 뿐이다.

고통의 경험 조차도 창조적이고 영적인 삶에 건설적인 공헌을 한다는 사실이 많은 사례를 통해 밝혀지고 있다. 고통은 영혼을 단련시키는 것이다.

감정의 상승과 하강 모두가 삶에 풍미를 더해 준다. 문제는 균형을 맞추는 일이다. 우리의 마음이라는 계산 속에서 행복의 감각을 결정하는 것은 부정적 감정에 대한 긍정적 감정의 비율

이다. 이 사실은 수백 명의 남녀들에게 무선 호출기를 휴대하게
한 뒤, 임의의 시간에 울려서 그때마다 자신의 감정을 기록하도
록 한 연구 결과 밝혀진 사실이다.[1]

조사 대상자들은 만족감을 느끼기 위해서는 불쾌한 감정을
피하는 것이 아니라, 불쾌한 감정의 파고가 엄청난 힘으로 밀려
들어 모든 유쾌한 기분을 뒤엎지 않도록 하는 것이 필요하다고
했다.

커다란 분노나 우울증을 느끼는 사람이라도 이에 맞설 수
있는 즐겁고 행복한 시간을 갖기만 한다면 얼마든지 행복한
감정을 가질 수 있게 된다.

여러 연구들에 따르면 감성적 지능인 EQ는 학업 지능인 IQ
와 별개라는 점, 다시 말해서 학업 성적이나 IQ와 사람들의
감성적 행복 사이에는 별 관계가 없다는 점도 확인되었다.

마치 우리의 마음 속에 바탕이 되는 생각들이 소근거리듯이,
감성에도 꾸준한 흥얼거림이 있다. 만일 조사 대상자의 호출기
를 아침 6시나 7시에 울린다고 했을 때, 그는 반드시 한가지
이상의 기분에 젖어 있다. 물론, 사람에 따라서는 그 아침이
어떤 것이냐에 따라 서로 다른 기분을 가질 수도 있다.

그러나 이들 각각의 기분을 수주 간 또는 수개월 간 합쳐서
평균을 내어 보면, 그 자료를 통한 각 개인들의 전반적인 행복
감각이 무엇인지를 알 수 있을 것이다. 대개의 경우, 과도하리
만치 격렬한 감정을 갖는 경우는 상대적으로 드물고, 다소 내부
의 파고에 흔들리면서 이리저리 부딪치는 중간적 범위에 포함
되는 감정들을 지니고 있다.

어찌되었든, 감정의 컨트롤은 아침부터 저녁까지 쭉 계속된
다. 실제 우리가 하는 활동의 상당수는-특히 자유로운 시간에-
자신의 기분을 다스리는 노력에 할애된다.

소설을 읽을 것인가 TV를 시청할 것인가의 선택으로부터
친구를 만나는 것에 이르기까지 우리가 선택하는 행동 모두는
좋은 기분을 갖기 위한 방법들의 일환으로 이루어진다. 우리
스스로를 위로하는 활동은 삶의 핵심적 기술인 것이다.

존 바울비나 D.W. 위니커트와 같은 심리분석학자들은 이것
이야말로 모든 정신적 활동 가운데 가장 중요한 것이라고 꼽는
데 서슴지 않는다.

두 학자의 이론에 의하면, 감성적으로 안정된 아이들은 어른
이 자신들을 돌볼 때 그러하듯 스스로를 위로할 줄 알고, 감성
두뇌가 격동에 휩쓸리지 않도록 조심한다고 한다.

앞에서도 보아 왔듯이, 두뇌의 기본 구조에서 볼 때, 격정에
휩쓸리는 상황이나 내용을 컨트롤하는 것은 거의 불가능하다.
다만, 격정의 지속 시간은 얼마든지 컨트롤할 수 있다.

문제는 요란스러운 슬픔, 불안, 분노 그 자체가 아니다. 그런
기분은 시간과 인내심만 있으면 순식간에 지나간다.

하지만 이러한 감정들이 심한 격렬성을 띠거나 적절한 시점
을 지나서까지 계속되면 이윽고 고통의 극단인 만성적 불안,
통제 불능의 격노, 우울증 등으로 변질되는 것이다. 그것이 아
주 심각하고 치유 불가능한 단계에 도달하게 되면 의학이나
정신 요법의 힘을 빌려야만 증세를 치료할 수 있게 된다.

오늘날 감성적 자아 규율의 능력을 알아내는 한가지 방법으

로서, 감성두뇌의 만성적 혼란이 너무 심각해서 약리학의 도움
이 있어야만 극복 가능한 때를 인식하고 있는지 여부를 조사하
는 방법이 쓰이기도 한다. 예를 들어, 광적인 우울증으로 고통
을 받는 사람들의 3분의 2는 그런 혼란 증세에 대해 한번도
치료를 받은 적이 없다고 한다.

다행히도 최근에는 리듐이나 새로운 화학 약제들을 사용함
으로써, 혼돈의 강화나 과장됨에 번뇌와 분노가 뒤섞인 광적인
일상사들로 이루어지는 위험한 우울증의 특징적 주기들을 억
제하기도 한다.

광적인 우울증이 갖는 문제점 중의 하나는, 사람들이 그런
편집증의 굴레에 빠져있음에도 불구하고 자신들이 내리는 파
국적인 의사 결정에 대해서 아무런 도움의 필요성을 느끼지
않고 있다는 점이다.

이러한 심각한 감정적 혼란이 있을 때, 정신의학 치료는 보다
바람직한 인생 관리의 도구가 될 수 있다.

하지만 보다 일상적인 범위의 불쾌한 기분은 목전의 수단으
로 극복할 수 밖에 없다.

그러나 불행한 것은 이러한 목전의 수단들이 항상 효과적이
지는 않다는 점이다. 이러한 사실은 케이스 웨스턴 대학의 타이
스 교수가 400여명의 남녀를 대상으로 하여 불쾌한 기분에서
벗어날 때 쓰는 전략과 그러한 전략이 얼마나 성공을 거두었는
지 여부를 조사해서 얻어진 결론이다.[2]

불쾌한 기분은 바꿔야 한다는 전제에 모든 사람들이 동의하
고 있지는 않다. 타이스 박사의 연구에 따르면 사람들에게는

'기분 정화제'라는 것이 있어서 그가 조사한 대상자들 중 약 5%의 사람들은 모든 감정들은 나름대로 '자연스러운' 것으로서, 그것이 아무리 자신을 낙담시켜도 있는 그대로 수용해야 한다고 생각하기 때문에 무리하게 기분을 바꾸려고 하지 않는다고 했다. 그런가 하면 실제적인 이유 때문에 일부러 불쾌한 기분에 빠져들려고 하는 사람들도 있다.

예를 들면 환자들에게 나쁜 소식을 전해 주기 위해서 침울한 상태로 있어야 하는 의사들이나, 부당함에 대항하기 위해서 자신의 분노를 더욱 강화시키는 사회 운동가들이 그렇다. 심지어 동네 건달들이 어린 동생을 괴롭히는 것을 막기 위해 자신의 분노를 과장해서 표현하는 청소년들도 있다.

때로는 긍정적 의미에서 자신의 기분을 마음대로 조작하는 사람들도 있다. 예를 들어, 외상 수금원들은 의도적으로 분노를 가장하여 악덕 채무자들에게 강력히 대처한다.[3]

그러나 이상의 특수한 목적이 있어서 불쾌한 기분을 조장하는 것을 제외하고는 대부분의 사람들이 기분에 좌우되어 버리는 자신이 싫다고 대답했다. 불쾌한 기분을 떨쳐 버리는 궁리가 어느 정도 성공하는가는 사람에 따라서 천차만별이다.

분노의 해부

고속도로에서 어떤 차가 느닷없이 당신 앞에 끼어들었다고 하자. 이때 당신이 반사적으로 "저 개새끼가!" 하고 욕을 했다고 한다면, 그러한 욕이 보다 더 큰 분노와 보복의 감정으로 이어질 것인지 어떨지는 전적으로 그 분노의 궤적이 어떠한가에 달려 있다.

'부딪칠 뻔 했잖아! 저 미친놈 때문에… 가만 두지 않을테다!'

이와 같이 생각한다면, 그의 목을 비틀지 못하는 아쉬움에 핸들을 쥐고 있는 당신의 손에는 힘이 들어갈 것이고, 주먹 관절은 하얗게 변할 것이다.

아울러 당신의 몸은 언제든지 싸울 태세를 갖추게 된다. 몸이 부르르 떨릴 것이고, 이마에는 식은땀이 맺히고, 심장은 심하게 고동치고, 얼굴 근육은 찌푸림으로 굳어질 것이다.

당신은 그를 죽이고 싶기까지 할 것이다.

이런 아슬아슬한 순간을 모르고 있던 뒷차가 당신 차의 속도가 늦어졌다고 클랙슨을 울린다면 당신은 곧바로 그에게 분통을 터뜨리게 될 것이다. 이러한 것들이 모두 고혈압이나 난폭운전이나 심지어는 고속도로에서의 총기 발사 사건으로까지 이르는 원인이 된다.

이와는 대조적으로 당신을 앞지른 운전자에 대해서 일련의 분노 축적이 아닌, 보다 관용적인 시나리오를 생각해 보도록 하자. '저 사람이 아마 나를 보지 못해서 그랬을 거야. 그렇지 않으면 서둘러 병원에 가야 하는 이유가 있다든지 해서 급히 몰지 않으면 안되었을 거야.'와 같은 식의 가능성을 고려할 수만 있다면, 당신의 분노는 너그러움으로 또는 열린 마음으로 대체될 것이다. 설사 그렇지는 못하더라도 최소한 분노가 축적되는 현상만큼은 줄일 수 있을 것이다.

시기적절한 분노심의 중요성에 대해서는 아리스토텔레스도

언급한 바 있지만, 진짜 문제가 되는 것은 대부분의 경우, 한 번 분출된 분노는 쉽사리 통제를 벗어난다는 점이다. 벤자민 프랭클린은 이렇게 말했다. "모든 분노에는 항상 이유가 있다. 하지만 정당한 이유는 아주 드물다."

물론 분노에는 여러 가지 종류가 있다. 난폭 운전으로 당신을 위협한 운전자에 대해 느끼는 급작스런 분노는 그 근원에 편도가 자리잡고 있다. 그런가 하면, 감성 회로의 다른 한편에는 신피질이 있어서 냉정한 복수라든지 부당함과 부정에 대한 분노처럼 보다 신중한 분노가 조성되기도 한다. 이러한 사려 깊은 분노들은 프랭클린이 표현했던 '정당한 이유'가 있는 경우가 많다.

사람들이 피하고 싶어하는 모든 기분들 중에서 분노는 가장 비타협적인 성격을 띤다.

타이스 박사는 분노야말로 가장 통제하기 힘든 기분이라고 말했다. 실제로 분노는 부정적인 감정 중에서 가장 유혹적인 성질을 갖는다. 분노를 부추기는 독선적인 내부 독백은 분노의 분출을 이끄는 대단히 설득력 있는 주장으로 기능하면서 우리의 정신을 점거한다. 슬픔과는 달리 분노에는 에너지가 담겨 있어서 끊임없이 지속되는 성향이 있는 것이다.

분노가 갖는 유혹적이고 선동적인 힘 때문에 분노에 대한 그렇게도 많은 견해들이 한결같이 그것은 통제가 불가능하다거나, 통제해서는 안된다거나 분노를 방출하는 편이 카타르시스를 위해서 좋다는 식의 의견으로 통일되어 있기도 하다. 이러한 두 가지의 삭막한 언급에 대한 대응으로 생겨난 반대적인

관점이라고 해도 기껏해야 분노는 예방할 수 있다는 견해 정도
인 것이다.

그러나 우리가 각종 연구 결과들을 잘 살펴본다면, 이러한
분노에 대한 공통적 태도들은 모두가 허구이거나 제대로 된
추론 과정을 밟지 않았음이 드러난다.[4]

분노를 부추기는 일련의 화가 나는 생각들에 대해서 처음
분노에 불을 지핀 확신을 허무는 쪽에서 다시 고찰해 보는 것은
분노를 누그러뜨리는 가장 강력한 방식 중의 하나가 될 수 있
다. 즉, 우리가 화를 내는 이유를 오랫동안 생각하면 할수록,
분노에 대한 '정당한 이유'와 자기 합리화가 더욱 많이 만들어
질 뿐이다. 골몰한 생각은 분노의 불꽃을 더욱 타오르게 하는
것이다.

그러나 다른 시각에서 사건을 바라볼 분노의 불꽃은 사그러
들 수 있는 것이다. 타이스 박사는 분노 상황을 긍정적으로 재
구조화 해보는 것이 분노를 가라앉히는 가장 강력한 방법의
하나임을 발견하였다.

분노의 "쇄도"

타이스 박사의 발견은 앨라바마 대학의 심리학과 돌프 질맨
교수가 분노의 정확한 측정과 분석을 위해 오랜 기간 주의 깊은
실험을 거친 뒤에 내린 결론과도 일치한다.[5]

질맨 박사는 싸움과 회피의 선택권을 주고, 싸우는 편에 서겠
다는 사람들을 대상으로 그들 속에 깃든 분노의 근원을 조사해
보면, 보편적인 분노의 촉발 원인은 자신이 위험에 처해 있다는

느낌에서 기인함을 알 수 있다고 한다.

이때의 위험 의식은 꼭 직접적인 물리적 위협만을 의미하지는 않는다. 오히려 자존심이나 명예에 대한 상징적인 위협을 의미하는 경우가 더 흔하다. 즉, 부당하거나 무례한 대우를 받았다거나, 모욕을 당했다거나, 자존심을 손상 당한 경우, 또는 주된 목표를 추구하는 과정에서 겪는 좌절 등이 이에 포함된다.

이러한 지각이 대뇌 변연계를 자극하면 두뇌 안에서 두 가지의 반응이 일어난다. 하나는 카테콜라민의 방출이다.

카테콜라민이 방출되면 '공격 아니면 회피식 상황에서의 격렬한 행동'을 일으키기에 충분한 빠르고도 일시적인 에너지가 체내에서 분출된다. 이 에너지의 분출은 수 분 간 지속되는데, 그 동안 감성두뇌가 적의 규모를 측정하고 맞설 수 있는지 여부를 판단한 뒤에, 우리의 신체는 한바탕 싸우거나 신속히 피하거나 둘 중 하나를 선택하게 된다.

한편 또 다른 편도에서 부신피질 신경계를 통해 일어나는 반응은 언제라도 행동을 일으킬 수 있는 긴장 상태를 만들어 내는데, 이는 대개 카테콜라민 에너지의 분출보다 오래 지속된다. 부신피질계 호르몬의 흐름은 일반적인 경우에 몇 시간씩, 때로는 며칠씩 지속되기도 하면서 언제든지 감성두뇌가 흥분에 대한 준비를 갖출 수 있게 하고, 부차적인 반응이 아주 신속하게 일어날 수 있는 기반을 만들어 준다.

이와 같이 부신피질계의 흥분에 의해 발생한 예민한 상황들을 통해서 사람들은 이미 무엇인가에 의해 흥분했거나, 화가 난 후에는 평소보다 더욱 쉽게 지속적으로 분노에 노출될 확률이 높아지는 것이다. 모든 종류의 스트레스는 부신피질계에 작용하여 정신을 긴장시키고, 인간을 화나게 한다.

직장에서 특히 힘들게 하루를 보낸 사람이 저녁에 집에 돌아와 아이들이 시끄럽게 한다거나 법석을 부리는 정도의, 평소라면 화를 내지 않을 것 같은 사소한 일에도 쉽게 분노를 표출하게 되는 것이 바로 이러한 이유에서이다.

질맨 박사는 세심한 실험을 통해 위와 같은 분노의 메카니즘을 규명했다.

그가 실행한 실험 중 전형적인 것으로서는, 동료 한 사람과 미리 공모해서 그 사람으로 하여금 일련의 남녀 실험 대상자들에게 기분 나쁜 언사를 구사하게 한 것이 있다. 그런 다음에 피험자를 두 그룹으로 나누고 한쪽에게는 재미있는 영화를, 다른 한쪽에게는 언짢은 영화를 한 편씩 보여준다.

다음에 이 피험자들에게 아까 기분 나쁜 언사를 구사했던 그 공모자를 고용할 것인지 말 것인지에 영향을 줄 수 있는 평가를 내림으로써 그 공모자에게 복수할 기회를 주었다. 이때 그들의 복수가 얼마나 격렬했는가 하는 것은 그들이 방금 보았던 영화에서 얼마 만큼 흥분했는가에 비례하고 있었다. 자기가 본 영화가 불쾌하면 불쾌할수록 이들의 분노의 정도가 강해지면서 신랄한 평가를 내렸다.

분노는 분노를 낳는다

저자가 쇼핑 도중에 목격했던 한 모자(母子)의 풍경도 질맨 박사의 연구를 참고로 하면 감정의 움직임을 잘 알 수 있다.

수퍼마켓의 통로를 지나갈 때 나는 어떤 젊은 어머니가 단호한 어조로 자기 아이에게 타이르는 음성을 들었다.

"그거… 제자리… 놔!"

"나 이거 가질래!"

아이는 닌자 거북이 그림의 시리얼 박스를 붙들고 애걸하듯이 말했다.

"제자리에 놓지 못해!"

어머니의 목소리는 더 커졌다. 화가 솟구치는 것 같았다.

그 순간 어머니의 쇼핑 카트에 달린 의자에 앉아 있던 동생은 먹고 있던 젤리가 들어 있는 컵을 떨어뜨렸다. 컵이 바닥에 떨어지면서 박살이 났고, 어머니는 소리쳤다.

"내가 못살아!"

흥분할 대로 흥분한 그녀는 아기를 때리고, 세 살짜리 그의 형이 쥐고 있던 시리얼 박스를 빼앗아 근처의 선반 위에 올려놓고는 형의 손목을 잡아 끌며 입구를 향해 달리기 시작했다. 위험하게 끌려가는 쇼핑 카트에서는 아기가 울기 시작했고, 형은 어머니의 다리에 매달린 채 계속 항의했다.

"이거 놔! 놓으란 말야!"

질맨 박사는 우리의 몸이 앞에서 든 예화의 어머니처럼 이미 예민한 상태에 처했을 때 무엇인가의 계기가 더해져서 돌발적 감정이 생기게 되면, 그 다음 이어지는 감정은 분노이든 불안이든 대단히 격렬한 모습을 보이게 된다는 사실을 발견하였다. 분노가 격앙되는 것은 이러한 마음의 작용이 있기 때문이다.

질맨 박사는 '확대되어 가는 분노라는 것은 하나의 자극에

도발된 반응이 사라지지 않는 동안에 다음 자극이 더해지는 것의 반복에 의해 일어난다'라고 설명하고 있다.

그 결과, 연속적인 분노의 사고나 인식들은 카테콜라민 호르몬의 분출을 이끄는 편도 자극적인 촉진제들로 작용하는데, 그 각각은 앞서서 발생했던 분노의 호르몬적 타성을 바탕으로 더욱 커지는 것이다.

그래서 최초의 자극에 의한 반응이 사라지기 전에 두번째 반응이 발생하고, 두번째에 이어서 세번째 반응이 더해져서 생리적인 흥분이 급격하게 증폭된다.

이러한 상승 과정에서 최후에 발생하는 감정은 처음에 발생했던 감정보다 훨씬 격렬한 분노의 형태를 갖추게 된다. 분노는 분노를 낳고, 그럴수록 감성두뇌는 더욱 가열되는 것이다. 이렇게 해서 이성에 의해 제어하기 불가능한 격노의 상태에 이르게 되면 쉽게 폭력으로 분출하게 된다.

이 시점에서부터 사람들은 용서를 모르게 되고 합리적인 사고를 못하게 된다. 그들의 사고는 보복과 앙갚음을 중심으로 전개되며, 그 결과가 어떻게 될 것인가에 대해서는 아예 생각하지도 못하게 되는 것이다.

극도의 흥분 상태에 빠지면 '사물을 바르게 인식할 수 없게 되어 가장 원시적인 대응에 의존하게 되고, 그 결과 공격성을 고무하고 촉진하는 힘과 불가침성 부재의 환상이 강화된다'라고 질맨 박사는 말한다. 대뇌 변연계의 목소리가 점점 커짐에 따라서 드러나는 잔인성이 행동을 지배하기 시작하는 것이다.

분노의 위안

질맨 박사는 분노의 해부학적 분석 결과를 통해, 분노를 컨트롤하는 두 가지 방법의 처방을 내놓았다. 그 하나는 분노를 촉발하게 만든 사고를 파악하고 이에 적절하게 도전하는 방법이다. 이러한 방법은 첫 분노를 유발하고 강화시킨 상호 작용을 규명하고, 아울러 이어서 불타오르려고 하는 또 다른 분노의 불씨를 재평가하는 것이다. 이때의 문제는 타이밍이다. 즉 이 방법은 분노 주기 내에서 빠르게 이루어져야 효과성도 커지게 된다. 즉, 분노가 표출되기 전에 마음의 평정을 되찾을 수 있으면 분노는 아주 단기적으로 끝나게 된다.

이러한 방법으로써 이해가 분노 축소에 끼치는 영향력은 질맨 박사가 수행한 실험에서도 분명히 드러난다. 그 실험은 연구 보조자인 공모자가 헬스 클럽에서 자전거를 타고 있는 일련의 실험 대상자들을 모욕하거나 자극하는 내용으로 이루어졌다. 다음으로 피험자들에게 이 불손한 경험을 보복할 기회(앞에서처럼 공모자의 업무 능력 평가에 영향을 끼칠 나쁜 평가를 내리는 방법)를 주었더니, 이들은 대단히 들뜬 상태에서 분노를 표했다.

그런데 또 다른 실험에서는 피험자들의 분노를 자극한 뒤, 보복할 시간을 제공하기에 앞서 특별히 고용한 또 한 명의 여자 공모자가 이들 앞에 나타나서, 피험자들을 자극했던 남자에게 전화가 왔으니 받으러 가라고 거짓 내용을 전한다. 이때 남자 공모자는 그 자리를 떠나면서 그녀에게도 미움받을 말을 한다.

그러나 그녀는 이를 좋게 받아들이고, 당사자가 떠난 뒤 피험자들에게 지금 그가 다가오는 졸업 구술 시험으로 심한 스트레스를 받고 있음을 설명을 해준다. 이 순간 이후, 분개했던 피험자들을 위해 그들의 불손한 적에게 앙갚음할 기회를 제공했지만 아무도 나서는 사람이 없었다. 그 대신 오히려 연구 보조자가 겪고 있는 재앙에 동정심을 표하였다.

이처럼 분노 완화 정보들은 분노를 도발했던 사건을 재평가할 기회를 준다. 다만 이러한 단계적 분노 축소 방법은 분노가 가라앉는 범위가 제한적이다. 즉 질맨 박사에 따르면, 이 방법은 비교적 온건한 수준의 분노에만 적용된다고 한다. 고도의 분노에는 별 다른 효과가 없는 것은 똑바로 생각하지 못하는 이른바 '인식력의 무능화' 때문인 것이다.

다시 말해서, 누군가가 아주 심하게 분개하고 있다면, 화를 누그러뜨리는 정보가 제공되더라도 '그래도 참을 수가 없어!' 또는 '여태까지 살아오면서 들었던 말 중에서 가장 지독했어!' 따위의 감정 속에 분해되어 버리는 것이다.

냉정의 회복

내가 13살 무렵이었을 때, 어떤 분노를 참지 못해 가출을 시도하면서 다시는 집에 돌아오지 않겠다고 맹세했던 적이 있다. 화창한 초여름이었는데, 아름다운 숲길을 따라 한참을 걸어가는 동안 나는 어느새 조용한 주위 환경에 취해 조금씩 마음이 가라앉는 것이 느껴졌다. 몇 시간이 흐른 뒤에 마음이 평온해진 나는 후회를 하고 집으로 돌아왔다. 그 후로, 화가 날 때마다 가능한 한 이렇게 산책하게 되었다. 분노를 가라앉히는 데는 이것이 최선의 치유책이 되어 주었다.

이것은 분노를 주제로 한 과학적 연구로서는 초창기라고 할 수 있는 1989년에 발표된 글이다.[6] 지금까지도 이 글은 분노를 가라앉히는 두번째 방식으로써의 훌륭한 모범이 되고 있다. 이 두번째 방식은 향후 더 이상의 분노를 자극하는 사건은 없을 것으로 보이는 장소에서 흥분 호르몬이 사라지기를 기다리는 가운데 생리적인 평정을 찾는 방식인 것이다. 이것을 논쟁의 경우에다 적용시킨다면 과열된 상대방으로부터 잠시 떨어져 있는 것을 의미하는 것이다.

냉정이 회복되기를 기다리는 동안, 화가 나 있던 사람은 무엇인가 소일거리를 찾아내면서 분노의 상승 주기에 제동을 걸 수 있게 된다. 질맨 박사에 따르면, 소일거리는 대단히 강력한 기분 전환 도구로 쓰일 수 있는 것이다. 그 이유인 즉 우리가 즐거운 일을 하면서 계속해서 화를 내는 것은 불가능하다는 당연한 원리에서 출발하는 것이다. 그러나 이 방법의 어려움은 우리가 즐거운 일을 할 기분이 들 만큼 앞서 발생한 분노를 가라앉혀야 한다는 조건이 뒤따르는 것이다.

질맨 박사가 분석한 분노의 상승과 감소 방식들은 타이스 교수가 조사한 사람들의 분노 완화 전략과도 일맥상통하는 점이 있다. 그중 가장 효과적인 방법은 냉정을 되찾는 시간 동안 어딘가로 훌쩍 떠나 혼자 있는 시간을 보내는 것이다. 상당수의 사람들은 이 전략을 드라이브를 하면서 운전하는 동안에 공백을 가질 수 있는 것으로 대체한다.

이보다 좀더 안전한 대안으로는 산책이 있다. 또 적당한 운동도 도움이 된다. 마찬가지로, 심호흡을 하거나 근육을 이완시키는 것도 도움이 될 수 있다. 그것은 이 방법이 신체 생리를 고도의 분노에서 낮은 흥분 상태로 바꿔 주고, 그럼으로써 우리의 주의력을 화나는 일에서 다른 데로 향하게 하는 계기가 되기 때문이다. 또한 적당한 운동을 하게 되면 그 동안 높이 치솟던 생리적 활성 상태가 운동의 종료와 함께 자동적으로 낮은 수준으로 떨어지게 되므로 앞서와 동일한 이유로 냉정 회복에 도움이 된다.

그러나 이러한 냉정 회복의 시간이 오히려 일련의 분노 유발적 사고의 추적에 잘못 쓰이게 되면, 그 각각의 사고들이 다시 보다 더 강력한 분노의 촉발을 야기하기 때문에 아무런 효과도 얻지 못하게 되는 것이다. 소일거리의 힘은 그것이 연속적인 분노 유발 사고의 고리를 끊는다는 점에 있다.

타이스 박사는 분노를 어떻게 관리하는가를 놓고 여러 계층의 사람들이 사용하는 전략을 연구한 결과, 소일거리를 통한 방법이 대체적인 효과가 있음을 발견했다.

예를 들어 TV, 영화, 독서 등은 화를 돋구는 생각을 하지 못하게 한다. 그러나 쇼핑이나 식사로 기분 전환을 하려고 해봤자 별 다른 효과가 없는 것으로 나타난다. 그것은 백화점을 순회하거나 쵸코 케익을 먹는 동안은 화나는 생각들이 계속 꼬리를 물고 일어나기가 쉽기 때문이다.

분노를 가라앉히는 또 다른 전략으로서는 적개심 때문에 심장병에 걸릴 위험성이 높은 사람들을 대상으로 그들의 불안 심리를 해소하는 방법을 연구해 온 듀크 대학의 정신학과 교수

인 레드포드 윌리엄스 박사가 개발한 방법을 들 수 있다.[7] 그는
비판적이거나 적대적인 감정이 발생할 때마다 파악하여 기록
할 것을 권고하고 있다. 화가 치미는 생각들을 이런 방식으로
파악하기만 하면 얼마든지 도전과 재검토의 대상이 될 수 있기
때문이다. 하지만 질맨 박사도 지적했듯이, 이러한 접근 방식은
분노가 더욱 큰 격노로 발전하기 전 단계에서 시도하는 편이
효과를 볼 수 있는 것이다.

화풀이에 관한 미신

내가 뉴욕에서 어떤 택시에 탑승했을 때의 일이다. 우리 차
앞을 가로질러 길을 건너던 한 젊은이가 반대선의 차량들이
빠지기를 기다리느라고 잠시 멈춰서 있었다. 성질 급한 택시
기사는 클랙슨을 울리며 그에게 비키라는 신호를 보냈다. 그러
자 그 젊은이는 오만상을 찌푸리며 외설스러운 몸짓을 했다.
"이런 개자식!"
욕설과 함께 기사는 액셀레이터와 브레이크를 거의 동시에
밟으며 위험스럽게 차를 앞으로 들이밀었다. 이 치명적인 협박
에 놀란 젊은이는 황급히 옆으로 물러서며, 앞으로 진행하는
우리 택시의 뒤에다 대고 주먹질을 해댔다. 그러자 운전 기사는
그에게 차마 입에 담지 못할 상소리를 퍼부었다.
택시가 어느 정도 속도를 낼 무렵, 아직 흥분이 가라앉지 않
은 기사는 나에게 이렇게 말했다.
"저런 녀석한테 당할 수야 없죠. 즉시 맞받아 쳐야 합니다.
그래야 기분이라도 풀리지요."

분노를 발산하는 카타르시스는 분노를 다루는 방법 중의 하나로써 널리 지지를 받고 있기도 하다. 그 논리인 즉, '그래야 기분이 나아진다'는 것이다. 하지만 질맨 박사와 같이 카타르시스에 대해 부정적인 논의를 제시하는 사람들도 적지 않다. 그러한 논의는 대략적으로 1950년대에 심리학자들이 처음으로 실험을 통해 카타르시스의 효과를 테스트하기 시작한 이후로 지금까지도 계속 진행되고 있다. 그런데 실험이 거듭될수록 분노의 발산은 분노의 해소에 아무런 도움이 되지 못한다는 쪽으로 결론이 모아지고 있다. 설령 분노가 갖는 유혹적인 성질로 말미암아 발산이 만족스러운 듯이 느껴지기는 해도 역시 해소에 도움이 안되는 것이다.[8]

물론 특수한 조건하에서는 화를 못 참아 마구 날뛰는 것이 효과가 있을 수도 있다. 예를 들어, 분노의 대상이 되는 사람에게 직접적으로 표출하는 경우에 그것을 통해 자제의 감각을 회복하거나 부당함을 고칠 수 있다면, 또는 타인에게 '응분의 고통'을 가해서 그로 하여금 앙심을 품지 않고 문제가 된 행동을 고치도록 할 수 있다면 효과적인 화풀이가 될 수는 있을 것이다. 하지만 분노가 갖는 선동성 때문에 그렇게 말처럼 되지는 않는 것이 보통이다.[9]

타이스 박사는 화풀이야말로 냉정 회복의 최악의 방법이라고 주장하는 사람이다. 분노의 폭발은 대개 감성두뇌의 흥분을 야기시키므로 사람들로 하여금 더욱 화가 나도록 할 뿐이지 가라앉히지는 못한다는 것이다. 그가 발견한 사실에 따르면, 우리의 분노를 촉발한 사람에게 화를 퍼부으면 그 실제적 효과로써 분노가 끝나기는 커녕 오히려 연장된다는 것이다.

이보다 훨씬 효과적인 방법은 우선 마음을 가라앉히고, 보다 건설적이고 긍정적인 태도로 타인에게 대처하여 그와의 논쟁을 정리하는 것이다. 초기얌 트룽그파라고 하는 티벳의 현인은 분노를 다루는 가장 좋은 방법이 무엇이냐는 질문에 대해서 이렇게 대답했다.

"그것을 억누르지는 말아라. 그렇다고 그것에 의해 행동해서도 안된다."

불안감 완화 : 걱정을 뭐하러 해?

맙소사! 머플러 소리가 이상해… 이거 자동차 정비소에 가야 하는 거 아냐? … 돈도 없는데… 제이미의 대학 등록금으로 준비한 돈을 헐어야겠네… 이러다가 그 애 등록금을 내지 못하면 어쩌지? … 지난 주에는 성적도 나쁘게 받았던데… 성적이 계속 내려가서 대학에 합격 못할 수도 있겠지? … 머플러 소리가 정말 이상해….

이처럼 근심 가득한 생각은 저급한 멜로 드라마처럼 계속 쳇바퀴 돌듯이, 한 무리의 걱정거리가 끝나면 또 다른 무리의 걱정거리가 끊임없이 이어진다. 앞의 예화는 모든 근심의 핵심인 '불안 심리'에 대한 연구를 신경학적 기술에서 과학으로 끌어올렸다고까지 평가받고 있는 펜실베니아 주립 대학의 심리학과 로머 교수와 보어코벡 교수가 제시한 글이다.[10]

물론 불안해 한다고 꼭 무슨 지장이 생기는 것은 아니다. 불안해 하는 행위는 문제점을 몇번이고 곱씹어 생각하게 하기 때문에 그 과정에서 저절로 해결책이 생길 수도 있다. 사실 불안의 바탕을 이루는 반응들은 인류 진화 과정에서 생존을 위해 필수적으로 지녀야 할 잠재적인 위험에 대한 경각심에 불과한 것이다.

두려움이 감성두뇌를 자극하면 그 결과로 생겨난 불안이 눈앞의 위협에 주의력을 고정시킨 채 당분간 다른 것들은 무시하고 위협에 어떻게 대처할 것인가만을 생각하게 된다. 불안 반응은 어떤 의미에서 보면 잘못될 수 있는 일과 그것을 처리하는 방법에 대한 리허설과도 같아서, 불안은 실제로 발생하기 전의 위험들을 예상하여 삶의 위기에 대한 해결책을 모색하려는 데 그 목적이 있다고 할 수 있다.

문제는 만성적이고 반복적인 불안이 계속 악순환 되기만 할 뿐 결코 긍정적인 해결책에 접근하지 못하는 경우이다. 이때의 만성적인 불안을 자세히 분석해 보면, 저급한 돌발적 감정의 특징들을 모두 갖추고 있음을 알 수 있게 된다.

이러한 걱정은 아무런 근거도 없고, 통제도 불가능하고, 끊임없는 불안의 불협화음만을 가져오며, 합리성에 무감각하고, 불안한 사태를 하나의 관점에서 밖에 볼 수 없게 한다.

이러한 불안의 반복이 더욱 심화되고 끝없이 지속되어 도를 넘으면 완전한 신경 상실증과 함께 공포증, 편집 강박증, 불안 발작증 등의 병적인 증세로 나타난다. 이러한 정신 질병에서 불안은 각각 특이한 방식으로 고정화되는 경향을 보인다. 예를 들어, 공포증 환자의 경우에 불안은 오로지 두려운 상황에만 집중되고, 강박증 환자의 경우에는 재난을 예방하겠다는 생각에만 집중되고, 불안 발작증 환자의 경우에는 죽음의 공포나 급작스런 병에 걸릴 수 있다는 점에 집중되는 것이다.

이 모든 상황들의 공통 분모는 불안이 지나치게 강렬하다는 점이다. 강박관념의 증세를 치료받는 어떤 여자는 깨어 있는 대부분의 시간을 일련의 의식에 할애하는데, 이를테면 45분이나 걸리는 샤워를 하루에도 몇 번씩 한다든지, 하루에 한 번에 5분 간 20 번씩이나 손을 씻는다든지 하는 행동을 취한다. 그녀는 알콜로 닦기 전까지는 어떠한 의자에도 앉지 않으려고 하며, 어린이나 동물은 너무 더럽다고 생각하기 때문에 일체 만지지 않으려고 한다. 이러한 강박관념은 모든 병원균에 대해 품고 있는 그녀의 병적인 공포심에 기인하는 것이다. 그녀는 계속 씻거나 소독하지 않으면 병에 걸려 죽게 될 것이라는 강박적인 불안감을 가지고 있는 것이다.[11]

언제나 걱정만 하는 사람을 일컫는 병명인 '만성적 불안증'으로 치료를 받는 여자에게 1분 동안 마음 속의 불안을 큰소리로 이야기해 보라고 했더니 다음과 같은 반응을 보였다.

> 저는 이 방식이 제대로 이루어지리라고는 믿지 않아요. 우선 너무 형식적이어서 진정한 증거를 확보할 수가 없어요. 우리는 진실한 의미를 파악해야 해요… 만일 우리가 진실한 것을 파악하지 못한다면 나는 결코 낫지 않을 거예요. 그리고 내가 낫지 않는다면 나는 결코 행복할 수 없을 거예요.[12]

불안에 대한 걱정으로 점철되는 이 화려한 생각 속에서 1분간 가졌던 불안에 대한 욕구는 순식간에 평생의 파멸인 '나는 절대로 행복하지 못할 거야'로까지 확대되고 있다. 불안은 대부분의 경우 염려와 걱정이 반복되는 가운데 파멸과 끔찍한 비극적인 상상을 유도하는 독백으로 이어진다. 불안은 시각이 아닌 심상으로 다시 말해서, 이미지보다는 문장으로 표현되는데, 이는 또한 불안을 통제할 때 알아두어야 할 힌트이기도 하다.

보어코벡 교수와 그의 동료들은 불면증 환자들을 치료하기 위한 방안으로써 불안에 관한 본질적인 연구를 시작했다. 그전까지 기존의 연구자들은 불안이 두 가지 형태로 나타난다고 했다. 그중 하나는 인지적인 '불안스러운 사고'로 나타나고, 또 다른 하나는 신체적으로 식은땀을 흘리거나 가슴이 뛰거나 근육이 긴장되는 것과 같은 '육체적 징후'로 드러난다고 했다.

그러나 보어코벡 교수가 발견한 바에 따르면, 불면증 환자의 진짜 문제는 육체적 흥분이 아니었다. 그들을 잠들지 못하고 깨어 있게 하는 것은 계속적으로 침투해 들어오는 부정적 사고라는 주장이다. 이들 불면증 환자들은 '만성적 불안증'에 빠져서 아무리 졸려도 걱정을 중단하지 못했다. 그들을 잠자리에 들게 했던 유일한 효과적인 방법은 그들을 마음의 걱정에서 벗어나게 하고, 별도로 마련된 긴장 이완 방식을 통해 편안한 감정을 느끼도록 하는 것 뿐이었다. 한 마디로 말해서 불안은 주의력의 방향 전환이 있어야 중단시킬 수 있는 것이다.

그러나 대부분의 불안 신경증 환자들은 이것이 불가능하다. 보어코벡 교수의 의견에 의하면, 이들이 걱정하는 가운데 일부이기는 해도 도움이 되는 부분이 있어서 그러한 것이 불안 반응을 조장하고 있는 탓이라고 한다. 어떻게 보면 불안에도 나름대로의 긍정적 측면이 있는 것이다. 불안은 잠재적 위기와 일어날지도 모르는 위험들을 처리하기 위한 '기술'의 일종인 것이다.

성공적인 형태의 불안은 그 위험들이 어떠한 것인지를 리허설 해 보고, 그 위험을 처리하는 방식을 궁리하는 습성인 것이다. 그러나 불안 심리가 항상 그렇게 효과적인 것은 아니다.

문제를 새롭게 바라보고 신선한 해결책과 방법들을 획득하는 것은 불안에서, 특히 만성적인 불안에서는 거의 이루어지지 않는다. 대부분의 경우에 불안은 잠재적인 문제들에 대한 해결책의 도출보다는 사고의 반복적 악순환에 머무른 채 위험 요소들을 계속 되새기고, 문제에 관련된 공포에만 몰두하게 한다. 만성적 불안 신경증 환자들은 발생할 확률이 거의 없는 광범위한 사항들에 대한 걱정을 중단하지 않는다. 그들은 삶의 과정에서 보통 사람들이라면 주목 조차 하지 않을 위험들에 대해 끊임없이 집중하는 것이다.

그런데도 이들 만성 불안 신경증 환자들은 걱정이 때로는 도움이 될 수도 있다면서, 자신들의 걱정은 영속적이고 끊임없이 이어지는 고뇌의 순환 속에 반복되고 있다고 말한다. 과연 걱정이 정신적 몰두로까지 성장할 만큼 가치가 있는 것일까?

보어코벡 교수도 지적했지만 희한한 것은, 걱정하는 버릇은 미신처럼 자기 강화적 속성을 갖는다는 점이다. 실제로도 사람들이 발생할 확률이 거의 없는 사건들 예컨대, 사랑하는 사람이 비행기 사고로 죽는 것, 급작스런 파산 따위에 대해 걱정하게 되는 것은, 우리의 원시적인 대뇌 변연계에 무엇인가 신비로운 것이 있다고 믿기 때문이다.

이러한 사람들은 미래의 재앙을 막는데 쓰이는 부적처럼, 심리적으로 몰두하고 있는 불안은 다가올 위험을 예방하는 증명서와 같은 구실을 한다고 믿는 것이다.

불안의 효과

그녀는 출판사 대표 자리가 있다는 말에 속아 중서부에서 LA로 이사를 왔다. 그러나 그 자리는 이미 다른 사람에게 넘어가 버려서 그녀는 졸지에 실업자 신세가 되었다. 프리랜서로 전향하기는 했지만 변화무쌍한 출판 시장 탓에 그녀는 일에 휘말려 꼼짝 못하는 경우가 있는가 하면, 어느 때에는 입에 풀칠하기도 힘들었다. 심지어 전화 요금 마저도 절약해야 했고, 태어나서 처음으로 의료 보험도 없이 살아야 했다. 특히 의료 보험이라는 보호막이 상실되었다는 사실은 그녀에게 심각한 스트레스를 주었다. 그때부터 그녀는 자신의 건강에 대해 병적으로 몰입하게 되었는데, 두통만 생겨도 뇌종양의 징후일 것이라고 믿었고, 운전대에 앉으면 사고를 당할 것이라는 생각에 빠져들었다. 어떤 때는 계속되는 불안의 망상이나 연속되는 고뇌에서 벗어나지 못하기도 했다. 하지만 그녀는 자신의 불안에서 도저히 벗어날 수가 없다고 했다.

보어코벡 박사는 불안 반응의 예기하지 못한 효용을 또 하나 발견해 내었다. 사람들이 자신의 불안스러운 생각에 빠져 있는 동안은 그 불안으로 인해 야기되는 부수적인 불안 증세들 즉, 빨라지는 맥박, 땀방울, 후들거림 등을 깨닫지 못하고 지나치게 되는 것이다. 또 불안이 진행되는 과정에서 사람들의 불안은 심장 박동의 비율 만큼 일부의 불안 증세가 억제되는 것을 느끼게 한다. 그 과정은 다음과 같다. 우선 불안해 하는 사람은 무엇인가 위협, 또는 위험의 이미지를 자극하는 물건을 떠올리게 된다. 그 다음 그 상상 속의 파멸적 풍경이 가벼운 불안 발작 증세를 가져온다.

이어서 장기적인 일련의 괴로운 생각들에 빠져드는데, 그 각각의 사고는 새로운 걱정거리들을 촉진한다. 이 연속된 불안에 주의력이 집중되는 동안, 각각의 생각들에 모여 있는 집중력은 불안 증세를 촉발시켰던 원래의 파멸적 풍경으로부터 마음을 벗어나게 한다.

보어코벡 교수는 사고보다는 직접적인 형상이 생리적 근심에 대해 강력한 자극제로 작용하기 때문에, 파멸적인 이미지를 배제한 상태에서 사고에만 몰두하는 것은 불안 속에 말려드는 경험을 경감시키는 효과가 있다고 한다. 또한 그 범위 만큼은 불안해 하는 행위가 강화되는 동안 그것이 야기시키는 불안 증세에 대해 어느 정도의 해독제로 사용될 수 있는 것이다.

그러나 만성적인 불안은 경직된 사고일 뿐만 아니라, 실제적인 문제 해결로 나가는 창조적인 돌파구가 되지 못하기 때문에 패배적일 수 밖에 없다. 이러한 경직성은 동일한 생각을 몇 번씩 반복하게 하는 불안거리의 항목으로서만 작용하는 것이 아니라, 신경학적 차원에서 볼 때 두뇌 피질의 경직까지 일으키기 때문에, 감성두뇌가 변화하는 환경에 대해 탄력적인 대응을 할 수 없게 되는 것이다.

한 마디로, 만성적 불안은 일부 방식에 효과가 있을지는 모르 지만, 기타 결과적 측면에서는 그렇지 못한 것이다. 즉, 불안 증세를 줄일 수는 있지만 문제를 해결하지는 못하는 것이다.

불안 신경증 환자들이 행하지 못하는 것 중 하나는 "불안해 하지 말아요"라는 타인들의 충고(좀더 심한 경우에는 "불안해 하지 마, 좋게 생각 해 Don't worry-be happy: 팝송 제목으로 유명함: 역주)에 전혀 부응하지 못한다는 문제이다.

만성적인 불안은 편도에 관련된 작용으로서, 저급한 일상사 처럼 보이기 때문에 문득문득 발생하는 특징이 있다. 그리고 그 성격상 한번 정신 내에 발생하면 자신의 모습을 계속 유지하 려고 한다.

그러나 보어코벡 교수는 많은 실험을 통해서 만성적인 불안 신경증 환자들이라도 자신의 습관을 통제할 수 있는 간단한 단계들이 있음을 보여주었다.

그 첫 번째 방법은 자아 인식으로서, 이는 불안 심리를 불러 오는 일상사들을 그것이 발생한 시점으로부터 가급적 빠른 시 기에, 가장 이상적으로는 파멸적 이미지가 걱정과 불안 증세로 이어지는 주기를 촉진하는 바로 뒤에 간파하는 것이다.

보어코벡 박사는 사람들에게 훈련을 통해 불안 증세들의 단 서를 감시하고, 특히 불안을 조장하는 상황 여부를 확인할 것 과, 신체 내에 앞선 걱정과 이에 부수적으로 따르는 불안의 감 정을 만들어 내는 일과성 사고나 형상들이 있는지의 여부를 확인할 것을 가르치고 있다.

이러한 훈련을 거친 사람들은 불안의 악순환 과정에서 자신의 불안을 해소하는 시점을 점진적으로 빠르게 가져갈 수 있게 된다.

또한 이들은 긴장 완화 방식의 학습을 통하여 자신의 불안이 출발한다고 인식되는 시점에 바로 그 방식을 적용할 수 있게 되고, 일상적인 긴장 완화 방식의 연습을 통해서 중요한 시기에 즉각적으로 그것을 사용할 수 있게 된다.

하지만 긴장 완화는 그 자체만으로는 충분하지 않다. 즉, 불안을 극복하려면 불안을 불러오는 자신의 사고에 적극적으로 맞서야 한다. 그렇게 하지 않는 한 불안의 악순환은 계속 이어지게 된다. 따라서 다음 단계로서, 자신의 불안에 대한 가설을 비판적으로 재조명하는 연습을 하여야 한다.

예를 들면, 그 가공할 만한 사건이 발생할 확률은 정말 높은가? 그것을 운명에 맡기는 것 이외에 다른 방법은 없는 것인가? 다른 건설적인 대안은 없는 것일까? 이렇게 불안한 생각들을 몇 번씩이고 반복하는 것이 정말 도움이 될까? 따위를 자문해 보는 것이다.

풍부한 분별력과 건전한 비판 정신이 결합되면 가벼운 불안 신경증을 조장하는 신경계의 활동을 적절히 제어할 수 있게 된다. 또 그러한 사고들을 적극적으로 창출하는 가운데 우리의 대뇌에서는 불안의 촉진을 억제하는 회로가 활성화된다. 동시에 긴장 완화를 적극적으로 유인함으로써, 감성두뇌가 신체 곳곳에 보내는 불안의 신호들에 맞설 수도 있게 된다.

실제로 보어코벡 교수는 이러한 전략이 불안과 대립되는 정신적 활동을 구축할 수 있다고 지적하고 있다.

거침없이 몇 번씩이고 반복되어 일어나는 불안을 방치해 두면 불안은 어느새 설득력을 갖게 된다. 따라서 수긍 가능한 관점들을 일정하게 반복 고찰함으로써 이에 맞서야만 불안을 기정 사실로 받아들이는 틀에서 벗어날 수 있게 된다.

심지어 불안 증세가 심상치 않아 정신의학적 진단을 받는 사람들까지도 이 방식을 사용하면 불안의 습관을 떨쳐 버릴 수 있게 된다.

반면에 불안 증세가 너무 심각한 나머지 공포증, 강박 신경증, 불안 발작증 등의 증세에 빠져든 사람이라면 약물에 의지하는 것을 생각해 볼 수도 있다. 실질적인 측면에서 볼 때, 약물에 의지한다는 자체가 자아 인식의 한 신호로 간주될 수도 있는 것이다.

단, 약물 투여가 중단되었을 때 발생할지도 모르는 불안 증세의 장애를 줄이기 위해서는 꾸준히 적절한 치료 요법을 통한 감성 회로의 유지가 필요한 것이다.[13]

우울함의 관리

대부분의 사람들이 떨쳐 버리려고 가장 많은 노력을 기울이는 감정은 슬픔이다. 타이스 박사는 사람들이 우울함에서 탈출하려고 할 때 보이는 창조성 만큼 뛰어난 것도 없다고 한다. 물론 슬픔이라고 무조건 피해야 하는 것은 아니다. 우울함에도 다른 기분에서와 마찬가지로 나름대로의 효용은 있는 것이다.

예를 들어, 무엇인가의 손실로 발생한 슬픔은 몇 가지 소중한 효과를 가져온다. 그것은 우선 오락과 유희에 대한 관심을 봉쇄하고, 잃은 것에 주의를 집중시키고, 그 과정에서 다시 새로운 노력을 기울일 수 있는 에너지를 최소한 얼마 동안은 조금씩 분출되게 한다.

간단히 말해서, 그것은 분주한 일상 생활에서 한 발짝 물러서게 하는 반성의 계기를 마련하고, 우리들로 하여금 손실을 안타까워할 유예 기간을 갖게 하면서 그 의미를 곰곰 생각하게 해준다. 그리고 최종적으로 우리의 삶의 지속성을 위해 필요한 심리적 적응과 새로운 계획을 세우는 시간을 갖게 해준다.

사별(死別)을 슬퍼하는 것, 그 자체에는 유익한 측면이 있다. 그러나 그것을 계기로 일어나는 우울증은 그렇지 않다.

작가 윌리엄 스타이런은 '질병의 가공할 증거들'에 대해 장황한 묘사를 하면서, 그 중에 자기 비하, 스스로 무가치하다는 느낌, 음습한 쓸쓸함과 함께 물밀듯이 밀려오는 침울, 공포와 소외감, 그리고 무엇보다도 질식할 듯한 불안 등에 관해 언급하고 있다.[14]

이러한 것들의 지적인 특징은 혼란, 정신적 집중력의 상실, 기억의 공백 등으로 나타난다. 더 나아가 극단적인 경우에 우리의 정신은 '무질서적 왜곡'이나 '실존 세계에 대한 어떠한 즐거운 대응도 말살하는 유해하면서도 특징 지울 수 없는 물결에 의해 자신의 사고 과정이 삼켜지고 있다는 느낌에 의해 지배된다. 그런가 하면 신체적인 영향도 무시할 수 없는데, 불면증, 멍청해지는 무기력증, 일종의 정신적 마비, 나약, 좀더 특수한 경우에는 기이한 허무감 등이 끝없는 조바심과 함께 나타난다.

또한 음식은 물론 미각의 영역에 포함되는 모든 것들에 대해 아무런 맛을 느끼지 못하는 즐거움의 상실이 나타나기도 한다. 마지막으로 '우수수 쏟아지는 공포심'처럼 사그라지는 희망과 함께 새롭게 대두되는 절망감들이 마치 육체적인 고통처럼 느껴지고, 그 고통은 너무나 강력해서 마치 자살만이 유일한 해결책으로 생각되기도 한다.

이러한 중증의 우울증에 빠지면 인간은 완전히 무력해지고, 새로운 인생의 출발은 거의 불가능한 것처럼 보인다. 우울증의 증세 각각은 삶이 교착 상태임을 그대로 보여주는 것이다. 스타이런의 경우에는 어떠한 약물이나 치료 요법도 도움이 되지못했다. 다만 시간의 경과와 병원 등의 은신처만이 그의 절망감을 치유해 주었을 뿐이었다.

그러나 그외 대부분의 사람들에게, 특히 증세가 별로 심각하지 않은 사람들에게는 정신 요법만으로도 치유가 충분히 가능하고, 때로는 일부 약물이 효과를 볼 수도 있다. 프로작이라는 항우울제가 크게 유행하고 있지만 심각한 우울증도 고치는 다른 많은 약물들도 소개되고 있다.

(프로작은 일명 '행복을 주는 약'으로 이 약을 먹으면 기분이 좋아져서 행복감을 느끼게 된다. 약 600만 명 이상의 미국인들이 애용하는 것으로 조사되었는데, 최근 부작용에 관해서 심각한 논란이 일어나고 있다: 역주)

여기서 우리가 집중해야 할 주제는 통상적인 우울증, 즉 슬픔이 심각한 정도에 이르렀을 때 전문적인 용어로 '준(準) 임상적 의기 소침'이라고 표현되는, 상당히 진척된 슬픔으로 한정된다. 이것은 보통의 능력만 가지고 있다면 혼자 힘으로 얼마든지 처리할 수 있는 낙담 상태를 뜻하는 것이다. 그러나 이에 관련된 전략들의 상당수가 불행히도 이의 재발을 불러오고 때로는 전보다 더 증세를 악화시키기도 한다.

그런 전략 중의 하나가 가만히 혼자 있는 것인데, 이는 기분이 저조할 때 매력적인 방법처럼 보일지는 모르지만, 대부분 원래의 슬픔에 고독과 괴리감을 더해 줄 뿐이다. 그래서 사람들이 우울증과 싸우기 위한 가장 대중적인 방법으로는 외식, 야구 등의 구기 운동, 영화 감상처럼 친구나 가족들과 함께 무엇인가를 하는 사교 활동을 선택하게 된다고 타이스 박사는 설명하고 있다.

이러한 활동들은 우리의 마음에서 슬픔을 제거하는 데만 쓰인다면 효과가 있다. 그러나 그 기회를 어떤 이유로 자신이 흥겨워졌는지를 파악하는 계기로 사용한다면 오히려 우울한 기분을 연장시키게 된다.

실제로 우울한 기분이 지속되는가 회복되는가의 여부는 얼마 만큼 자신의 슬픈 생각을 반추하는가에 따라 크게 좌우된다. 우울하게 만드는 것에 대한 걱정은 그 우울을 더욱 격렬하고 장기적인 것으로 만들 뿐이다.

우울에 대한 걱정은 어떤 형태를 띠든, 하나같이 우울 그 자체의 국면들에 집중하게 한다. '내가 얼마나 피곤한가, 나의 활력과 동기 부여 정도는 얼마나 보잘 것 없는가, 내가 할 수 있는 일이 얼마나 소소한 것인가…'

대체로 볼 때 이러한 반추는 현실적 문제점을 완화시키는 그 어떤 건전한 행동 과정도 가져오지 못한다. 우울증에 빠진 사람들의 고민에 대해 연구해 온 스탠포드 대학의 심리학자 호익스마 교수는 이에 관련된 전형적인 걱정으로서, "자신을 고립시킨 채 스스로의 비참함을 되새기면서 혹시 배우자가 나의 우울증에 넌덜머리를 내고 떠나지나 않을까 하는 걱정으로 잠 못 이루면서 고민하는 밤을 보내지 않을까" 따위를 들고 있다.[15]

우울 신경증 환자들은 이러한 심사 숙고를 '자신을 좀 더 잘 이해하기 위해서' 행하는 것이라고 정당화한다. 그러나 그들 대부분은 자신의 기분을 고양시킬 어떠한 실질적인 단계는 밟지 않고 오직 슬픔의 감정만을 더욱 자극한다.

치료 요법적 측면에서는 현 상황과 그것을 발생시킨 원인을 대체할 만한 통찰력과 행동이 병행될 때, 우울의 원인에 대한 진지한 성찰은 큰 도움이 될 수 있는 것이다. 그러나 슬픔에 수동적으로 몰두하는 것은 악화만을 불러올 뿐이다.

고민의 반추는 우울한 조건들을 창조해 냄으로써 원래의 우울함을 더욱 악화시키기도 한다.

호익스마 교수는 우울증에 걸린 뒤부터 그것에 대해 신경을 쓰느라고 중요한 판매 계약을 체결하지 못했던 여성 판매 사원의 예를 들어 보이고 있다. 그로 인해 그녀의 판매 실적은 자꾸 저조해지고, 스스로를 실패자로 느끼면서부터 그녀의 우울증은 더욱 강화되었다. 하지만 그녀가 기분 전환을 통해 자신의 우울증에 대응했더라면 마음으로부터 슬픔을 몰아내었을 것이고, 그로서 판매 활동에 더욱 몰두할 수 있었을 것이다. 그랬다면 판매 성과의 향상도 이루었을 것이고, 판매의 경험을 통한 그녀의 자신감은 더욱 강화되고 우울증은 다소 감소되었을 것이다.

호익스마 박사는 여성들이 우울을 느낄 때 남성들보다 훨씬 더 심사숙고하는 경향이 있다고 한다. 그래서 보통 남성보다는 여성 쪽이 약 두 배 정도 우울증 환자가 많다고 한다. 물론 이 비율에는 여성 쪽이 스트레스를 훨씬 더 많이 받는다든지, 여성 쪽이 살아가면서 우울증에 걸릴 만한 일들을 더 많이 접하게 된다든지 하는 요소들이 관련되어 있기 때문이다. 남자들의 경우에는 우울증으로 인하여 쉽게 알콜 중독에 빠지는데, 그 숫자는 여성들보다 약 2배 가량 더 많다고 한다.

이러한 사고 패턴을 변화시키려는 인지 요법들이 약물 사용과 함께 비교적 가벼운 임상적 우울증 치료에, 또는 약물 치료에 앞서서 동일한 우울증이 재발되는 것을 막기 위해 이용되고 있다. 여기에는 두 가지의 전략이 효과적이다.[16] 한 가지는 심사숙고의 핵심을 이루는 사고에 도전하는 것으로서, 그 유효성에 의문을 던지고 보다 긍정적인 대안을 생각해 내는 방법이다. 다른 하나는 억지로라도 유쾌해 하면서 기분 전환을 할 수 있는 행동들을 계획해 보는 것이다.

기분 전환이 효과를 발휘하는 이유는, 우울한 사고일수록 개인의 정신상태에 자동적으로 아무런 제약 없이 끼어든다는 데에서 찾을 수 있다. 이 경우 우리가 자신의 우울한 사고를 억제하려고 노력해도 별 뾰죽한 대안을 발견하지 못하기가 쉽다.

일단 우울한 흐름의 사고가 출현하면, 그것은 일련의 연상 작용들에 의해 강력한 자력(磁力)적 효과를 발휘한다.

예를 들어 의기 소침한 사람들에게 순서가 뒤섞인 여러 개의 단어를 가지고 문장을 만들어 보도록 한 결과, '미래는 매우 밝아 보인다'라는 유쾌한 문장보다는 '미래는 암울해 보인다'라는 우울한 메시지를 만들어 내려고 애쓰는 경향이 더 강하게 나타나고 있다.[17]

우리가 갖는 우울증에 대한 편향성은 심지어 일부러 선택하는 기분 전환의 종류에까지 영향을 미친다. 친구의 죽음과 같은 슬픈 일로 우울한 사람들에게 다른 데로 마음을 돌리도록 일련의 유쾌하면서도 다소 장황한 소일거리 목록들을 제시했더니, 그들은 보다 울적한 활동들을 선호하고 있었다.

텍사스 대학의 심리학자 벤쯔라프 교수는 연구를 통해 우울증에 빠진 사람들은 완전히 새로운 무엇인가에 그들의 주의가 집중되도록 노력을 기울일 필요가 있으나, 이때 눈물을 짜게 하는 영화나 비극 소설 따위 등 그들의 기분을 다시 저하시키는 것을 선택하지 않도록 조심해야 한다고 결론을 내리고 있다.

기분 전환제

당신이 안개가 자욱한 어느 낯설고 가파르며 구불거리는 도로에서 운전을 하고 있다고 생각해 보자. 갑자기 차 한 대가 몇 미터 전방의 골목길에서 진입해 들어오는데, 당신의 차를 멈추기에는 너무나 가까운 거리이다. 브레이크를 밟았지만 바퀴가 미끄러져서 결국 그 차 옆을 들이받았다. 유리창은 박살이 나고 차체끼리 뒤엉키는 대형 충돌이었다. 충돌 직전 당신이 본 바로는 상대 차에 유치원생으로 보이는 많은 아이들이 타고 있었다. 잠시 충돌 뒤의 고요함을 거친 뒤, 이어서 일제히 우는 소리가 들려 온다. 당신이 겨우 몸을 가누어 그 차로 뛰어갔을 때, 한 아이가 꼼짝 않고 누워 있다. 당신 가슴 은 이 비극으로 인한 회한과 슬픔으로 터질 지경이다….

위의 가슴 섬뜩한 시나리오는 벤쯔라프 박사가 자신의 실험 대상자들의 마음을 혼란스럽게 하기 위해 만들어 본 것이다. 이 상황 묘사를 들은 뒤, 9분 간에 걸쳐서 자신의 머리에 떠오르 는 생각들을 적는 동안 피험자들은 가급적 이 장면을 마음 속에 떠오르지 않게 하려는 기색이 역력했다.

실험 대상자들은 혼란스러운 장면의 생각이 자신의 마음에 침투할 때마다 그것을 기록하도록 지시 받았다. 시간이 경과하 면서 대부분의 사람들은 그 혼란스러운 장면에 대한 생각을 조금씩 줄여 갔지만, 심한 우울증에 시달리는 피험자들은 시간 이 흐르면서 오히려 혼란스러운 상황의 생각이 더욱 강력하게 떠올랐던 것으로 보고하고 있다. 그 중에는 심지어 기분 전환이 될 것이라고 믿고 자신의 기분에 대해 허위 사실을 밝히는 사람 들도 있었다.

심각한 문제는 우울증에 빠지기 쉬운 사람들일수록 다른 비 통스러운 생각을 이용해서 주의를 환기시킨다는 점이다. 벤쯔 라프 교수는 이렇게 말하고 있다.

"머리 속에 있는 여러 가지 사고가 연상에 의해 연결되는 경우, 내용 뿐만 아니라 분위기도 관계하게 된다. 따라서 어두 운 분위기의 사고는 어두운 분위기의 사고끼리 모여 있다가 기분이 침체되면 그러한 생각만 머리에 떠오르기 쉬워지는 것이다. 또 이러한 사고들은 강력한 연계망을 구축하고 있기 때문에 쉽게 우울증에 빠지는 사람들에게 한번 나쁜 기분이 발생하면 그것을 억제하기가 매우 힘들게 된다.

아이러니컬하게도 하나의 우울한 화제에서 벗어나기 위해 다른 우울한 화제를 활용하는 사람들도 있지만, 그것은 더욱 부정적인 감정들을 부추길 뿐이다."

일부 이론가들은 우는 것이 비통감을 촉진하는 두뇌 화학 물질의 수준을 낮추는 자연스러운 방법이 될 수 있다고 주장한다. 물론 눈물을 흘리면 슬픔이 일시적으로 멎기도 하지만, 대부분은 절망감을 느끼는 이유에 더욱 천착하는 계기가 되는 것이다.

"울고 싶을 만큼 울어라"라는 어드바이스는 오히려 역효과를 일으키는 것이다. 눈물은 심사숙고를 강화시켜서 비극을 더욱 연장시킬 뿐인 것이다. 반면에 기분 전환은 슬픔을 유지시키는 사고의 고리를 끊어주게 된다.

상당수의 심각한 우울증에 대해서 전기 경련 요법이 효과를 발휘할 수 있는 것은 그것이 단기적인 기억 상실을 야기시키기 때문이다. 즉 환자들은 자기가 왜 그렇게 슬픈지를 기억하지 못함으로써 기분이 나아질 수 있는 것이다. 실제로도 여러 가지 슬픔을 떨쳐 버리기 위해 사람들은 독서나 TV 시청 및 영화 관람, 전자 오락, 퍼즐 놀이, 잠자기, 또는 환상적인 휴가 계획을 상상하는 등의 기분 전환 방식에 의존하는 것으로 보고되고 있다.

벤쯔라프 박사는 가장 효과적인 기분 전환은 스릴 넘치는 스포츠 경기, 재미있는 영화 관람, 즐거운 내용의 책읽기 등 우리들의 기분을 돌려놓을 만한 활동에 몰두하는 것이라고 한다. 그러나 여기에도 조심할 것이 있다. 어떤 기분 전환 활동은 오히려 우울증을 더욱 증폭시킨다.

예를 들면, TV 관람 중독자들은 TV를 본 다음에 그전보다 더욱 우울해지기도 한다.

타이스 박사는 에어로빅과 같은 운동이 여러 나쁜 기분은 물론, 가벼운 우울증을 회복시키는 데에 효과적인 전략이 될 수 있다고 주장한다. 단 에어로빅으로 기분이 향상되는 것은 주로 게으른 사람, 특히 별로 운동을 하지 않는 사람들에게서 볼 수 있다. 원래 규칙적인 운동을 하는 사람들에게 운동의 기분 전환 효과는 처음 운동 습관을 갖게 될 때가 가장 강력하다.

습관적으로 매일같이 운동을 하는 사람들에게는 기분의 역효과가 생기기도 하는데, 그것은 주로 운동을 하지 않고 거르는 날에 발생한다. 운동이 기분을 고양시키는 것은 그것이 기분에 의해 야기된 생리 상태를 변화시킨다는 데에 있다. 즉, 우울한 기분이 저조한 신체 상태를 가져온다면, 에어로빅은 이를 고도의 흥분 상태로 끌어올리는 것이다.

마찬가지로 신체가 저조한 흥분 상태에 놓이도록 만드는 긴장 완화의 기법들은 불안감과 높은 흥분에서는 효과를 발휘하지만, 우울증에는 그렇지 못하다. 각각의 접근 방법들은 그것이 두뇌를 장악하고 있는 감정 상태와 양립할 수 없는 활동 수준까지 두뇌를 끌어올릴 때에 우울증이나 불안감의 주기를 깨뜨릴 수 있게 되는 것이다.

　파티나 성적 쾌락을 통해 기분을 돋구는 것도 우울증에 대응하는 방법으로서 널리 알려져 있다. 사람들이 우울을 느낄 때 자신을 달래는 방법은 목욕이나 좋아하는 음식을 먹는 것으로부터 음악 감상이나 섹스에 이르기까지 실로 다양하다.

　언짢은 기분에서 벗어나기 위해 물건을 사거나 맛있는 음식을 먹는 것은 주로 여성들 사이에 널리 번져 있는데, 이중 쇼핑은 설령 눈요기만으로 그칠지라도 특히 많은 사람들의 호응을 얻고 있다.

　대학생들을 대상으로 조사한 결과, 슬픔을 달래기 위한 음식 섭취는 여자들이 남자들보다 세 배 이상 많다고 타이스 박사는 보고하고 있다.

　남자들의 경우에는 이와 대조적으로 우울할 때 음주나 마약에 빠질 위험이 여자들보다 다섯 배 이상 높아진다. 슬픔 해독제로서의 과식이나 알콜에 대한 의존은 후유증을 가져올 위험성이 있다. 즉, 과도한 식사는 비만이라는 후회를 가져올 수 있는 것이다. 또한 지나친 알콜은 중추 신경계를 억압하기 때문에 우울증을 더욱 악화시키게 된다.

　기분을 돋구기 위한 보다 건설적인 방법으로는 가벼운 승리와 손쉬운 성공을 계획해 보는 것이 있다. 집 주위에서 오랫동안 진척되지 않고 있던 잡일을 해치운다든지, 기타 끝내야 할 다른 의무 사항들에 도전하는 따위가 그것들이다. 이와 마찬가지로 옷을 잘 차려입는다든지, 화장을 고치는 정도의 간단한 자기 이미지 고양도 기분 돋구기에 도움이 된다.

　가장 강력한 그러나 치료 외적 방법 중에서 그리 많이 쓰이지 않는 우울증 해독제로는 사물을 달리 보는 방식 즉, 인지적 재구성이 있다. 연인과의 관계가 끝났을 때 애통해 하고 '이제 나는 철저히 혼자구나'와 같은 확신으로 자기 연민적 사고에 빠져드는 것은 얼핏 보면 자연스러운 현상으로도 볼 수 있지만, 그래 보았자 절망감을 더욱 악화시킬 뿐이다.

그러나 한발 물러서서 연인과의 별로 훌륭하지 못했던 부분으로 눈을 돌려 마음에 들지 않았던 점을 생각해 보는 것은 슬픔에 대처하는 좋은 방법이 될 수 있다. 다시 말해서, 보다 긍정적 조명이라는 다른 시각에서 상처를 바라보는 것이다. 마찬가지로 암 환자들의 경우 자기 증세가 아무리 심각하더라도 자기보다 더 악화된 상태에 처한 환자들을 상기함으로써 '나는 그렇게 나쁘지는 않아, 하다못해 걸어다니기라도 하잖아.'라는 식으로 인지적 재구성을 하면 훨씬 기운이 나게 되는 것이다.

그러나 자신을 건강한 사람들에게 비교한다면 보다 심각한 우울을 맛보게 될 것이다.[18] 하향 비교는 때때로 놀랄 만한 유쾌함을 가져다준다. 그래서 아주 실망스럽게 여길 것도 갑자기 그리 나쁘지 않은 것으로 여겨지기도 한다.

또 한 가지 우울한 기분을 고양시키는 효과적인 방법은 어려운 사람들을 돕는 것이다.

우울은 슬픔에 대해 되풀이해서 곱씹는 생각과 몰입으로 인해 발전하는 것이니 만큼 다른 사람들을 도와주게 되면 타인들의 고통에 공감하는 기회도 얻고 몰두에서도 벗어날 수가 있다. 또한 어린이 야구팀을 지도하거나, 불우 청소년을 돌보거나, 부랑자들에게 음식을 제공하는 따위의 자원 봉사에 참여하는 것은 타이스 박사가 연구한 바에 따르면, 가장 효과적인 기분 전환 방법의 하나이면서도 별로 활용되지 않는 방법이다.

마지막으로 어떤 사람들은 신의 힘에 의지하여 자신의 우울증으로부터 안식을 찾기도 한다. "만약 당신이 독실한 신자라면 기도야말로 모든 기분, 특히 우울에 대해 탁월한 효과를 발휘한다."고 타이슨 박사는 강조하고 있다.

억제자들의 유쾌한 거부

"그는 자기 룸메이트의 배를 걷어찼다…"

문장은 이렇게 시작된다. 그리고 다음과 같이 끝난다.

"…하지만 그는 불을 켜려고 했던 것 뿐이다."

위와 같은 공격적 행동이 조금 어색하기는 해도 단순한 실수로 변환될 수 있는 것은 생체 내에서 이루어지는 억제 때문이다. 앞의 문장은 습관적으로, 또는 자동적으로 감정적 혼란을 지각하지 않는 사람들을 지칭하는 '억제자'들에 대한 연구에서, 실험 대상이 되었던 어느 대학생이 쓴 글이다.

도입부의 '그는 룸메이트의 배를 걷어찼다'는 이 학생에게 주어졌던 문장 완성 테스트의 일부였다. 이 이외의 다양한 테스트를 거친 결과를 종합해 보면, 이 학생은 아무리 사소한 행위에 관해서도 심적 회피를 하는 것이 그의 삶의 보다 큰 패턴의 한 방식이자, 감정적 혼란을 애써 무시하려는 태도의 일부임이 밝혀졌다.[19]

초기의 연구가들 사이에서 억제형의 인간들은 '공감각 무능력증'의 사촌쯤 되는 '감정 지각 무능력의 초기 증세'를 보이는 사람들로 간주되었지만, 최근 연구에서는 이런 사람들이 감정의 통제에 능숙하다고 보는 관점이 유력하다. 즉, 그들은 부정적인 감정으로부터의 자기 보호에 익숙하기 때문에 심지어 부정적인 감각을 인식하지 못하기도 하는 것이다. 최근의 연구가들 사이에서는 이들에 대한 호칭도 억제자보다 더욱 적절한 표현으로서 '비동요자'라는 말이 사용되고 있다.

케이스 웨스턴 리저브 대학의 심리학 교수 와인버거 박사에 의해 시행된 이 연구에 의하면 앞의 타입의 사람들은 평상시에는 조용하고 평정을 잃지 않다가도 때로는 자신도 깨닫지 못하는 동안에 동요를 생리적 반응으로서 표출시키는 경우가 있다고 한다.

그는 지원자들을 대상으로 문장 완성 시험을 실시해서 그들의 생리적 흥분 수치가 어떻게 변하는지를 측정했는데, 그 결과 억제자들이 가진 얇은 평정의 막은 신체의 동요로 쉽게 벗겨졌다. 즉 난폭한 룸메이트나 기타 유사한 상황을 묘사한 문장을 보여주었더니, 이들은 심장 박동과 식은땀 흘리기, 혈압의 상승 등 각종의 불안 증세를 나타내었다. 그러면서도 질문을 받으면 전혀 동요하지 않는다고 대답하였다.

분노와 불안에 대해 무감각하게 대하는 태도는 그리 드물지 않은 현상이다. 와인버거 교수에 의하면 대개 여섯 명 중 평균 한 명 정도가 이런 패턴을 보인다고 한다. 이론적으로는 아동들의 경우가 다양한 방식에 의해 일찍부터 동요하지 않는 법을 배우게 된다.

그 중 하나는 험난한 상황에서 생존해야 하는 경우, 예를 들면 부모가 알콜 중독자여서 문제 제기 자체가 거부되는 가정에서 성장하는 경우이다. 또는 부모님들이 억제자들인 탓에, 늘 웃는 얼굴을 보이는 법이나 아무리 혼란스러운 감정 하에서도 굳게 입술을 다무는 법을 익혀 온 아이들의 경우가 있다. 그런가 하면, 유전적인 기질이 특성이 되는 경우도 있다.

물론 아직 그러한 패턴이 어떻게 시작되는 것인지를 분명히 밝힌 연구는 없지만, 이러한 억제자들은 성인이 되면서 아무리 억압적인 상황에서도 냉정과 침착성을 보이게 된다.

물론 그들이 얼마나 조용하고 냉정할 수 있는가에 대한 의문은 여전히 남아 있다. 정말로 그들은 고통스러운 감정의 생리적 징후들을 지각하지 못하는 것일까? 아니면 평정을 가장하는 것은 아닐까? 이에 대한 해답은 위스콘신 대학의 심리학 교수로서 한때 와인버거 교수와 함께 연구에 참여한 적이 있는 데이빗슨 교수의 연구에서 확실하게 밝혀졌다.

데이빗슨 박사는 비동요적 패턴을 보이는 사람들에게 중립적이면서도 그중 몇 가지는 누구에게나 불안감을 일으킬 수 있는 적대적, 또는 선정적인 의미를 내포한 단어들이 뒤섞인 일련의 어휘들에 대해 연상되는 단어들을 자유롭게 표현하도록 했다. 그래서 그들의 생리적인 반응을 조사한 결과, 그들은 자기에게 제시된 단어들에 대해 다양한 생리적 고통의 징후들을 드러냈음에도 불구하고, 제시된 선동적인 단어들을 대부분 순수한 단어들로 연계하여 정화시키려는 노력을 보여주었다.

이를테면 제시된 단어가 '미움'이었으면 대답은 '사랑'이라고 하는 식이었다.

데이빗슨 박사의 연구는 부정적인 감정의 진행 과정은 오른손잡이의 경우 주로 두뇌의 우반구에서 진행되고, 언어 처리의 중심은 좌반구에서 진행된다는 사실을 잘 이용하고 있다. 일단 뇌의 우반구에 의해 어떤 단어가 분노를 일으키는 원인이라고 인식되면, 그 정보는 두뇌의 절반을 분리하는 경계선인 뇌량(腦梁)을 통과하여 언어 중심부로 진행하게 되며, 이에 대응적인 단어가 등장하는 것이다. 데이빗슨 박사는 복잡한 렌즈 장치를 이용하여 하나의 단어가 피험자의 좌우 어느 쪽이든 반쪽 시야에만 들어가도록 하였다.

이때 단어가 좌측 시야에 있는 경우, 시계(視界)의 신경 배선 구조상 그것은 우선 우뇌에 도달하여 감정을 혼란시킨다. 그러나 단어가 우뇌의 시야에 있는 경우는, 시각 정보는 쾌·불쾌의 평가를 받는 일없이 직접 좌뇌로 들어간다.

단어들이 최초에 우뇌에서 인식되도록 설정한 경우, 비동요 자들이 하나의 대답을 내놓기까지는 다소의 시간적 공백-그들이 대응해야 할 단어들이 혼란스러운 것일 때로 한정해서-이 있었다.

그러나 중립적인 단어들에 대한 연계에는 아무런 망설임이 없었다. 또 그들의 공백은 단어가 최초에 우뇌에 제시되었을 때 뿐이었고, 좌측일 때는 그렇지 않았다.

간단히 말해서, 그들이 보이는 비동요는 혼란스러운 정보의 이동을 늦추거나 방해하는 신경 메카니즘에 기인한다고 할 수 있다. 이것이 의미하는 바는 그들이 자신의 흥분을 인식하지

못한 척 꾸미고 있는 것이 아니라, 자신의 두뇌가 그 정보의
입력을 저지하고 있는 것이다. 좀더 정확히 표현하면, 혼란스러
운 지각을 덮어 주는 부드러운 감정의 층은 바로 좌측 전두엽의
활동에 기인하기 때문인 것이다.

데이빗슨 박사가 그들의 전두엽의 활동 수준을 측정해 보았
더니, 그들에게는 놀라우리 만치 쾌 감정의 중심 부위인 좌측이
월등한 활동력을 보였고, 불쾌 감정의 중심 부위인 우측은 활동
력이 약했다.

이들은 "경쾌한 기분을 가지고 긍정적인 상황에 자신을 노출
시킨다."고 하며, 데이빗슨 박사는 이어서 말한다.

"그들은 자신을 혼란시키는 스트레스를 부정한다. 아울러 휴
식을 취하고 있을 때에도 긍정적인 감정과 관계하는 좌측 전두
엽의 활동이 활발하다. 그들이 보여주는 두뇌 활동은 고통처럼
느껴지는 생리적 흥분이 저변에 놓여 있음에도 불구하고 계속
긍정적인 견해를 유지할 수 있는 비결로서 작용한다."

데이빗슨 교수의 이론인 즉, 두뇌 활동이라는 점에서 보면
고통스러운 현실을 긍정적인 관점에서 조명하는 것은 꾸준한
에너지를 요하는 작업이라고 한다. 따라서 이들에게서 볼 수
있는 생리적 흥분은 긍정적인 감정의 유지나 부정적인 감정의
억압 및 저지에 집중된 지속적인 시도에 기인하는 것으로 생각
할 수 있다.

다시 말해서 비동요는 적극적인 거부나 건설적인 단절의 한
형태로 볼 수 있을 뿐만 아니라, 아마도 PTSD(심리적 충격에
따르는 스트레스 장애) 등에서 볼 수 있는 심각한 정신 분열

상태에 작용하는 신경계 메카니즘을 해명할 수 있는 실마리가 될 수도 있는 것이다. 데이빗슨 박사는 그것이 평정에 관련된 전략으로 사용된다면, 자기 인식에 다소의 손상이 따르더라도 '감성적 자기 규제의 성공적인 전략'이 될 수 있다고 주장한다.

제6장

모든 적성의 우두머리-감성지능*EQ*

지금까지 내 인생에서 딱 한번 공포로 인해 몸이 마비되어 본 적이 있다. 그것은 대학 1학년 때, 어떻게 하다가 공부를 하지 않고 치르게 된 미적분학 시험에서 일어났다.

그 이른 봄날 아침, 마음 속에 파멸의 불길한 예감을 간직한 채 들어서던 강의실의 모습을 나는 지금까지도 기억할 수가 있다. 그 강의실은 그전에도 다른 수업을 받기 위해 여러 번이나 들어갔던 적이 있는 곳이었다.

그런데 그날 나는 창문 밖의 풍경을 보지 못했음은 물론, 강의실 모습조차 제대로 둘러볼 수가 없었다. 창문 옆의 자리에 앉기까지 나의 시선은 오직 강의실 바닥의 나무 판자가 연결된 부분에 고정되어 있었다.

내가 시험 문제지의 푸른 표지를 넘길 때, 내 귀에는 심장이 뛰는 소리가 들려 왔고, 명치끝은 근심으로 답답해져 왔다.

나는 시험 문제들을 재빨리 한번 훑어보았다. 절망적이었다. 근 1시간 동안 나는 문제지만 내려다보고 있었다. 내 정신은 앞으로 겪게 될 고통을 벌써부터 맛보고 있었다. 똑같은 생각이 몇 번씩이고 반복되었고, 공포와 두근거림이 순환 고리처럼 이어졌다. 나는 독화살에 맞아 그 자리에 얼어붙은 동물처럼 꼼짝없이 앉아 있었다. 그 가공할 순간에 뇌리를 가장 강하게 스친 것은 내 정신이 얼마 만큼 수축되어 있을까 하는 궁금증이었다. 나는 그 시험 문제에 대해 유사 정답 몇 가지를 억지로 꿰어 맞추려는 필사적인 노력조차 못해 보고 1시간을 그냥 보냈다. 그것은 백일몽이 아니었다. 나는 그저 공포에 빠져 꼼짝못한 채 시련이 끝나기만을 기다리고 있었던 것이다.[1]

공포에 의해 야기된 시련을 보여주는 이 글은 바로 나의 체험담이다. 나에게 이 글은 지금까지도 감정적 스트레스가 정신적 명확성에 어떠한 영향력을 끼치는가를 가장 설득력 있게 보여주는 증거가 되고 있다.

지금에 와서야 알게 되었는 바, 그때의 시련은 감성두뇌가 사고 두뇌를 압도하거나 마비시키는 힘을 갖고 있다는 것을 보여주는 좋은 기회였다고 생각한다.

감정적 혼란이 지적 활동을 어느 정도 저해하는지를 교사들이라면 누구나 잘 알고 있다.

마음에 불안이나 분노, 우울증을 갖고 있는 학생들은 제대로 학습을 할 수가 없다. 어른들도 이와 같은 상태에서는 정보를 효율적으로 받아들이지 못하고, 그것을 훌륭하게 처리하지도 못한다.

본서 제5장에서 언급했듯이, 강력한 부정적인 감정은 주의력을 오로지 자기의 관심사에만 한정시키고, 그 이외의 것을 보지 못하게 해 버린다.

현실적으로도 감정이 병적 집착으로 편향될 때의 징후들은 그 침투력이 너무 강력해서 우리의 모든 사고를 압도하고 그밖에 해결해야 할 과업들에 대해 기울여야 하는 주의력을 지속적으로 방해하게 되는 모든 현상들에서 잘 드러난다.

예를 들어, 이혼이라는 혼란을 겪은 사람이나 부모가 이혼한 아이들의 정신은 상대적으로 사소한 일상사나 학교 생활 등에 집중되지 못한다.

또한 임상적 우울증을 겪는 사람들의 경우는 자기 연민이나 절망감, 허망감과 고립무원의 감정이 다른 모든 감정들을 압도해 버린다.

감정이 집중력을 앞설 때 제일 먼저 곤궁에 처하는 것은 인지과학에서 '활동 기억력'이라고 말하는, 당면한 과업에 관련되는 여러 정보들을 마음 속에 간직하는 능력이다.

활동 기억력의 내용은 전화 번호의 숫자와 같은 세속적인 것일 수도 있고, 소설가가 꾸며 나가는 얽힌 줄거리들처럼 복잡한 것일 수도 있다.

활동 기억력은 인간의 지적 활동을 책임지고 관리하는 최고의 관리 기능으로서, 한 문장의 구성으로부터 논리적 명제의 해결에 이르기까지 모든 지적 노력들을 가능하게 한다.[2]

전두엽 피질은 활동 기억력을 작동시키며 아울러 그곳은 감정과 감정들이 만나는 곳이기도 하다.[3] 전두엽 피질에 모여드는 대뇌 회로가 감정적 고통에 빠졌을 때 우선적으로 상처를 입게 되는 것이 활동 기억력의 효과성이다. 즉, 내가 그 끔찍한 미적분학 시험에서 그랬듯이, 우리는 똑바로 생각할 수 없게 되는 것이다.

이와는 반대로 훌륭한 성과를 올리는데 있어서 열의, 욕망, 신념 등의 감정을 제대로 인도하는 긍정적 동기 부여가 하는 역할을 생각해 보자. 올림픽 선수, 세계적인 음악가, 세계 체스 챔피언들에 대한 연구에 따르면, 그들이 갖는 독특한 특징 가운데 하나는, 혹독한 훈련을 이겨낼 수 있도록 끊임없이 자기에게 동기 부여를 한다는 점이다.[4]

세계 일류의 수준은 점점 올라가고 있기 때문에 혹독한 훈련 과정의 시작도 점점 연령이 낮아지고 있다.

1992년 올림픽에서 중국 다이빙 팀으로 출전한 12살짜리 선수들은 20대 초반의 미국 팀 선수들이 이룩한 총 훈련 시간과 똑같은 훈련량을 기록했는데, 그 시작은 4살 때부터 였다. 이와 마찬가지로, 20세기 최고의 바이올린 연주자들은 보통 5살 때부터 악기를 배우기 시작했다.

또한 세계 체스 챔피언들은 첫 시합을 7살에 시작했고, 10살에 체스를 시작한 선수는 국내 챔피언에 그쳤을 뿐이다. 빠른 출발은 평생의 우위를 보장한다.

베를린에 있는 세계적 최고의 음악 학교에서 20대 초반의 나이에 바이올린 천재라고 불리는 학생들은 총 1반시간에 달하는 시간을 연습에 쏟아 부었으며, 그 다음 등급의 학생들은 7500여 시간을 기록하고 있다.

대체적으로 비슷한 능력의 소유자들을 제치고 경쟁적 성과의 우위에 선 사람들을 구분하는 것은 그들이 얼마나 일찍부터 몇 년씩 반복되는 고된 연습을 시작했는가이다. 그리고 그러한 끈기는 무엇보다도 그들의 실패에도 굴하지 않는 열정과 인내력을 발휘하는 감성적 특성에 기인한다.

여러 내재적 능력과는 별도로, 동기 부여만을 통해서도 훌륭한 성과를 얻을 수 있다는 것은 미국의 학교와 직업에서 아시안계 학생들이 보이는 놀라운 성취도에서 잘 드러난다.

각종 증거들을 철저히 검토한 바에 따르면, IQ에서 아시안계 미국인들은 백인들보다 평균적으로 겨우 2~3점 정도 높았다.[5]

그러나 이들이 나중에 법조계나 의료계에서 활동하는 경우를 보았을 때, 마치 전체적으로 훨씬 우수한 IQ를 갖고 있는 사람들과 같은 성과-일본계 미국인의 경우 IQ 110, 중국계 미국인의 경우 IQ 120-를 거두었다.[6] 그 이유는 아무래도 아시안계 학생들이 유년 시절부터 백인들보다 훨씬 열심히 공부하는 데에서 찾아야 할 것 같다.

스탠포드 대학의 사회학 교수 도렌부쉬 박사는 1만 명 이상의 고등학생들을 대상으로 한 조사에서, 아시안계 미국인들이 일반 학생들보다 40% 이상 더 시간을 들여서 가정 학습을 한다는 것을 밝혀 냈다.

"대부분의 미국 부모들이 자기 자식의 약점을 수용하고 강점만을 강조하는 데에 비해서, 아시안계 부모들은 자식이 훌륭한 성적을 거두지 못하면 밤 늦게까지 공부하게 하고, 그래도 좋은 성과를 얻지 못할 때에는 아침 일찍 일어나서 공부하게 한다.

그들은 정당한 노력만 있으면 누구든지 학업에서 좋은 성과를 거두는 법이라고 믿고 있다."

이를 간단히 표현하면, 근면을 중시하는 문화가 고도의 동기 부여로서 작용하여 열정이나 인내와 같은 감성적 우위를 낳은 경우라고 할 수 있다.

먼 훗날의 목표를 위한 훈련 추구와 문제 해결 노력 등에 필요한 사고 및 계획을 우리의 감정이 얼마 만큼 방해하는가, 아니면 강화하는가에 따라 우리의 내부 정신 능력의 활용성의 한계가 결정되고, 그만큼 우리가 인생에서 어떤 성과를 거두는 가도 결정된다고 할 수 있다.

또한 자신이 현재 하고 있는 일에서 얼마 만큼 열정과 즐거움을 또는 가장 바람직한 차원의 불안을 갖는가에 따라 성과를 결정짓는 동기 부여가 이루어진다고 할 수 있다. 그런 의미에서 감성지능EQ는 모든 적성의 우두머리이자, 다른 모든 능력을 촉진시키는 쪽이든 방해하는 쪽이든 중대한 영향을 미치는 역량이라고 할 수 있다.

충동 테스트 : 마쉬맬로 테스트

당신이 4살짜리 아이라고 가정하고 누군가가 다음과 같은 제안을 했다고 하자.

"내가 심부름 갔다 올 동안 기다리면 마쉬맬로(미국 아이들이 즐겨 먹는 과자의 일종: 역주) 두 개를 주겠지만, 그때까지 기다릴 수 없다면 여기에 있는 마쉬맬로를 한 개씩만 먹으렴. 참고 기다리면 이따가 두 개를 먹게 되고, 못 참겠으면 지금 한 개만 먹는 거란다."

이러한 제안은 4살짜리 어린이에게는 영혼을 시험하는 도전

이자, 충동과 억제, 이드와 에고, 욕망과 자제력, 순간의 만족과
지연 능력 사이의 영속적인 투쟁을 일으키는 불씨가 된다.

여기서 아이가 어떤 결정을 내리는가에 따라 단지 개인적인
성격 뿐만 아니라, 그 아이가 인생에서 겪게 될 궤적을 간단히
상상할 수 있다.

사실 충동에 대항하는 것만큼 중대한 심리적 능력도 없다.
그것은 모든 감성적 자기 통제력의 근원이기도 한데, 그 이유는
감성이란 것도 본질적으로는 하나 이상의 행동 충동으로 이루
어지기 때문이다.

감성*emotion*이란 단어의 뿌리가 '움직인다'*move*에 있음을
상기하자. 행동으로 나오려고 하는 충동을 참는 능력, 행동을
초기 단계에서 진압하는 이러한 능력은 비록 아직까지는 확실
하지 않은 수준의 이론이기는 해도, 대뇌 변연계의 신호가 운동
피질로 향하는 것을 금지하는 두뇌 활동의 차원으로 해석되어
진다.

이론이야 어떠하든, 4살짜리 아동을 상대로 한 마쉬맬로 테
스트에서 거둔 괄목할 만한 연구 결과는 감정을 제어하고 충동
을 지연하는 능력이란 것이 얼마나 중요한지를 잘 보여주고
있다.

이 연구는 1960년대에 심리학자 월터 미첼 교수가 스탠포드
대학 부설 유치원에서 시작한 것으로, 연구 대상이 된 것은 스
탠포드 대학의 교직원들과 대학원생들의 자녀들이었다. 연구
는 4살 때부터 고등학교 졸업 때까지의 14년 간의 변화를 추적
조사하는 것으로 이루어졌다.[7]

4살짜리 아동들 중 일부는 '심부름'간 실험자가 돌아오기까지, 영원히 끝나지 않을 것 같이 느껴졌을 15분 내지 20분 간을 용케도 참아 내었다. 이러한 갈등에서 자신을 이겨내기 위해 이들은 마쉬맬로에 시선이 향하지 않도록 눈을 가리거나, 두팔로 머리를 감싸안거나, 혼잣말을 중얼거리거나, 노래를 부르거나, 손과 발로 할 수 있는 놀이를 하거나, 심지어 잠을 청하기도 했다. 이러한 용기 있는 유치원생들에게는 보상으로 두 개의 마쉬맬로가 주어졌음은 물론이다. 하지만 보다 충동적인 아이들은 실험자가 '심부름'으로 방을 떠난 지 몇 초가 되기도 전에 마쉬맬로에 손을 뻗쳤다.

이 충동의 순간을 어떻게 처리하는가를 놓고 내린 진단의 위력이 12년 내지 14년 후, 동일한 아동들이 청소년기에 접어들었을 때에 분명하게 드러났다.

마쉬맬로에 곧바로 손을 뻗친 유치원생들과 그러한 희열을 일시 연기한 유치원생들 간에 드러난 감성적, 사회적 능력의 차이는 상상외로 컸다.

4살의 나이로 유혹을 참아 낸 아이들은 청소년이 되었을 때 보다 높은 사회성을 몸에 익히고 있었다.

즉, 인간관계 능력이 뛰어나고, 정확하게 자기주장을 할 수 있고, 인생의 좌절에 대처할 수 있는 능력이 갖추어져 있었다. 이들은 스트레스를 받아도 쉽게 굴복하거나, 경색되거나, 후퇴하지 않았고, 곤궁에 처해서도 수선스럽게 굴거나 비조직적인 모습을 보이지 않았다.

그들은 어떠한 난관을 만나도 포기하지 않고 도전을 포용하고 추구해 나갔다. 그들은 자기 신뢰적이고 확신이 있었고 믿음 직했고 의지할 만했다. 또한, 주도권을 가지고 솔선하여 계획에 뛰어들었다. 그리고 수십 년이 흐른 뒤에도 여전히 목표를 달성 하기 위해 욕구의 충족을 지연시키는 능력을 보여주었다.

그러나 마쉬맬로에 손을 댄 3분의 1 가량의 아이들은 이러한 자질이 별로 없었고, 상대적으로 불안한 심리적 초상을 갖고 있었다. 이들의 청소년기는 대체로 대인적 접촉을 피하는 경향 이 강했고, 완고하거나 우유부단했고, 좌절에 쉽게 굴복했고, 자신을 형편없거나 가치 없다고 생각했고, 스트레스를 받으면 후퇴하거나 정체되었고, 의심이 많았고, '충분한 만족'을 얻지 못하면 적대감을 보였고, 쉽게 질투와 시기심을 품고, 짜증스러 운 것에는 신경질로 과민 반응했고, 자극적인 논쟁이나 싸움에 쉽게 말려들었다. 그리고 수많은 세월이 흐른 지금까지도 현재 의 순간 만족을 억제하는 지연 능력을 보이지 못하고 있다.

유아시기에 조그맣게 드러났던 특징들은 삶이 진행되는 동 안 광범위한 사회적, 감성적 능력으로 꽃피어 난다.

충동을 지연시킬 수 있는 능력은 다이어트에서부터 의사가 되기 위한 공부에 이르기까지 엄청난 노력을 요구하는 활동들 의 밑바탕을 이룬다.

일부 아동들은 겨우 4살의 어린 나이에 이러한 기초들을 터 득했던 것이다. 그들은 지연시키는 것이 유리할 때의 사회적 상황을 파악하는 능력과, 자신의 주의력이 현재의 유혹에 집중 되는 것을 막는 능력을 갖고 있었고, 끈질긴 인내심을 가지고 다른 곳에 신경을 분산시키면서 두 개의 마쉬맬로라는 목표를 추구하는 능력을 갖추고 있었던 것이다.

더욱 놀라운 것은, 실험 대상 어린이들이 고등학교를 졸업할 무렵에 다시 평가된 내용에 따르면, 4살 때에 인내심을 발휘했던 아이들은 충동에 따라 행동했던 아이들에 비해 학생으로서도 훨씬 우수했다는 사실이다. 부모들이 측정한 바에 의하면 이들은 학업적인 면에서, 즉 생각을 언어로 옮기기, 합리적으로 행동하고 대응하기, 집중하기, 계획을 세우고 끝까지 실천하기, 학습에 대해 열의를 보이기 등에서 모두 유능한 것으로 나타났다. 특히 이들은 학력 적성 시험인 SAT에서도 대단히 높은 점수를 기록했다.

4살짜리 아이들 중 마쉬맬로에 손을 뻗친 3분의 1은 언어 능력에서 524점, 수리(또는 '수학') 능력에서 528점의 평균 점수를 기록했던 데에 비해, 끝까지 참아 냈던 3분의 1의 아이들은 각각 610점, 652점의 평균 점수로서, 합계에서 210점의 상대적인 차이를 보이는 성적을 얻어내었다.[8] (SAT의 각 부문을 통해 얻을 수 있는 점수 범위는 200점에서 800점까지이다: 역주)

4살 된 아이들이 욕구의 충족을 지연시키는 능력은 SAT점수 예측에서 지능 지수인 IQ보다 두 배 이상 강력한 증거가 된다. IQ는 이들이 읽기 능력을 취득한 다음부터 비로소 SAT의 강력한 예측 지수가 될 뿐이다.[9]

여기서 우리는 욕구의 충족을 지연시키는 능력이 IQ와는 별도로 지적 능력에 큰 공헌을 하고 있음을 알 수 있다. 또한 유년기에 보이는 빈약한 충동 통제 능력은 어른이 된 후의 비행(非行)에 관해서 IQ보다 정확한 지표가 된다.[10] 앞으로 제 V 부에서 다시 자세히 보겠지만, IQ는 평생 바뀔 수 없는 것이기 때문에 그 사람의 한계를 나타내는 것이라는 설도 있다. 그러나 충동의 억제나 상황 판단과 같은 감성 능력인 EQ는 얼마든지 학습이 가능하다는 증거가 다양하게 등장하고 있다.

앞의 연구를 수행한 미첼 교수가 '목표 지향적이고 자기 부과적인 순간적인 만족을 지연시키는 능력'이라고 다소 장황한 표현으로 묘사한 것은 다름 아닌 감성적 자기 규제의 본질을, 즉 사업 계획을 추진하는 것이든, 수학 방정식을 푸는 것이든, 운동 경기에서 우승하는 것이든 간에, 일단 목표가 세워지면 그것을 성취하기 위해 모든 충동을 억제하는 능력을 표현하고자 한 것이다.

그가 발견한 사실들은 우리가 스스로의 정신 능력을 얼마나 훌륭하게 활용할 수 있는가를 결정짓는 초월 능력으로써의 EQ가 차지하는 역할에 대해 실질적인 뒷받침이 되는 것이다.

불쾌한 기분, 불쾌한 생각

저는 아들이 걱정됩니다. 그 아이는 이제 막 학교 축구팀에서 선수로 뛰기 시작했는데요, 언젠가는 부상당할 것 아닙니까? 그 아이가 경기하는 것을 보면 너무나 신경이 곤두서는 것 같아 요즘에는 경기장에 가지도 않아요. 내가 자기의 경기를 보고 있지 않다는 사실을 알면 아들이 실망하겠지만, 어쩝니까? 제가 도저히 견딜 수가 없는 걸요.

이 여자는 불안에 대한 정신 치료를 받고 있는 중이다. 그녀는 자기가 영위하고 싶어하는 삶에 자신의 걱정으로 인한 장애를 받고 있는 것이다.[11] 그럼에도 아들의 축구 경기를 관람하는 등의 아주 기본적인 결정을 내릴 때조차 불의의 재난에 대한 상상으로 신경이 곤두서곤 했다. 그녀에게는 선택의 자유가 없는 것이다. 불안이 합리적인 판단을 압도하기 때문인 것이다.

우리가 흔히 볼 수 있듯이 걱정은 모든 종류의 정신적 활동 전반에 손상을 입히는 불안 증세의 핵심을 차지한다. 물론 걱정도 어떤 의미에서는 왜곡된 대로 예상되는 위협을 맞이하여 약간 지나친 정신적 준비로서의 유용한 대응이 될 수 있다. 하지만 그러한 정신적 리허설도 습관의 틀에 빠져버린 채 우리의 주의력을 장악한다면, 다른 곳에 집중하려고 하는 노력들을 파괴함은 물론, 인지력에 대한 파국적 정체성을 가져올 뿐이다.

불안은 지력을 손상시킨다. 예를 들어, 항공 통제소같이 복잡하고 많은 지적인 활동을 요구하는 도전적이고, 고도의 중압감이 필요한 업무에서 고도의 만성적 불안을 갖게 되면, 훈련에서든 현장에서든 궁극적인 실패를 겪을 것이 분명하다.

항공 통제소를 지망하는 훈련생 1,790명을 상대로 행한 연구에서도 밝혀졌듯이, 불안감이 강한 사람들은 IQ가 아무리 우수해도 실패하는 확률이 높아진다.[12]

불안은 또한 다른 모든 학업 성적에도 악영향을 초래한다. 3만6천명 이상의 사람들을 대상으로 행한 126가지의 서로 다른 실험에서, 어떤 실험 방법을 쓰든지 상관없이—시험에서의 순위, 등급 점수 평균, 성취도 테스트 그 어느 것에서도—쉽게 불안에 말려드는 사람들일수록 학업의 성취도가 나쁜 것으로 드러

났다.[13]

쉽게 불안에 말려드는 사람들에게 애매한 주제들을 두 가지 범주 중 한 가지로 분류하는 인지적인 과제를 주고, 그 작업을 하고 있는 동안 그들의 마음 속에서 어떤 일이 진행되고 있는지를 기술하도록 요청하였다.

이때 그들의 대답은 대체로 부정적이어서,

"저는 아마 할 수 없을 거예요."

"나는 이런 테스트에는 서툴러요."

부정적인 사고가 직접적으로 그들의 의사 결정을 방해하고 있었다.

실제로 평소에는 별로 걱정을 하지 않는 사람들로 구성된 비교 그룹을 설정해서 그들에게 15분 가량 일부러 걱정을 하도록 시켰더니, 그들의 작업 집중 능력은 급격히 쇠퇴했다. 그리고 걱정하는 사람들에게 불안 수준을 감소시킬 수 있도록 작업을 실행하기에 앞서 15분 간의 긴장 완화 시간을 주었더니 이들은 작업 수행에 별다른 문제점을 보이지 않았다.[14]

불안 테스트는 1960년대에 리처드 앨퍼트 박사가 처음으로 과학적인 연구를 시작한 것으로서, 그가 나중에 나에게 연구의 배경을 설명해 주었다. 앨퍼트 박사는 학창 시절에 자신은 종종 신경 과민증으로 시험을 망치기 일쑤였는데, 그의 동료 연구가인 랄프 헤이버 박사는 학창 시절 시험 전의 압박감 덕분에 오히려 좋은 결과를 얻었다는 것을 알고, 호기심이 발동해서 연구를 시작했다는 것이다.[15]

관련된 여러 가지 연구들과 마찬가지로 그들이 실시한 연구를 살펴보면 세상에는 테스트에 불안을 느끼는 두 종류의 학생들이 있다는 점으로 집중된다. 그것은 불안으로 말미암아 실력을 제대로 발휘하지 못하는 타입과, 스트레스에도 불구하고 또는 오히려 그 덕분에 더욱 좋은 성적을 올리는 타입이다.[16]

테스트에 대한 불안이 갖는 아이러니는, 헤이버 박사와 같은 학생들에게 준비 과정을 통해 더욱 열심히 공부하는 동기가 되어 주었던 잘 하려는 염려가, 다른 사람들에게는 오히려 성공을 방해하는 요인으로 작용한다는 점이다. 앨퍼트 박사와 같이 지나치게 불안이 강한 사람들은 시험 전의 염려가 효과적인 공부를 위해 필요한 명확한 사고와 기억력을 방해하고, 시험 중에는 훌륭한 성과에 필수적인 두뇌의 명확한 작용을 방해할 뿐인 것이다.

사람들이 시험을 치르면서 겪게 되는 불안의 양은 그대로 수험자의 나쁜 성적을 예고한다.[17] 불안이라는 하나의 인지 활동을 바탕으로 하여 확장된 지적 자원들은 다른 정보 처리에 쓰일 수 있는 자원들의 질을 떨어뜨릴 뿐이다. 즉, 앞으로 치를 시험에서 실패할까봐 노심초사하면 할수록 해답의 이해를 위해 확대되어야 할 주의력이 더욱 감소하게 되는 것이다. 결국 불안은 자기 충족적인 예언으로 둔갑해서 사람들로 하여금 그것이 예상하는 파국으로 더욱 전진하게 만드는 것이다.

반면 감정의 정리에 뛰어난 사람들은 앞으로 치르게 될 연설이나 시험 등 예상되는 불안 예를 들면, 자신에 대한 동기 부여의 기회로 적절히 활용하기 때문에 오히려 훌륭한 준비와 이의 실천이 가능해진다. 심리학의 대표적 문헌들에서는 정신적 성

과 등에서 불안과 성취도가 차지하는 상관 관계가 역(逆)U자로
묘사되고 있다.

역U자의 정상은 불안과 성과 사이의 최적 관계가 이루어진
곳으로서, 적당량의 불안이 뛰어난 성취를 가져오는 단계를 의
미한다. 그러나 불안의 양이 너무 작으면 다시 말해서 역U자의
한 쪽으로 치우치면 훌륭한 성과에 요구되는 노력을 집중하기
어려울 정도로 냉담과 부족한 동기 부여만이 있을 뿐이다. 반면
에 역U자의 또 다른 한쪽으로 불안이 과다할 때에는 훌륭하게
행하려는 시도 자체가 방해를 받게 된다.

전문적인 용어로 경편집증(輕偏執症)이라고 부르는 가볍게
고양된 상태는 유연성과 다양한 상상력이 요구되는 창조적인
일에 종사하는 작가와 같은 직업인들에게 있어서 가장 바람직
한데, 그것은 역U자의 정상 부근에 머무르는 것을 의미한다.
하지만 이러한 행복의 기분도 통제를 벗어나면 광적인 우울증
에 시달리는 사람들과 유사한 혹독한 편집증으로 발전하게 된
다. 실제로 작품을 완성하기에 적절할 정도의 추구로 보기에는
너무 자유로운 아이디어의 흐름은 사고 응집 능력에 손상을
입혀서 훌륭한 글을 쓸 수가 없게 만든다.

좋은 기분은 그것이 지속성을 가질 때에는 유연한 두뇌 활동
을 통해 복합적으로 사고하는 능력을 강화시켜주므로 지력과
인간관계의 문제에서 해결책을 찾기가 훨씬 쉬워진다. 따라서
상대방에게 문제 해결을 위한 사고를 하도록 도와주는 한 가지
방법으로서 농담을 이용할 수도 있는 것이다. 기분이 고양되는
것도 그렇지만, 웃음은 특히 사람들의 폭넓은 사고와 자유로운

교제를 도와주기 때문에 다른 방식이었다면 실패했을 인간관계의 성립도 가능하게 해준다.

웃음은 창조성 뿐만 아니라 복합적인 인간관계의 인식과 의사 결정에 따른 결과를 예측하는 데에도 중요한 역할을 수행하는 일종의 정신 능력인 것이다.

기분 좋은 웃음의 지적 혜택은 창조적인 해결책을 필요로 하는 문제 해결에서 더욱 확실하게 드러난다. TV 코메디물을 시청한 사람들에게 심리학자들이 만든 창조적 사고력을 시험하는 테스트용 문제들을 풀어 보도록 했을 때, 코메디를 보여주지 않았을 때보다 향상된 능력을 보였다.[18]

이 테스트에는 초, 성냥, 한 박스의 압정을 주고 코르크로 된 벽에 초를 고정시킨 뒤 촛농을 바닥에 떨어뜨리지 않는 상태로 초가 타도록 하라는 문제가 있었다. 이 문제를 받아 든 대부분의 사람들은 '기능적 고정화'에 얽매어 틀에 박힌 방식으로 목표를 달성하려고 할 뿐이었다.

그러나 수학 강의에 대한 비디오를 보았거나, 수학 문제를 풀고 있었던 사람들과는 달리, 방금 재미있는 영화를 감상한 사람들은 압정을 담은 박스에 대한 새로운 사용법을 생각해서 창조적으로 문제를 해결했다. 그것은 압정을 담았던 박스를 벽에 부착하여 그것을 받침대로 사용하는 것이었다.

가벼운 기분 전환도 때로는 사고의 변화를 가져온다. 계획을 세우거나 결정을 내릴 때 좋은 기분인 사람은 사고 과정에서 보다 확대적이고 긍정적인 방향으로의 인식적 편향성을 갖는다. 이것은 원래 우리의 기억력이라는 것은 현상의 구체화를 가져오기 때문에 좋은 기분을 유지하고 있으면 대개 긍정적인 사건을 생각하게 된다는 이론에 기인하는 것이다.

즉, 우리가 유쾌한 기분일 때 취하는 행동 과정의 전후를 살펴보면, 우리의 기억에 의한 긍정적 방향으로의 증거에 대한 평가가 이루어져서 보다 모험적이거나 위험한 일에 도전하게 되는 것이다.

이와 마찬가지로 침체된 기분에 젖게 되면 기억에 의한 부정적인 방향으로의 편향이 이루어져서 과도할 정도로 조심스러운 의사 결정으로 수축되어 버린다. 통제를 벗어난 감정은 지적 활동을 방해한다. 하지만 통제를 벗어난 감정을 원래의 자리에 정렬시킬 수 있을 때, 제5장에서 본 바와 마찬가지로 그 감성적 수행 능력은 모든 적성의 우두머리가 되어 다른 능력들을 향상시키게 된다. 이에 적절한 예가 되는 몇 가지 사례들, 즉 사람들이 기대 이상의 성과를 이루었을 때의 희망과 낙관주의 및 비약의 순간들을 살펴보면 그것은 더욱 분명해진다.

판도라의 상자와 희망 : 긍정적 사고의 위력

대학생들에게 다음과 같은 가정적인 상황이 제시되었다.

여러분들이 B 이상의 성적을 받으려는 목표를 세웠음에도 불구하고, 최종 성적의 30%를 차지하는 첫 시험의 점수를 받아 보니 D였다. 지금은 D 등급에 대한 사실을 알게 된지 이미 일주일이 지난 시점이다. 어떻게 할 것인가?[19]

희망은 결정적인 차이를 가져온다. 고도의 희망을 갖고 있는 학생들은 더욱더 열심히 공부하며 최종 성적을 보완할 수 있는 일련의 활동을 시도해 보겠노라는 대답을 했다. 평균 수준의 희망을 가진 학생들도 자신의 성적을 보완할 몇 가지 방법을 생각하고는 있지만, 그것을 추구하는 결단성은 훨씬 떨어졌다. 그리고 예상할 수 있듯이 낮은 희망 수준의 학생들은 크게 낙담하여 양쪽 모두를 쉽게 포기했다.

이것은 단순히 이론적인 문제가 아니다. 이 연구를 추진했던 캔사스 대학 심리학 교수 C.R. 스나이더 박사는 희망 수준이 서로 다른 신입생들의 입학 첫해의 학업 성취도를 비교해 보았다. 그 결과, 학생들이 대학에서 어떤 성적을 보일 것인가를 예측하는 도구로 여겨 온 그리고 IQ와 상당한 연관성을 갖고 있는 SAT 점수보다는 희망 수준이 훨씬 우수한 지표임을 밝혀내었다. 이를 다시 표현한다면, 대체적으로 비슷한 IQ를 갖고 있는 사람들끼리라면 EQ가 결정적인 차이를 가져온다고 할 수 있는 것이다.

스나이더 박사는 이렇게 설명한다. "높은 희망을 가진 학생들은 보다 높은 목표를 설정하고 있고, 그것을 성취하기 위해서 얼마나 열심히 노력해야 하는가를 잘 알고 있다. 지능이 동일하면 학교 성적을 결정하는 것은 희망의 힘이다."[20]

우리가 잘 알고 있는 고대 그리스 신화에 나오는 판도라 공주는 그녀의 아름다움을 질투한 신들로부터 신비한 상자를 선물로 받았다. 그녀는 선물을 절대 열어 보지 말도록 주의를 받았는데, 그만 호기심과 유혹을 이기지 못해 어느 날 뚜껑을 열고 안을 들여다보는 어리석음을 범하고 말았다. 그리하여 질병, 불쾌감, 광기 등 온갖 심각한 재앙들이 세상에 퍼지게 된다.

그러나 동정심 많은 신의 도움으로 제때에 상자를 닫아 삶의 비극을 견딜 수 있게 해주는 하나의 해독제를 붙잡아 둘 수 있었으니, 그것이 바로 희망인 것이다.

현대의 연구가들이 밝히고 있듯이, 희망은 재앙 가운데서 단순히 위안을 제공하는 이상의 일을 한다. 희망은 학업 성과에서부터 귀찮은 업무의 감내에 이르기까지 다양한 영역에서의 우위를 확보해 주는 놀라운 역할을 수행한다. 희망을 좀더 기술적인 의미에서 살펴본다면, 단순히 모든 것이 잘될 것이라고 믿는 '막연한 낙관주의'를 뛰어 넘는 것이다. 스나이더 박사는 "희망이란 목표가 무엇이든 간에 성취할 수 있다는 의지력과 달성할 수 있는 방법을 함께 갖고 있다고 자신을 믿는 것"이라고 보다 구체적으로 규정한다.

이런 의미에서 볼 때, 사람들의 희망 수준에도 전반적인 차이가 있다. 어떤 사람들은 자신을 궁지에서 벗어나 문제 해결을 할 수 있는 능력자로 간주하는가 하면, 어떤 사람들은 자신이 목표를 완수할 정력도, 능력도, 수단도 갖고 있지 않다고 생각한다. 스나이더 교수에 의하면 고도의 희망 수준을 지닌 사람들은 자신에 대한 동기 부여, 목적을 완수하기 위한 방법 모색에 충분할 만큼의 지략, 힘든 시기에 앞으로 좋아질 것이라는 확신, 목표 달성이 불가능할 때에는 다른 방식을 찾거나 목표를 전환하는 유연성, 방대한 과업을 보다 작고 관리 가능한 부분으로 나누는 감각 등을 보여준다고 한다.

EQ의 관점에서 볼 때, 희망을 갖는다는 것은 어려운 도전이나 실패에 처해도 과도한 불안이나 패배주의적 태도, 또는 우울 증세 따위에 굴복하지 않는 것을 의미한다.

실제로 희망을 지닌 사람들일수록 목표추구를 위한 생활에서 그렇지 못한 사람들보다 우울을 경험하는 빈도가 훨씬 적으며, 전반적으로 불안이나 감정적 스트레스도 훨씬 적게 나타난다.

낙관주의 : 커다란 동기유발 요인

수영에 관심이 있는 사람들이라면 누구나 1988년 서울 올림픽의 미국팀 선수였던 매트 비욘디에 대해 큰 기대를 갖고 있었을 것이다. 많은 스포츠 기자들이 비욘디를 1972년에 7개의 금메달 획득이란 위업을 세웠던 마크 스피츠에 비교하기도 했다.

그러나 비욘디는 처음으로 나선 200m 자유형 경기에서 3위라는 저조한 성적을 거두었다. 다음에 나선 100m 접영에서는 마지막 1m를 남겨 두고 놀라운 스피드를 보인 다른 선수에게 간발의 차이로 금메달을 넘겨주어야 했다.

스포츠 캐스터들은 두 번의 패배가 앞으로의 경기에 나설 비욘디의 사기를 저하시킬 것이라고 예상했다. 그러나 비욘디는 패배를 딛고 일어나 이어지는 다섯 경기 모두에서 금메달을 획득했다.

1988년 초에 비욘디 선수의 낙관주의를 테스트했던 펜실베니아 대학의 심리학자 마틴 셀리그만 교수는 이러한 그의 화려한 재기에 별로 놀라지 않았던 관측자 중의 한 사람이었다.

셀리그만 박사가 시도한 실험의 일환으로서, 미국 대표팀 수영 코치는 선수들의 최고 기록 측정을 위한 연습 경기를 가진 뒤, 비욘디에게 그가 기록한 실제 시간보다 나쁜 내용의 거짓 시간을 제시하였다. 이러한 실망스러운 피드백에도 불구하고 비욘디에게 잠시 휴식을 취한 뒤 다시 시도해 보라고 하자, 그의 성적은 훨씬-물론 이미 훌륭한 성적이었지만- 향상되었다.

그러나 거짓 기록을 받아 본 다른 선수들-아울러 셀리그만 박사의 테스트에서 비관주의자로 드러났던-은 재시도 결과 첫 번째 보다 더욱 기록이 나빠졌다.[21]

희망이 그러하듯 낙관주의는 일련의 실패와 좌절에도 불구하고 앞으로는 잘 될 것이라고 강력한 기대를 갖는 것을 의미한다. EQ라는 관점에서 볼 때 낙관주의는 아무리 험난한 과정에 처하더라도 무기력이나 절망, 좌절에 빠지지 않도록 자신을 지키는 태세를 의미한다. 그리고 그의 사촌격인 희망에서도 그렇듯 낙관주의는 일정한 혜택도 가져다준다. 물론 실질적인 낙관주의의 경우에 한할 뿐, 너무 막연한 낙관주의는 오히려 파국을 불러오는 것이다.[22]

셀리그만 박사는 우리가 자신의 성공과 실패를 스스로에게 어떻게 설명하는가에 따라 자기 고유의 낙관주의가 규정된다고 한다.

낙관적인 사람은 실패의 원인을 변경 가능한 요소로 받아들이고, 다음에는 성공할 수 있으리라고 믿는 반면, 비관주의자는 실패에 따른 비난을 자신에게 돌리고, 그 원인을 변화시킬 수 없는 자신의 영속적인 특성에 기인하는 것으로 본다.

이렇게 서로 다른 해석은 인간들의 삶에 대한 대응에도 중요한 차이를 가져온다.

예를 들어, 구직 신청이 거절당해 겪는 실망감에 대한 반응에서, 낙관주의자들은 누군가에게 도움과 조언을 구하는 등의 행동 계획을 통해 적극적이고도 희망에 찬 대응을 보이는 경향이 있다. 이들은 실패를 고쳐질 수 있는 것으로 간주하는 것이다.

반면에 비관주의자들이 실패를 겪으면 다음에도 별로 나아질 것이 없다는 생각으로 반응하기 때문에 문제점을 만나도 개선의 여지가 없다고 생각한다. 실패한 것은 자기 자신에게 결함이 있기 때문이며, 그것은 앞으로도 쭉 자신에게 따라 다닐 것이라고 생각하는 것이다.

희망과 마찬가지로 낙관주의도 좋은 학업 성적으로 연결된다. 1984년 펜실베니아 대학의 신입생 500명을 대상으로 실시한 조사에서, SAT 점수나 고등학교 성적보다도 낙관도 테스트의 성적 쪽이 대학 1년 간의 성적을 정확하게 예측하고 있었다. 이 조사를 수행한 셀리그만 교수는 이렇게 말하고 있다.

"대학 입학 시험은 지적 능력을 측정하지만 낙관도 테스트는 누가 먼저 포기하는가 그렇지 않은가를 측정한다. 좌절을 딛고 성공으로 나아가려면 어느 정도 지적 능력도 필요하지만 실패하더라도 꾸준히 노력을 계속하는 태도가 더욱 필요하다.

그 동안의 IQ 테스트에서는 자신에 대한 동기 부여도가 무시되어 왔다. 하지만 우리가 누군가에 대해 제일 먼저 알아야 할 것은 그가 좌절을 겪더라도 노력을 계속할 수 있는가의 여부이다. IQ가 똑같다면 실제의 성과는 합리적인 판단력과 실패를 극복하고 성공을 창조하려는 의지의 결합에 의해서 결정이 되는 것이다."[23]

스스로에게 동기 부여를 하는 낙관주의의 힘을 가장 분명하게 보여주는 예는 셀리그만 박사가 미국 최대의 생명 보험 회사인 메트로폴리탄 라이프사의 보험 판매 사원들을 상대로 시행한 조사에서 드러난다. 고객의 거절을 흔쾌히 받아들일 수 있는 능력은 모든 판매에 있어서 필수적인 것이지만, 특히 보험과 같은 상품에서는 승낙보다 거절의 비율이 훨씬 높기 때문에 이러한 능력이 더욱 절실히 요구되는 것이다.

그런데 거절의 공포로 인해서 보험 판매 사원의 3분의 1가량은 대개 입사 3년 이내에 직장을 그만두고 있었다. 셀리그만 박사가 조사한 바에 따르면, 이 회사에서는 천성적으로 낙천적인 사람들이 비관적인 사람들에 비해 입사 뒤 2년 간 37% 많은 매출을 기록했다. 그리고 입사 첫해에 비관주의자들의 이직률은 낙관주의자들의 두 배를 넘어서고 있었다.

여기에서 멈추지 않고 셀리그만 박사는 메트로폴리탄 라이프사를 설득해서 낙관주의 테스트에서는 높은 점수를 기록했지만 일반 적성 테스트(그들이 보이는 일련의 태도들을 과거 성공을 거둔 보험 판매인들이 작성한 해답을 바탕으로 만든 표준 프로필과 비교하는 것)에서는 낙방한 응시자들로 구성된 특별 전형팀을 고용하게 했다. 이 특별팀은 입사 첫해에 비관주의 사원들보다 21% 이상을 판매했고, 다음 해에는 57% 이상을 기록했다.

낙관주의자들이 판매에서 이러한 차별성을 보일 수 있는 이유가 무엇인지는 EQ에서 찾을 수 있다.

판매 사원들이 받게 되는 "노(No)"라는 대답은 일종의 패배이다. 그러한 패배에 대해 어떤 감정적 반응을 보이는가 하는 것은 앞으로도 지속해야 할 동기들을 유도해 내는 능력에 아주 중요한 역할을 한다. 거절이 반복될수록 사기는 더욱 저하되고, 다음 통화를 위해 전화 걸기가 싫어진다.

그러한 거절은 비관주의자들에게 특히 견디기 힘든 것으로서, 이들은 거절을 당할 때마다 '나는 실패했어. 이제 판매는 힘들겠지.'라며 우울증 및 냉담과 패배주의를 가져오는 의미로 해석한다. 이에 비해 낙관주의자들은 스스로에게 말하기를, '아마 내가 잘못된 접근법을 사용했던 모양이지.'라거나 '그 사람이 기분이 나빴던거겠지.'라고 한다.

실패에 대한 이유를 자기 자신이 아닌 상황 속의 무엇인가로 생각하기 때문에 이들은 앞으로도 계속 전화를 걸 수 있게 된다. 비관주의자들의 정신이 절망을 지향하고 있다면, 낙관주의자들은 끊임없이 희망을 품는다.

긍정적 또는 부정적 태도의 한 가지 원인을 타고난 기질에서도 찾아볼 수 있다. 즉 사람들은 원래부터 일정한 방식을 추구하는 경향이 있는 것이다.

하지만 앞으로 제 14장에서도 살펴보겠지만 기질이란 경험에 의해 단련되는 것이다. 비관주의와 절망도 그렇지만 낙관주의와 희망은 학습이 가능한 것이다. 이러한 두 가지 태도의 저변에는 심리학자들이 '자기 효율성'이라고 칭한, 스스로의 인생사에 대한 지배력을 갖고 있으며, 모든 도전은 발생 즉시 대응할 수 있다는 신념이 깔려 있다.

다양한 능력을 개발하는 것은 자기 효율성의 감각을 강화하는 것으로서 보다 적극적으로 위험에 대처하고, 까다로운 도전들을 추구할 수 있게 해준다. 그리고 이러한 도전들을 차례대로 정복하는 가운데 자기 효율성은 더욱 강대해지는 것이다.

이러한 태도는 우리가 갖고 있는 기술을 최고도로 활용할 수 있게 해주며, 그 기술들을 개발하기 위해서 필요한 행동들을 취하도록 해준다.

자기 효율성에 대한 연구의 대부분을 수행한 스탠포드 대학의 심리학 교수 앨버트 밴듀라 박사는 이상을 다음과 같이 요약한다.

"자신의 능력에 대한 신념은 그 능력 자체에 중대한 영향을 끼친다. 능력이란 고정 자산이 아니기 때문에 자신의 성과 내에도 거대한 다양성이 존재한다. 자기 효율성을 지닌 사람들은 실패에서 쉽게 회복한다. 이들은 무엇이 잘못될까를 끊임없이 고민하기보다는 그것을 어떻게 다룰 것인가를 찾는 방법론적 차원에서 사물에 접근한다."[24]

흐름 : 절정의 순간

한 작곡가가 자신의 작업이 최고조에 이를 때의 순간을 이렇게 묘사했다.

황홀한 느낌에 사로잡혀서 마치 내가 존재하지 않는 것처럼 느껴진다. 이러한 경험은 그전에도 여러 번 반복되었다. 내 손은 나의 통제를 벗어나 혼자 움직이고, 나는 현재 이루어지는 일에 대해서 아무 것도 하는 일이 없다. 그저 가만히 앉은 채 놀라움과 경외로운 마음으로 지켜보기만 할 뿐이다. 그러면 멜로디가 저절로 흘러나온다.[25]

그의 묘사는 수많은 다양한 직종에 종사하는 사람들-암벽 등반가, 체스 챔피언, 외과 의사, 야구 선수, 엔지니어, 경영 관리자, 심지어 서류 정리 사원에 이르기까지-이 선호하는 활동 분야에서 전에 없이 뛰어난 활약을 보여줄 때의 순간을 묘사하는 것과도 흡사하다.

이들이 묘사하는 심신 상태는 20여년 간 그와 같은 최고의 수행 능력에 대한 원인을 연구해 온 시카고 대학의 심리학 교수 찌첸트미하일리 박사에 의해 '흐름'으로 명명되었다.[26]

운동 선수들은 이와 같이 은혜로운 순간을 '특정 지대'라고 부르고 있다. 훌륭한 플레이가 저절로 나오고, 플레이에 집중하는 절정감 속에서 관객도 경쟁 상대도 눈에 들어오지 않게 되는 상태를 말하는 것이다.

1994년 동계 올림픽 스키 부문에서 금메달을 획득하였던 쉬타인로터 양은 스키 경기에서 마지막 회전을 끝내던 순간에 편안하다는 느낌 이외에는 아무 것도 생각나지 않았다고 말했다. "마치 폭포수와도 같은 느낌이었어요."[27]

흐름 속에 들어갈 수 있다는 것은 EQ가 최고조에 도달했음을 의미한다. 흐름이란 과업 성취와 학습을 위한 감성 활용에서 최적의 상태를 보여주는 것이다. 흐름 내에서 감성은 단순히 저장되고 유통되는 것에 머무르지 않고, 능동성과 적극성을 띠면서 현존 과업과 강력한 연계성을 갖게 되는 것이다.

의기 소침에 의한 무료함이나 불안에 의한 번뇌 속에 갇혀 있으면 흐름 상태로 들어갈 수가 없다. 그러면서도 '가벼운 간이 흐름'이나 '진정한 깊은 흐름'이나 모든 사람들이 한 번 이상은, 특히 최고조의 성취도를 이루거나 자신의 한계를 뛰어 넘어설 때 반드시 거치는 경험이다. 이것이 가장 훌륭하게 발현되는 예는 두 남녀가 부드러운 조화의 일체를 이루며 합쳐지는 황홀한 사랑 행위에서 찾아볼 수 있다.

흐름의 경험은 장쾌하기까지 하다. 거침없는 즐거움, 황홀한 감정 등이 흐름의 상징이다. 흐름의 쾌감은 그 자체로도 충분한 동기 부여가 된다. 우리가 하는 일에 완전히 몰두하고, 모든 주의를 한 점에 집중시키고, 인식과 행동이 혼연일체가 된 심신의 상태가 바로 흐름이다.

그러나 현재 상황에 대해 너무 많은 반추를 하면 흐름이 방해를 받을 수 있다. 때로는 '내가 참 훌륭하게 하고 있군' 하는 생각조차 흐름의 상태를 깨뜨릴 수 있다.

흐름 상태에 들어가기 위한 주의력은 극단적으로 집중화되어서 시간과 공간의 감각을 잊은 채로 현 과제에 연계된 인식 범위로만 한정되어야 하는 것이다.

예를 들어, 어떤 외과 의사는 자신이 흐름 상태에 있는 동안 행했던 어려운 수술을 상기했다. 그는 수술을 끝낸 뒤에 수술실 마루 바닥에 시멘트 조각들이 떨어져 있는 것을 보고 무슨 일이 벌어졌었느냐고 주위 사람들에게 물었다.

자신이 수술을 진행하는 동안 천장의 일부가 무너져 내렸다는 이야기를 듣고 그는 전혀 눈치채지 못했었다며, 크게 놀라워했다.

흐름은 심사숙고와 불안의 반대인 '자아 망각' 상태에 이른 것이다. 흐름에 들어선 사람은 신경질적 몰입에 말려들기보다는 목전의 과제에 전념한 나머지 모든 자기 인식과 일상 생활의 사소한 것들 예컨대, 건강, 금전, 심지어 '내가 제대로 하는가'의 생각조차 잊어버린다. 그런 의미에서 볼 때 흐름은 자아를 잊는 순간이기도 하다.

역설적으로, 흐름을 타고 있는 사람은 자신의 행위를 완벽하게 통제하고 상황의 변화에도 완벽하게 대응할 수가 있다. 게다가 흐름 상태에 있을 때 최정상의 성취도를 보인다고는 해도, 자신이 잘하고 있는지, 성공할 것인지 실패할 것인지에는 관심이 없다. 오로지 행위 그 자체에 대한 순수한 즐거움만이 이들에게 동기 부여가 되는 것이다.

흐름에 들어가는 방법은 여러 가지가 있다. 그중 한 가지는 의도적으로 목전의 과제에 몰두하는 것이다. 고도로 집중된 상태는 흐름의 핵심이다. 이 특정 지대에 이르는 과정에는 일련의 피드백 고리가 있다. 즉 평정을 유지하고 충분한 집중력을 갖춰서 과제를 시작하기 위해서는 상당한 노력이 요구된다.

첫 단계는 어느 정도의 극기가 필요하다. 하지만 일단 집중력이 갖춰지면 그때부터 자체적인 힘을 발휘하기 때문에 감정적 혼란을 벗어난 안정 상태를 유지하면서 큰 수고를 기울이지 않고도 과업을 수행하게 된다.

스스로가 자신있는 분야에서 약간 높음직한 목표에 도전하는 것도 흐름에 도달하는 하나의 방법이다. 찌첸트미하일리 박사는 다음과 같이 말하고 있다.

"사람들은 자기에게 주어진 과제가 평상시보다 약간 과중할때, 또 평상시보다 좀더 많은 힘을 발휘하는 단계에서 가장 훌륭한 집중력을 보인다. 부과되는 요구량이 너무 적으면 쉽게 지루해진다. 또 너무 요구량이 많을 때에는 불안을 불러온다. 흐름은 지루함과 불안의 중간에 위치한 미묘한 지대에서 발생한다."[28]

흐름을 특징 짓는 자발적 즐거움, 자비와 은총, 효과성 등은 대뇌 변연계의 흥분이 두뇌 전체를 장악하는 돌발적 감정과는 양립될 수가 없는 것이다. 흐름에서의 주의력은 편안하면서도 고도의 집중력을 갖는다는 장점을 지닌다. 그것은 우리가 지쳤거나 지루해 할 때 보이는 무리한 주의 집중이나, 불안이나 분노 등의 강한 감정 때문에 집중력이 정지되어 버린 상태와는 큰 차이가 있는 것이다.

흐름은 온화한 황홀감에서 보이는 강력하면서도 고도의 유인적인 감정이란 것만 제외하고는 감정적 정체와는 관련이 없다. 그러한 무아경은 흐름의 전제 조건인 주의 집중의 결과 생겨난 부산물일 뿐이다. 명상에 대한 전통적인 고전 문헌들은 순수한 즐거움으로 경험되는 몰입의 상태, 다시 말해서 강력한 주의 집중으로 유도되는 흐름에 대해 묘사하고 있다.

누군가 흐름에 접어든 사람을 보면 어떤 난관도 쉽게 해결한다는 인상을 준다. 그에게서 최고의 성취는 자연스럽고도 평범하게 이루어진다. 이러한 인상은 두뇌 내부에서 진행되고 있는 활동과도 병행하는데, 여기에서도 앞서와 유사한 역설이 반복된다. 그것은 과제가 가장 어려울 때 가장 작은 정신적 에너지를 사용하여 성취가 가능해진다는 사실이다.

흐름에 있는 두뇌는 '냉정한' 상태로서, 두뇌 회로의 흥분과 침잠은 철저히 순간적 요구에 대응할 뿐이다. 따라서 별다른 노력없이 주의력을 집중하는 사람들의 두뇌는 피질의 흥분이 거의 없다는 의미에서 '침착함을 유지하고 있다'고 봐야 할 것이다.[29]

우리의 예상으로는 그와 같은 어려운 과제가 보다 많은 피질의 활동을 요구할 것 같다. 그러나 흐름의 핵심은 특정 기술이 이미 충분히 반복 연습되었고, 두뇌의 신경 회로도 최고의 효율성을 가지는 최상의 상태에서 발생한다는 점을 명심해야 할 것이다.

불안으로 인해 야기된 집중상태인 긴장된 주의력은 피질의 활동을 수 없이 양산한다. 하지만 흐름과 최적의 성취가 이루어지는 지대는 피질 활동의 오아시스와도 같아서, 아주 근소한 정신적 에너지만이 소비될 뿐이다. 익숙한 훈련을 통해 흐름에 들어선다는 점에서 볼 때, 이 이론은 상당한 근거가 있는 것이다.

즉, 암벽 등반과 같은 육체적 운동이든, 컴퓨터 프로그래밍과 같은 지적 작업이든 필요한 능력을 완전히 터득한다는 것은 수행 과정에서 두뇌가 보다 효율성을 발휘할 수 있다는 것을 의미한다. 제대로 연습한 능력은 단순한 학습을 통한 과제나 상당히 까다로운 과제보다도 훨씬 작은 두뇌의 노력을 필요로 한다.[30]

마찬가지로 지치고 힘든 하루를 보냈을 때의 피로나 신경 쇠약 때문에 두뇌가 효율성을 상실하면, 피질 활동의 정확성에도 결함이 발생하여 너무나 많은 여분 공간이 움직이게 되고, 신경 활동도 고도로 산만하게 이루어진다. 이러한 현상은 지루할 때도 마찬가지이다.

그러나 흐름에서와 같이, 두뇌가 최고의 효율성을 발휘하면 활동 영역과 과제의 요구 사이에 정확한 대응이 이루어진다. 이러한 상태에서는 어려운 과제일지라도 힘을 고갈시키기보다는 오히려 기운을 북돋워 주고 활성화시키게 된다.

학습과 흐름 : 새로운 교육의 모형

흐름은 능력을 최대한으로 발휘하여 과제에 도전할 때 생기는 것이기 때문에, 흐름을 계속해 나가기 위해서는 능력의 향상과 함께 과제도 고도로 해 나갈 필요가 있다. 만약 과제가 너무 간단하면 지루해져 버리고, 그렇다고 너무 까다로우면 결과적으로 흐름보다는 오히려 불안이 야기되기가 쉽다.

한 가지의 기능 또는 기술에서의 숙달은 흐름에 대한 경험이 있을 때 이루어진다. 즉, 바이올린 연주든, 무용이든, 유전자 결합의 기술이든, 특정 과업에서 좀더 향상된 솜씨를 보이고자 하는 동기 부여가 그것을 행하는 과정에서 꾸준히 흐름 내에 머물러 있을 때 가능해 지는 것이다.

실제로 미술 학교를 졸업한 뒤 18년이 지난 200여명의 사람들을 대상으로 찌첸트미하일리 박사가 조사한 바에 따르면, 훌륭한 화가가 된 사람들은 학창 시절에 그림 자체의 순수한 즐거움을 맛보았던 사람들이었다. 그렇지 않고 학창 시절에 명성과 부에 대한 꿈에 의해 동기 부여되었던 사람들은 대부분 졸업 후 미술 세계를 떠났다.

찌첸트미하일리 박사는 다음과 같은 결론을 내리고 있다. "화가는 다른 무엇보다도 그림을 그리고 싶어해야 한다. 만약 캔버스 앞에 선 화가가 자신의 그림이 얼마에 팔릴 수 있을지, 또는 비평가가 뭐라고 평가할지를 고민한다면, 독창적인 행로를 추구하기가 애당초 불가능한 것이다. 창조적 성과는 외골수적인 몰입에서 비롯되는 것이다."[31]

흐름이 기능이나 직업, 예술 등에서의 숙달을 위한 선행 조건이듯이, 학습에 있어서도 역시 흐름이 중요하다. 공부할 때 흐름을 타는 학생은 학업 성적 평가에 의해 드러난 잠재성과는 별도의 훌륭한 수행력을 보인다. 수학 성적이 상위 5% 이내에 들어가는 학생들이 다니는 시카고 시에 소재한 특수 과학 고등학교에서 한 교사가 학생들을 상위 성적자와 하위 성적자들로 분류했다.

그 다음 이 학생들이 시간을 사용하는 방법을 관측하기 위해 학생들 각자에게 무선 호출기를 주고 임의의 시간을 선정하여 신호를 보내서 그 시간에 하고 있는 일이 무엇이고 기분은 어떤지를 글로 남기도록 하였다.

그 결과, 하위 성적자들은 일주일에 15시간 정도만을 공부에
사용하고 있었는데, 이는 상위 성적자들이 평균 27시간을 노력
하는 것에 비하면 훨씬 낮은 수치였다. 하위 성적자 대부분은
공부하지 않는 시간을 사교 모임에 쓰거나, 친구나 가족들과
어울리는 것에 소비하고 있었다.

그러나 그들의 기분을 분석했을 때 드러난 사실은 시사하는
바가 매우 크다. 상위와 하위 성적자들은 따분할 때면 모두 TV
시청같이 자신들의 능력에 아무런 자극이 되지 않는 활동에
많은 시간을 소비하고 있었다. 그러한 현상은 10대들에게는 어
쩔 수 없는 것이다.

그러나 중요한 차이는 공부하고 있는 시간의 질에 있었다.
상위 성적자들은 학습의 환희와 도전으로 가득찬 흐름의 상태
가 공부 시간의 40%를 차지하고 있었다. 그런데 하위 성적자들
에게 있어서 흐름은 공부 시간의 16% 밖에 되지 않았다. 오히
려 자신의 능력 이상을 발휘해야 하는 데서 오는 불안을 훨씬
많이 느끼고 있었다. 하위 성적자들이 즐거움과 흐름을 발견하
는 곳은 공부가 아닌 사교 활동 분야였던 것이다.

요약하자면, 자신의 학업적 잠재력의 정점을 넘어서까지 성
과를 거두는 학생들은 흐름의 환희에 끌려서 공부하고 있는
경우가 많았다. 그러나 유감스럽게도 하위 성적자들은 흐름을
경험할 수 있는 학업 기술의 연마에 실패했기 때문에 공부의
즐거움을 놓치는 것은 물론, 앞으로 자신에 대한 즐거움이 될
수도 있을 지적 능력을 높이는 노력을 포기하려고 하고 있었던
것이다.[32]

하버드 대학의 심리학자 하워드 가드너 박사는 다중 지능의 이론을 창시한 사람으로서, 흐름이나 그것을 확인할 수 있는 긍정적인 상태야말로 학생들이 위협이나 보상 등 외부에 의지하지 않고 자발적으로 동기 부여를 가능하게 하는 건전한 교육 방식이 될 수 있다고 주장한다.

"우리가 학생들을 자신의 능력을 개발할 수 있는 영역 내의 학습으로 끌어들이려면 그들의 긍정적 상태를 활용할 수 있어야만 한다."

가드너 교수는 다음과 같이 제안한다.

"흐름은 우리가 과업에 올바르게 몰두하고 있다는 것을 의미하는 내재적 상태이다. 우리는 언제나 무엇인가 좋아하는 것을 찾아서 그것에 몰두하게 된다. 만일 아이들이 싸우거나 소란스럽게 군다면 그것은 지루해 하기 때문이며, 아이가 숙제에 대해 불안해 한다면 그것은 과중한 도전에 억눌려 있기 때문이다. 하지만 그들이 무엇인가 관심을 갖는 것이 있다면 최선을 다할 수 있을 것이고, 그 일에 몰두할 때의 기쁨도 얻게 될 것이다."

가드너 박사의 다중 지능 모델에 의거한 교육을 실시하고 있는 학교들에서 사용하는 학습 전략은 주로 아이들의 선천적인 능력을 발견하여, 강한 부분은 발전시키는 한편, 약한 부분을 강화하는 방책을 취하고 있다.

한 가지 예를 들자면, 선천적으로 음악과 동작에 재능을 갖고 있는 아이는 그렇지 못한 분야보다 그 분야에서 쉽게 흐름에 빠져든다. 따라서 아이의 특성이 밝혀지면, 그에 대한 최적의 자극이 될 수 있도록 교사는 교육 테마의 제시 방법을 조정하는 것이다.

즉, 수업 내용을 그들의 수준에 맞게 학력 부족 보충에서부터 가장 높은 수준의 내용에 이르기까지 적절히 제공하게 된다. 이 작업이 성공하게 되면 학습은 보다 즐거워지고 결코 두렵거나 지루한 대상이 되지 않는 것이다.

"우리의 희망은 아이들이 학습에서 흐름의 기쁨을 경험함으로써 계속해서 새로운 분야로의 도전을 과감히 받아들이게 하는 것이다."

가드너 박사는 경험이 그것을 가능하게 해준다고 덧붙인다.

보다 일반적으로는, 아이들이 자발적으로 몰두할 수 있는-본질적으로는 사랑하는- 분야로 저절로 유도되는 경우처럼, 특정 기술이나 지식 체계의 숙달이 선천적으로 발생하는 이상적인 경우를 생각할 수 있다. 그러한 초기적 정열은 아이가 무용이든, 수학이든, 음악이든 그 분야의 추구가 흐름의 즐거움에 대한 근원이라는 사실을 깨닫게 되면서부터 이루어지는데, 이는 다시 고도의 성취 수준을 향한 바탕이 된다.

그리고 그러한 정열은 흐름을 유지하는 개인의 능력을 일정 한계를 넘어서까지 이끌어 주기 때문에 꾸준한 향상을 위한 가장 중요한 동기 부여가 된다.

그런 학습은 아이들을 행복하게 한다. 또 이러한 정열이야말로 우리가 학교에서 마주치는 어떠한 것보다도 긍정적인 학습과 교육의 모형이 될 수 있다.

우리들 중 학창시절을 기억할 때 다만 일부라도 많은 불안의 순간들로 점철되거나 끊임없는 지루함으로 채워진 시간들을 기억하지 않는 사람들이 과연 몇 명이나 될까? 학습 내에 흐름을 추구하는 것은 교육 영역으로 EQ를 인도하기 위한 인간적이고, 자연스럽고, 무엇보다 효과적인 방법인 것이다.

앞의 내용 모두는 전반적으로 EQ를 생산적 목표로 유도하는 것이야말로 모든 적성의 최고임을 뒷받침하고 있는 것이다.

충동을 컨트롤하고 눈앞의 이익을 지연시키고 자신의 기분을 제어함으로써 사고에 촉진을 가져올 수 있도록 하는 것이든, 실패를 겪더라도 보다 인내심을 갖고 몇 번씩 재시도하도록 자신을 동기 부여하는 것이든, 흐름에 이르는 길을 모색하여서 보다 효율적으로 수행하는 것이든, 이 모든 것은 효과적인 노력을 인도해 내는 감성지능*EQ*의 위력을 대변하고 있는 것이다.

제7장

감정이입의 뿌리를 찾아서

　여기서 자신은 물론, 자기 아내인 엘렌의 감성에 대해서까지 무감각함을 보여주어서 그녀를 몹시 고통스럽게 했던, 우수한 외과 의사이면서도 '공감각 무능력증' 환자인 게리의 경우를 다시 한번 살펴보도록 하자. 대부분의 공감각 무능력증 환자가 그렇듯이, 그도 역시 통찰력과 감정이입 능력 모두가 부족했다. 엘렌이 기분이 저조하다고 이야기해도 게리는 동정할 줄을 몰랐다. 그녀가 애정에 대해 이야기하면 그는 화제를 돌렸다. 그는 아내가 하는 일에 대해 '유익한' 비판을 가하지만 그러한 비판이 그녀에게는 비난으로 들릴 뿐, 아무런 도움도 되지 못한다는 사실을 깨닫지 못했다.

　감정이입은 감정의 자기 인식 위에 성립한다. 우리는 우리 자신의 감정에 대해 개방적일 때 남들의 감정을 읽어 내는 능력에서도 우수성을 보이게 된다.[1] 게리와 같은 공감각 무능력증 환자는 자신이 어떻게 느끼는가에 대해 아는 바가 없기 때문에, 자기 주위의 사람들에게도 그들의 감정에 관련된 완전한 무지함을 보여준다.

이들은 감성적으로 장님과 다를 바 없다. 사람들의 말과 행동에 흐르는 일련의 감정적 기호와 화음에 주목을 하지 못하고 지나쳐 버린다. 즉, 무엇인가를 나타내는 음조나 자세의 변화, 또는 의도적 침묵이나 비밀을 밝힐 때의 떨림 등을 지나쳐 버리는 것이다.

자신의 감정에 대해 혼란을 겪는 공감각 무능력증 환자들은 또한 다른 사람들이 이들에게 감정을 표현할 때에도 당혹스러워한다. 이와 같이 타인의 감정을 입력하지 못하는 증세는 EQ의 관점에서는 중대한 결함 중의 하나로서, 인간적이라는 측면에서 치명적인 결함을 갖고 있음을 뜻한다. 왜냐하면 친밀한 인간관계를 형성하는 근원은 감성적 조율, 다시 말해서 감정이입 능력에서 비롯되기 때문이다.

이와 같이 타인의 감정을 파악하는 수용 능력은 세일즈나 경영 관리, 또는 연애나 육아에서부터 동정심과 정치 행동에 이르기까지, 광대한 삶의 영역에서 두루 활용된다. 감정이입이 없다는 것은 그 자체로 중대한 의미를 갖는다. 감정이입 부족증은 정신병 범죄자와 성추행범, 아동 학대자 등에서 쉽게 발견할 수 있다.

사람들의 감정은 말로 표현되는 일은 드물며, 보통은 여러 가지 단서들을 통해 표현된다. 타인들의 감정을 파악하는 기술의 핵심은 그 사람의 음조, 몸짓, 표정 등의 언어적 전달 수단을 해독하는 능력이다. 그와 같이 비언어적 의미를 읽어 내는 인간 능력을 대상으로 시행된 연구 중 가장 주목할 만한 것으로는,

아마도 하버드 대학의 심리학자 로버트 로젠탈 교수와 그의
제자들이 실시한 조사일 것이다.

로젠탈 박사는 감정이입에 관한 검사를 위해 PONS(Profile of
Nonverbal Sensitivity: 비언어적 감수성 프로필)란 테스트를
개발하였다. 이는 한 여자 배우가 혐오에서부터 모성애에 이르
기까지 다양한 감정을 표현하는 것을 찍은 일련의 비디오 테이
프를 보여주면서 시작된다.[2]

이때 각 비디오의 화면들은 질투로 격노한 모습, 용서를 구하
는 모습, 감사를 표현하는 모습에서부터 유혹하는 모습 등에
이르기까지 다양한 장면의 스펙트럼으로 구성되어 있다. 단,
각각의 테이프들은 한두 가지씩의 비언어적 커뮤니케이션들이
의도적으로 삭제, 편집되어 있는데, 이를테면 어떤 장면에서는
대사가 들리지 않거나, 얼굴 표정을 제외하고는 아무런 단서도
찾을 수 없게 되어 있다. 또는 주요한 비언어적 커뮤니케이션의
흐름에 의거하여 오직 신체 동작만 보이는 따위로 진행되어,
관람자들이 한 두 가지의 구체적 언외(言外)의 단서들을 탐측
해내도록 이루어진 장면들도 있다.

미국을 포함한 18개국 총 7천 여명의 피험자들을 대상으로
검사를 한 결과, 비언어적 단서들을 통해 감정을 해독할 수 있
는 사람들은 감성적 측면에서 보다 훌륭한 적응력을 보이고,
보다 대중적이고, 보다 개방적이고, 또한 그리 놀랄 만한 일도
아니지만 보다 풍부한 감수성을 보이는 장점을 누리고 있는
것으로 밝혀졌다.

대체적으로 볼 때, 여성들이 이러한 감정이입에서 남성들보

다 뛰어나고 있다. 또한 45분 동안의 검사 과정을 거치는 동안에 감정이입 능력을 발휘하여 향상된 성과를 보인 사람들은 이성 관계에서도 발전된 결과를 보여주었다. 누구나 학습할 수 있는 감정이입 능력은 애정 생활에도 도움이 되는 것이다.

EQ의 여러 요소들에 대한 사실을 조사하는 과정에서 로젠탈 박사는 상기한 감정이입의 점수와, SAT 및 IQ 검사의 점수 사이에는 단 한 가지의 관련성만이 존재함을 알게 되었다. 그것은 감정이입이 학업 지능과는 별개이듯이, 학생들의 PONS 검사 점수도 학업 지능과는 아무 관련이 없다는 사실이다.

1,011명의 아동들을 대상으로 한 실험에서 비언어적 감정을 해독하는 것에 대한 재능을 보인 아이들은 학급 내에서 친구들 사이에 가장 인기가 있었고, 감정적으로도 가장 안정적이었다.[3] 또한 이 학생들은 PONS 검사의 비언어적 의미를 파악하는 능력이 뒤처지는 아이들에 비해서 특별히 IQ가 높지 않았음에도 불구하고 학업 성적이 뛰어났다. 이는 감정이입 능력의 터득이야말로 학습에서의 효율성 발휘에 지름길이 될 수 있음을 실증하는 것이다.

더 간단히는 감정이입 능력이 있는 아동 쪽이 교사에게 더욱 호감을 받게 된다는 의미이기도 하다.

지성적 정신의 방식이 언어라면, 감성적 정신의 방식은 비언어이다. 실제로도, 사람들의 말하는 내용이 목소리의 톤이나 몸짓, 기타 비언어적 경로를 통해 전달되는 내용과 일치하지 않는 경우가 있다. 이때 그의 실제의 감정은 그가 무엇을 말했는가 보다는 어떻게 말했는가에 따라서 좌우되는 것이다. 커뮤니케이션에 대한 연구 결과, 감성적 메시지의 90% 이상은 비언어적인 수단으로 이루어진다. 목소리에서 감지되는 불안과 빠른 몸동작에서 알 수 있는 신경질이 낮음을 표현하는 메시지는, 거의 항상 메시지의 내용이 무엇인가에 주의를 집중하기보다는 무언(無言)의 그것들을 받아들이고 반응하는 식으로 무의식적으로 전달되는 것이다.

사람들로 하여금 감성적 의사 소통을 잘 할 수 있게끔 하는 것 역시 무언으로 학습되는 것이다.

감정이입의 전개방식

겨우 9개월 밖에 되지 않은 호프는 다른 아기가 넘어지는 것을 보고는 두 눈에 눈물이 그렁그렁해져서 마치 자기가 다친 것처럼 어머니에게 기어가서 위로를 받으려고 했다.

또한 생후 15개월 된 마이클은 울고 있는 친구 폴에게 자기의 곰 인형을 가져다 주었는데, 그래도 울음을 그치지 않자 자기 전용 담요를 꺼내다 주었다. 이상의 동정과 배려의 행동은 그러한 감정이입적 행동이 발휘되는 순간을 기록하도록 교육받은 어머니들에 의해 관찰된 내용이다.[4] 이 연구 결과, 감정이입의 뿌리는 유아 초기로까지 거슬러 올라가는 것으로 밝혀졌다. 실제로도 아이들은 태어나는 순간부터 다른 아이가 우는 소리를 들으면 혼란스러워 한다. 이를 두고 감정이입의 초창기적 징후를 보이는 반응이라고 한다.[5]

인간은 자신이 다른 사람들과는 분리된 개체라는 사실을 제

대로 깨닫기 이전인 유아기부터 공감에 관계된 고통을 느낀다
고 발달 심리학자들은 주장한다. 태어난지 몇 개월 지나지 않아
유아는 자기 주위의 사람들이 겪는 혼란을 마치 자기 것인 양
받아들이고 다른 아이가 우는 것을 보면 같이 눈물을 흘린다.
1살 때부터는 그러한 비극이 남의 것임을 깨닫게 되지만, 어떤
행동을 취해야 좋을지에 대해서는 여전히 혼란스러워 한다.

뉴욕 대학의 마틴 호프만 교수가 실시한 연구 결과에 따르면,
한 살짜리 아이는 자기 친구가 울면 설령 그 친구의 어머니가
같은 방에 있더라도 이를 무시하고 자기 어머니에게 친구를
위로해 달라고 데리고 온다고 한다. 이와 같은 혼란은 한 살짜
리 아이들이 다른 아이들의 고통을 모방하는 행위에서도 잘
나타나는데, 이는 타인의 감정을 보다 잘 이해하기 위한 행위의
일종이다. 예를 들어 다른 아이가 손가락을 다쳤을 때 자신의
손가락을 입에 넣고 다쳤는지를 알아보려고 한다. 어머니가
눈물을 흘리면 아기는 눈물이 흐르지 않는데도 자기 눈을 훔치
기도 한다.

이러한 현상을 나타내는 '동작의 모방'이라는 명칭은 원래
미국의 심리학자 E.B. 티치너 박사가 1920년대에 감정이입이
란 단어를 기술적 의미로 사용한 것으로부터 비롯된다. 감정이
입(Empathy)의 의미는 본래 그리스어로 '-의 내부를 느끼는
(feeling into)'이란 의미의 *empatheia*를 영어로 바꾸어 약간
변형시킨 것으로서, 원래는 타인의 주관적 경험을 지각하는 능
력을 나타내기 위해 미학 이론가들이 사용했던 용어이다. 티치
너 박사의 이론에 의하면, 감정이입은 타인의 고통에 대해 일종

의 신체적인 모방에서 연유한 것으로서, 자기 자신 내에 그와 동일한 감정을 일으키는 것을 의미한다. 여기서 그는 타인의 일반적인 재난에 대해 느끼는 점은 같지만, 당사자가 느끼는 바를 자기 것으로 하지는 않는다는 의미의 공감(Sympathy)과는 구분되는 다른 의미로 감정이입이라는 용어를 사용하는 것이다.

동작의 모방은 갓난애가 2살 반이 될 무렵부터 그의 행동 패턴에서 사라지게 되는데, 이 시점에 이른 아이는 타인의 고통은 자신의 고통과는 다른 것임을 인식하게 되고, 또 남을 위로해 주는 능력도 훌륭해진다. 한 어머니의 일기가 보여주는 전형적인 사건을 예로 들어보자.

이웃집 아이가 운다… 제니는 그 아이에게 다가가 과자를 주려고 했다. 제니는 그 아이의 주위를 맴돌며, 훌쩍거리기 시작했다. 제니가 그 애의 머리카락을 쓰다듬자, 아이는 몸을 피한다… 아이가 조용해진 뒤에도 제니는 여전히 불안스러운 표정이다. 제니는 인형들을 계속 갖다 주고 그 아이의 머리와 어깨를 토닥거린다.[6]

어린이의 성장 과정에서 이 시점에 이르면 제니와 같이 여전히 예민한 감수성을 유지하는 아이들도 있고, 관심을 중단하는 아이들도 있지만, 전반적으로는 타인의 감정적 혼란에 대한 감각으로부터 하나 둘씩 이탈하기 시작한다.

국립 정신의학연구소의 연구원인 애로우 박사와 왁슬러 박사가 시행한 일련의 연구에 의하면, 이러한 감정이입적 관심에서 보이는 차이는 상당 부분이 부모가 자식들을 어떻게 양육하는가에 따라 좌우된다고 한다.

이를테면 "그럼 못써!"라고 말하는 것보다 "너 때문에 저 애 마음이 얼마나 슬프겠니?"하는 식으로 자신의 잘못 때문에 다른 사람이 겪게 되는 고통에 주목하도록 훈련받을 때, 아이들은 보다 많은 감정이입을 보이게 된다. 또한 아이들의 감정이입은 제 3자의 고통에 대해 상대가 어떻게 반응하는지를 관찰하는 과정에서 형성되기도 한다. 보는 대로 흉내내는 과정을 겪으면서 아이들은 감정이입적 반응들을 발전시킨다. 이는 고통스러워 하는 사람들을 도와줄 때 특히 두드러진다.

감성적으로 잘 조율된 어린이

사라는 25살에 마크와 프레드 쌍둥이를 낳았다. 그녀의 생각에 마크는 자기를 닮고, 프레드는 아빠를 닮은 것처럼 느껴졌다. 이러한 인식으로 말미암아 그녀가 두 아이를 다루는 방식에는 분명하지만 겉으로는 잘 드러나지 않는 차이가 생길 수밖에 없었다. 아이들이 3개월이 될 무렵부터 사라는 프레드와 시선을 마주치려고 했다. 프레드가 얼굴을 돌리면 그녀는 다시 그의 눈을 쫓아가 응시하였다.

프레드는 엄마의 시선을 피함으로써 감정이입적으로 대응하려고 했다. 그러다가 그녀가 다른 데로 눈을 돌리면 이번에는 프레드가 그녀를 바라보았다. 그 과정에 시선 추적과 회피는 반복되었고, 때때로 프레드는 울음을 터뜨리기도 하였다. 그러나 마크의 경우에는 프레드에게 그랬던 것처럼 시선 접촉을 강요하지 않았다. 마크는 자기가 원하기만 하면 언제든지 시선을 돌릴 수 있었고, 그런 아이의 눈길을 그녀는 쫓지 않았다.

작은 행위였지만 그 영향은 컸다. 1년 뒤, 프레드는 마크에 비해 눈에 뜨일 정도로 무서움을 잘 타고 의존심도 커졌다. 그는 생후 3개월 때 엄마에게 그랬듯이, 자신의 두려움을 드러내는 방식의 하나로써 얼굴을 돌리거나 떨구면서 시선을 회피했다. 마크는 이와 대조적으로 사람들을 똑바로 쳐다보았다. 시선을 거두고 싶으면 살짝 고개를 위로 또는 옆으로 돌리면서 득의양양한 미소를 지으면 그만이었다.

이 쌍둥이와 그들의 어머니는 그 무렵 코넬 의과 대학의 정신과 교수 다니엘 스턴 박사가 시행하던 연구에 참가하여 상세한 관찰을 받았다.[7] 스턴 교수가 제일 관심을 갖는 것은 어머니와 자녀간에 발생하는 작지만 꾸준한 정서 교환으로서, 그는 감성 생활의 가장 중요한 교훈들은 바로 이 친밀한 순간에 들어 있다고 믿고 있었다. 그러한 순간에서 가장 중요한 것은 아이들로 하여금, 스턴 박사가 '조율'이라고 지칭한 과정을 통해 자신의 감정이 타인의 감정이입에 의해 받아들여지고 수용되고 보답받는다는 것을 알게 되는 순간이다. 쌍둥이의 어머니는 마크와는 조율을 이루고 있었지만, 프레드와는 이탈되어 있었다.

스턴 박사는 부모와 자녀간에 여러 가지 조율과 비조율이 반복되는 동안에 어른이 되어서 자기와 가장 가까운 사람들에게 전해 주게 될 감성적 기대치들이 형성된다고 하였다. 이는 유아기의 어떤 사건보다도 더욱 극적인 것이라고 하겠다.

감성적 조율은 상호 관계의 리듬처럼 묵시적으로 이루어진다. 스턴 교수는 어머니와 아기가 함께 있는 여러 쌍의 모습을 몇 시간 동안 비디오에 녹화함으로써 매우 정확하게 조율의 과정들을 연구할 수 있었다. 여기서 그는 어머니들이 아기들의 감정을 감지하고 있음을 조율을 통해서 알려준다는 사실을 발견해 내었다. 예를 들어, 아기가 즐거워서 소리를 질러대면 어머니는 부드럽게 안아 준다든지, 속삭인다든지, 아기가 지르는 소리에 맞춰 같이 소리를 질러 줌으로써 아기의 기쁨을 확인시켜 주었다.

또 아기가 딸랑이를 흔들면 어머니는 그 응답으로 아기를 안고 흔들어 주었다. 이렇게 아기의 감성적 메시지를 확인해 주는 상호 작용은 어머니 편에서 아기의 흥분 정도에 맞춰 줌으로써 일어난다. 이러한 작은 조율만으로도 유아는 어머니와 감성적으로 결합되어 있다는 느낌을 갖게 되는데, 스턴 교수가 관찰한 바에 따르면 어머니들은 아기들과 상호 작용하는 과정에서 약 1분에 한 번씩 이러한 메시지를 보내고 있었다.

조율은 단순한 모방과는 전혀 다른 것이다. 스턴 교수는 이렇게 말한다. "만약 아기의 행동을 단순히 흉내만 낸다면, 그것은 그가 무엇을 하고 있는지를 알고 있다는 것을 보여줄 뿐인 것이며, 그의 감정을 알고 있음을 보여 주는 것은 아닌 것이다. 아기에게 자신의 느낌을 감지하고 있음을 알게 하려면, 다른 방식을 통해 그의 내적인 감정을 재생해 내야 한다. 그래야 아기는 자기가 이해 받고 있다고 느끼게 된다."

성인의 생활에서 볼 수 있는 앞의 모자간의 친밀한 조율과

가장 유사한 것은 아마도 성행위일 것이다. 스턴 교수는 자신의
저서에서 성행위를 '상대방의 주관적 상태를 상호 감지하는 경
험으로서, 욕구의 공유, 합치된 의지, 동시적으로 변화하는 흥
분 상태'라고 정의하고 있다. 즉, 친밀한 깊은 관계라는 묵시적
인 느낌이 동시에 상호 작용으로 일어나는 것이다.[8]

성행위는 올바르게 이루어지면 상호간에 진정한 감정이입을
보여주지만, 잘못되면 감성적 상호 관련성의 부재를 보여주게
되는 것이다.

잘못된 조율의 대가

스턴 교수는 아기가 반복되는 조율을 겪는 동안, 자신의 감정
을 다른 사람들이 공유하려고 하고, 또 그들에게 그럴 능력이
있음을 감지하게 된다고 주장한다. 이와 같은 감각이 시작되는
지점은 대략 생후 8개월 무렵인데, 이때부터 아이들은 자기라
는 존재가 타인들과 분리되어 있고, 생애를 통해서 반복되는
친밀한 관계에 의해 계속 형상화된다는 사실을 깨닫는다. 만약
부모가 아이에게 잘못된 조율을 보이면 아이는 심각한 혼란을
겪게 된다.

한 실험에서 어머니들에게 의도적으로 자기 아기들에 대한
반응을 조율된 방식으로 하지 않고 때로는 과도하게 또는 매우
저조하게 하도록 시켰더니, 아기들은 금방 실망과 고통을 드러
내 보였다.

부모와 아기 사이에 상당 기간 조율이 없을 때에 아기는 엄청

난 감성적 희생을 치러야 한다. 어머니가 아이가 보이는 즐거움 눈물 포옹의 욕구 등 특정 영역의 감정에 대한 감정이입 표시를 계속 중단하면, 아이는 그러한 감정을 표현하거나 심지어 느끼는 것조차 회피하게 된다. 마찬가지로 친밀한 상호 관계의 행동에 관한 감정이 말소되는 경우까지도 벌어질 수 있는데, 그런 현상은 유아기를 통해서 그러한 감정들이 은연중이든 표면적이든 지속적으로 거부당할 때 일어나게 된다.

이와 마찬가지로, 어떠한 기분이 호응을 받는가에 따라 아이들은 부적절한 감정 영역을 선호하게 될 수도 있다. 어린아이라고 할지라도 기분을 '감지할' 줄 안다. 예를 들어, 우울증에 걸린 어머니의 3개월 된 아이는 정상적인 어머니의 아이들에 비교해서 그들과 함께 놀 때도 훨씬 많은 분노와 슬픔을 보이고, 자발적인 호기심과 흥미가 매우 약한 것을 보여줌으로써 어머니의 기분을 그대로 모사(模寫)하고 있다.[9]

스턴 박사의 연구 내용에는 자기 아이의 활동에 대해 항상 과소한 반응만을 반복한 어느 어머니의 사례가 있다. 그녀의 아이는 결국 소극적인 아동이 되어 버렸는데, 스턴 박사는 이렇게 평가하고 있다.

"아이가 그런 대우를 받는 동안에 '내가 흥미 있을 때에 엄마도 흥미가 있었으면 좋겠는데, 그렇게 되지가 않아. 다음부터는 아예 시도도 하지 말아야겠어'라고 생각하게 된 것이다."

그러나 '회복적' 인간관계를 겪으면 이런 태도도 고쳐질 수 있다.

"인생을 통해 반복되는 친구나 친척, 또는 심리치료사 등과의 인간관계는 실제적 인간관계에 대한 모형들을 재형상화 해 준다. 한 곳에서 불균형이 생겨도 그 다음 단계에서 고치면 그 만이다. 그것은 끝없이 진행되는 평생 과정이기 때문이다." 스 턴 교수는 말했다.

실제로도 심리 분석 이론에 의하면, 회복적 관계가 감성의 수정과 함께 치료에 의한 조율의 경험을 제공해 주게 된다. '투영화'는 마치 어머니가 아이에게 조율하듯 자신의 환자에게 내 부 상태에 대한 이해력을 제공해 주는 심리치료사의 활동을 묘사하기 위해 심리분석자들이 사용하는 용어이다. 이는 환자 가 아무리 심오한 인정과 이해를 받고 있는 느낌을 가지더라도 감성적 일치는 쉽게 드러나지 않고 의식의 밖에 머물러 있기 때문에 필요한 작업인 것이다.

유아기에 있어서의 감성 조율의 부족은 어린이 뿐만 아니라 어른이 된 후의 인생에도 정서에 깊은 상처를 남긴다. 끔찍하고 잔인하기 그지없는 범죄를 저지른 사람들을 대상으로 연구 조 사를 해 보면, 다른 범죄자들로부터 구별되는 유아 시절의 특징 들로서 대개 양부모 집을 전전하거나 고아원에서 성장한 경우 가 보통이다. 이는 살아오는 동안 감성적인 무지를 겪었고, 조 율의 기회가 거의 없었음을 의미하는 것이다.[10]

감성적 무지는 곧 감정이입의 둔감성을 가져온다. 반대로 잔 인하거나 변태적인 협박, 모욕, 악의와 같은 감정적 남용을 장 기간 겪을 때에는 오히려 역설적인 결과가 발생한다. 과도한 학대에 시달린 아이들은 자기 주변 사람들의 감정에 대해 오히 려 너무나 민감한 반응을 보이는데, 이는 위협 신호로 보이는 단서들에 대한 PTSD(심리적 충격에 따르는 스트레스 장애)의 한 형태로 생각할 수 있다. 비정상적으로 타인들의 감정에 집착하는 이러한 증세는 심리적으로 혹사당한 아동들의 특징이다. 그리고 그들이 성인이 되면 변덕스럽고 격렬한 감정의 기복을 보이게 되는데, 이를 두고 의사들은 '경계형(境界型) 인격 장애'라고 부른다. 그런 사람들 중 상당수는 주변 사람들의 감정을 감지하는 데에 선천적인 재능을 갖고 있으며, 대개는 유아 시절에 감정적 학대를 당했다고 밝히는 예가 일반적이다.[11]

감정이입의 신경회로

신경학 분야에서 자주 볼 수 있는 일이지만, 감정이입에 관한 두뇌 연구 분야의 초창기 연구 가운데에는 기괴하고도 기묘한 사례들이 보고되고 있다. 한

예로 1975년의 연구에는 전두엽의 우측 부분에 손상을 입은 환자들이 보이는 특이한 결함이 보고되어 있다. 이 환자들은 다른 사람들의 말을 이해하는 데에는 전혀 문제가 없었지만 그들의 음성을 통한 감성적 메시지는 제대로 이해하지 못했다. 비꼬듯이 "고맙군요." 라고 말하는 것과 진정으로 고마워서 "감사합니다." 하는 것과 분노의 "고맙군!"이라고 말하는 것을 분간하지 못하고 모두 똑같은 중간적 의미로 받아들였다.

반대로 1979년의 연구에서는 우뇌의 다른 부위에 손상을 입고 감정적 지각에서 심한 격차를 보여주고 있는 환자들에 대한 기록이 있다. 이 환자들의 경우는 음조나 몸짓을 통한 감정 표

현을 제대로 하지 못했다. 자기가 무엇을 느끼고 있는지는 알고 있지만, 그것을 올바로 표현하지는 못했던 것이다. 많은 연구를 통해 지적되듯이, 이 모든 피질 관련 두뇌 영역들은 모두가 대뇌 변연계와 긴밀하게 연계되어 있다.

앞의 사례들은 캘리포니아 의대의 정신과학과 브러더스 교수가 감정이입의 생물학적 측면을 주제로 작성한 논문에서 발췌한 내용이다.[12] 브러더스 교수는 신경학적 발견 사실과 동물을 대상으로 한 비교 연구를 통해 감정이입의 바탕이 되는 가장 핵심적인 두뇌 회로는 편도와 그것이 시각 피질 영역에 연결되는 부위라는 것을 지적하고 있다.

우수한 신경학 연구의 상당수는 동물, 그것도 대개 영장류를 대상으로 한 실험에서 추출되고 있다. 이 영장류들이 감정이입 -브러더스 교수는 '감성적 커뮤니케이션'이라고 표현한다-을 보인다는 사실은 여러 사례들을 통해 알려지고 있지만, 다음과 같은 연구를 통해서도 뚜렷이 입증되고 있다.

우선 원숭이들에게 정기적으로 전기 충격을 주고 그때마다 어떤 특정한 소리를 들려주어서 그 소리에 공포를 느끼도록 훈련시킨다. 그런 다음 소리가 들리면 언제든지 스위치를 당겨서 전기 충격을 피하는 방법을 익히게 한다. 다음으로 원숭이들을 서로 다른 우리에 가두고, 유일한 커뮤니케이션 통로인 폐쇄회로 모니터를 통해 서로의 얼굴을 볼 수 있게 한다.

그 다음에는 한쪽 우리의 원숭이들에게만 공포의 소리가 들리게 해서 무서워하는 표정을 짓도록 만든다. 그 순간, 이 원숭이들의 얼굴에 떠오른 공포를 본 다른 우리의 원숭이들은 즉시

충격을 제지하는 손잡이를 당겼다. 이것이 바로 애타주의 내지
는 감정이입의 행위인 것이다.

인간이 아닌 다른 영장류들도 자기 짝의 표정에서 감정을
읽는다는 사실을 이론적으로 밝히기 위해, 연구가들은 원숭이
들의 두뇌에 길고 가느다란 전극들을 삽입해서 각각의 신경
세포가 활동하는 모습을 기록하였다. 그 결과 시각 피질과 편도
의 신경계에 설치된 전극들은 한 원숭이가 다른 원숭이의 얼굴
을 볼 때, 그 정보가 우선 시각 피질의 신경 세포에 불이 켜지고,
다음으로 편도의 불이 켜지는 순서를 밟고 있음을 보여주었다.

이러한 순서는 물론 감정적 흥분을 일으키는 정보에 대한
일종의 표준적인 경로라고 할 수 있지만 이 연구에서 또 다른
놀라운 결과도 발견되었다. 그것은 위협적으로 입을 벌린다든
지, 험악한 인상을 짓는다든지, 복종의 표시로 몸을 꾸부리는
것과 같은 특별한 표정과 제스처에 대응해서만 불이 켜지는
신경 세포들을 확인할 수 있었던 것이다. 이 신경 세포들은 친
숙한 표정들을 함께 인식하는 동일 지역의 다른 세포들과는
뚜렷이 구분되었다.

이는 원래부터 특정한 감정 표현에만 대응하기 위해 설계된
두뇌가 있음을, 다시 말해서 감정이입은 생물학적인 조건임을
의미하는 것이라고 할 수 있다.

감정의 해독과 대응에 관련해서 편도로부터 피질로 이어지
는 경로가 갖는 핵심적 역할을 보여주는 또 다른 증거는 편도와
피질 사이의 고리가 절단된 야생 원숭이들의 연구에서 나타난
다. 그중 한 원숭이가 무리 속으로 들어왔을 때, 음식 섭취라든

지 나무에 오르는 따위의 일상적인 일을 하는데는 우수한 경쟁력을 보여주었다. 하지만 이 불행한 원숭이는 무리 내에서 다른 원숭이들에게 어떻게 대응해야 하는가의 감각을 갖고 있지 못했다. 심지어 다른 원숭이가 친근감을 표하는데도 도망치기만 하다가 결국 무리와 소원한 관계를 유지한 채 외톨이로 살아야 했다.

브러더스 교수는 감정을 전문적으로 관리하는 신경 세포들이 집중되어 있는 피질 영역일수록 편도와의 연계성도 더욱 강력하다고 했다. 즉, 감정을 해독하는 능력에는 적절한 대응의 조절에 핵심적 역할을 담당하는 편도-피질 회로가 관여하고 있다는 점이다. 그는 다음과 같이 말한다. "영장류에게 있어서 그러한 체계는 생존하기 위해서 필수적인 것이다." "다른 동물이 접근하는 것을 인식하면 그것이 자신을 해치기 위한 것인가, 서로의 몸단장을 해주기 위한 것인가, 아니면 교미하기 위한 것인가에 따라 조절된 생리적 반응을 매우 신속히 하지 않으면 안되기 때문이다."[13]

우리 인간에게 있어서도 감정이입에 관련하여 앞서와 유사한 생리적 기반이 존재한다는 것을 캘리포니아 버클리 대학의 심리학과 로버트 레벤슨 교수가 밝혀 내었다. 그는 여러 쌍의 부부를 대상으로 하여 이들에게 열띤 토론을 통해서 자기 배우자가 무엇을 느끼고 있는지를 짐작하게 하는 실험을 수행하였다.[14] 그의 방식은 간단하다. 부부들이 결혼생활과 관련하여 겪는 육아, 소비 패턴 등 여러 문제점들에 대해 토론을 하는 동안, 비디오 카메라는 이들의 신체적 반응을 촬영한다. 다음에 두 사람은 돌아가면서 테이프를 검토한 뒤에 그때마다 자기가 느꼈던 것이 무엇이었는지를 이야기한다. 그런 다음 각 배우자들은 다시 테이프를 돌려보면서 이제는 상대방의 감정을 읽어내도록 한다.

이 실험에서 상대의 감정을 가장 정확하게 간파한 것은 비디오 화면에 비치고 있는 배우자의 생리적 반응의 흐름을 좇아 자신도 동일한 생리적 반응을 나타낸 사람들이었다. 즉, 자기 짝이 계속해서 땀을 흘리면, 그들 역시 땀을 흘렸다. 또 배우자의 심장 박동이 떨어지면, 그들 역시 심장 박동이 늦어졌다. 다시 말해서, 그들의 몸은 자기 배우자의 미묘하고도 순간적인 신체 반응을 닮아 갔던 것이다. 그러나 이 독창적인 관계에서 상대의 동작을 지켜보는 사람이 그저 자기의 생리적 패턴만을 되풀이한 경우에 이들이 자기 짝의 감정을 추측하는 능력은 매우 뒤떨어졌다. 반드시 서로의 신체적 반응이 동시에 나타날 때에 감정이입도 일어났던 것이다.

이러한 사실을 통해서 감성두뇌가 분통 따위 등으로 신체에 강력한 반응을 불러 일으킬 때에는 감정이입은 존재할 수 없음을 알 수 있다. 타인들에게 감정이입을 하려면 상대방이 분출하는 미묘한 감정 신호를 감성의 두뇌로 수용하고 모방할 수 있을 정도의 평정과 수용성이 필요한 것이다.

감정이입과 윤리의식 : 애타주의의 뿌리

"저 종소리가 누구를 위한 것인지 알려고 하지 마라: 그대를 위해 울리는 것이리니…"

이 글은 영국 문학 작품에 나오는 유명한 구절이다. 작가 존 돈의 감수성은 감정이입과 배려가 만나는 지점에 남의 고통을 내 것으로 받아들이려는 마음이 있음을 이야기하고 있다. 타인의 감정을 느끼는 것은 그 사람을 배려하려는 것이다. 이런 의미에서 본다면 감정이입의 반대는 '반감'이라고 할 수 있다.

감정이입적인 태도는 도덕적 가치 판단을 내릴 때에 관여하게 되는데, 왜냐하면 윤리적인 딜레머에는 대부분 잠재적인 희생자들이 포함되어 있기 때문이다. 친구의 마음을 상하게 하지 않기 위해 거짓말을 하는 것이 옳은가? 아픈 친구를 방문하겠다는 약속을 지켜야 할 것인가, 아니면 급작스럽게 날아온 저녁 식사 초대에 응해야 할 것인가? 그것이 없으면 죽게 될 사람을 위해 생명 유지 장치를 언제까지 작동시켜야 할 것인가?

이러한 도덕적 질문들은 전문적으로 감정이입을 연구해 온 마틴 호프만 박사에 의해 제시된 것인데, 그는 도덕의 근원이 감정이입에 있다고 주장한다. 그 이유로서 고통이나 위험, 궁핍 등으로 고통받는 잠재적 희생자들에게 감정이입하고 그들의 고통을 공유함으로써 그들을 도울 수 있는 동기가 발생하기 때문이라고 한다.[15] 그는 이와 같이 개인적인 접촉에서 볼 수 있는 감정이입과 애타주의의 직접적인 관계와는 별도로, 남의 입장에서 생각하는 감정이입적 능력이야말로 인간에게 일정한 윤리 원칙들을 따르게 하는 계기가 된다고 주장하고 있다.

호프만 박사는 감정이입 능력은 유아기 때부터 자연스럽게 발달하는 성질을 갖고 있다고 본다. 앞의 예에서도 볼 수 있었듯이 한 살짜리 어린아이라도 다른 아이가 넘어져 우는 것을 보면 고통스러워 한다. 때때로 이들의 관계는 너무도 강력하고 즉각적이어서 감정이입을 느끼는 아이가 우는 아이를 만나면 마치 자기가 다친 것처럼 입에 손가락을 넣거나 우는 아이의 머리를 자기 엄마 무릎에 기대어 주기도 하는 것이다. 한 살이 지나서 자신이 타인과 별개라는 인식을 가질 무렵부터는 아이들은 자신의 곰 인형을 주는 적극적인 방식으로 우는 아이를 달래기 시작한다.

두 살 무렵에 이르러 다른 사람들의 감정은 내 것과 다르다는 사실을 깨닫기 시작하고부터는 타인들이 실제로 느끼는 것이 무엇인지를 가르쳐 주는 단서를 찾기 위해 촉각을 곤두세운다. 이 시점부터 이들은 다른 아이들의 자존심이라는 거울을 통해 그 아이들이 눈물을 흘릴 때 이를 처리하는 가장 좋은 방법은 쓸데없이 그들에 대해 관심을 갖는 것이 아닐 수도 있다는 사실을 깨닫게 된다.

유아기가 지날 무렵부터 아이들에게는 현재 상황을 넘어선 고통의 이해가 가능하게 되고, 타인들의 조건과 삶의 상황들이 만성적 고통의 근원이 될 수 있다는 사실을 깨달으면서 매우 발달된 차원의 감정이입 능력을 갖게 된다. 이 시점부터 이들은 가난한 사람들, 억압받는 사람들, 또는 소외 받는 사람들과 같은 공동체 구성원들의 재난에 대해 동정심을 갖게 된다. 이러한 이해력은 청소년기가 되면서부터 불행이나 부당함을 없애겠다는 윤리적 신념을 지탱하는 버팀목이 된다.

감정이입은 도덕적 가치 판단과 행동의 여러 국면들에 대한 바탕을 이룬다. 그중 한 가지인 '감정이입적 분노'는 철학자 존 스튜어트 밀에 의해 "타인들에게 상처를 주는 것이 우리 자신에게도 상처가 되는… 그런 아픔에 적용될 수 있는… 지성과 공감에 의해 표출되는 자연스러운 복수의 감정"으로 묘사되었다. 밀은 감정이입이야말로 '정의의 사도'라고 극찬하고 있다. 감정이입이 도덕적 행동을 이끈다는 또 다른 예는 방관자가 희생자를 위해 중재에 나서는 경우를 들 수 있다.

연구에 의하면 방관자가 희생자에 대해 좀더 많은 감정이입을 느끼면 느낄수록 중재에 나설 확률도 더욱 높아진다. 사람들이 느끼는 감정이입의 수준은 그들의 도덕적 판단에도 영향을 미친다는 증거가 제시되고 있다. 예를 들어, 독일과 미국에서 실시된 연구에 따르면, 감정이입적인 사람들일수록 자원의 배분이 사람들의 필요에 따라 이루어져야 한다는 윤리적 원칙을 지지하고 있음이 드러났다.[16]

감정이입이 없는 삶 : 아동학대자의 정신, 정신이상자의 도덕

에릭 엑카드는 악명 높은 범죄에 연루되어 있었다. 스케이팅 선수 토냐 하딩 양의 경호원이었던 그는 하딩 양의 라이벌이자 1994년 동계 올림픽 피겨 스케이팅의 가장 강력한 금메달 후보였던 낸시 케리건 양을 피습했던 것이다. 이 사건으로 인해 케리건 양은 무릎에 타박상을 입고 매우 중요한 월간 훈련 일정을 휴식 기간으로 대체해야만 했다.

그러나 엑카드는 흐느끼는 케리건 양을 TV에서 본 뒤, 느닷없이 회한에 사로잡혀 친구에게 자신의 비밀을 털어놓게 되고, 그로 인해 피습 사건의 진범이 체포되는 결과가 빚어지게 되었다. 감정이입의 위력은 이런 것이다.

그러나 슬프게도, 이러한 감정이입을 아주 악랄한 범죄를 저지른 사람들에게서도 찾아볼 수 있으리라고 기대하지는 말아야 한다.

'심리적 단층(斷層) 증세'는 성폭행범이나 아동 학대자나 각종 가정 폭력 범죄자들에게서 보편적으로 발견되는 현상으로서, 이들은 거의가 다 감정이입 무능력자들이다. 이러한 사람들은 희생자들이 느끼는 고통을 함께 하는 능력이 없기 때문에, 언제나 범죄를 부추기는 거짓말을 자신에게 늘어놓는다.

성폭행범이라면 "모든 여자는 잠재적으로 강간당하기를 원한다."든가, "여자가 저항하는 것은 그렇게 호락호락하지 않음을 보이려는 것일 뿐이다"와 같은 거짓말을 하고, 아동 학대자라면 "나는 아이를 괴롭히려는 것이 아니야. 단지 사랑하고 있다는 것을 보여 주려고 할 뿐이야"라든가, "이것은 색다른 형태의 사랑 표현 방식일 뿐이야."와 같은 거짓말을 하며, 가정에서 함부로 폭력을 행사하는 남편들은 "이는 가정을 위해 필요한 규율이다."와 같은 거짓말을 자신에게 속삭인다.

이러한 자기 정당화는 심리적으로 문제가 있다고 진단되어 정신 치료를 받는 범죄자들이 희생자에게 잔혹한 행위를 한 뒤, 또는 하려고 할 때, 자신에게 어떤 내면적인 말을 하는가를 조사한 것을 정리한 내용들이다.

이들이 희생자에게 피해를 입힐 때마다 거의 감정 주기의 일부처럼 발생하는 감정이입의 망각은 이들의 잔인한 행동을 더욱 부추긴다. 여기서 감정의 전개 과정 중 아동 성추행과 같은 범죄로 발전되는 경우를 예로 들어보자.[17]

그 주기는 보통 성추행자가 화가 나거나, 우울하거나, 외롭거나 하는 혼란의 느낌을 가질 때부터 시작된다. 이러한 감정은 예를 들어 TV에서 행복한 남녀 한 쌍이 방영되는 모습을 보고 자신의 외로움에 대해 스트레스를 받으면서 촉발된다. 그 다음 이 성추행자는 자기가 선호하는 환상 속에서 위안을 찾는데, 그 상당수가 어린아이와의 따뜻한 친분 관계에 대한 것이다.

그 환상이 성적인 것으로 변하면 자위 행위로 이어진다. 그 뒤 이 성추행자는 슬픔에서 잠깐이나마 벗어난 듯하지만, 그러한 상태는 그리 오래 가지 못한다. 우울증과 외로움이 더욱 강하게 밀려오기 때문이다.

결국 그는 자신의 환상을 실행에 옮기기로 하는데, 이때 자신에게 다음과 같이 합리화한다.

"그 애가 신체적으로 다치지 않을 테니까 나는 나쁜 짓을 하는 게 아니야." 또는 "그 여자애가 나와 성관계를 갖기 원하지 않는다면 당장 그만두라고 할 거야."

이 시점부터 성추행자는 아이에 대한 변태적인 환상의 시각을 갖게 되고, 아이가 그 상황이 닥치면 실제로 느끼는 감정이 무엇인지 따위는 아랑곳하지 않는다. 다음에 아이를 혼자만 데리고 나오는 계획과, 앞으로 발생할 일에 대한 예행 연습과 계획의 실천에 이르기까지 감정 이탈로 특징 지워지는 모든 행동들이 진행된다.

모든 일이 마치 관련된 아이에게는 아무런 고유한 감정이 없는 것처럼 추진된다. 대신 성추행자는 환상 속에 그리던 협조적 태도의 아이 모습을 희생자에게 투영시킬 뿐이다.

그에게 반감, 두려움, 혐오 같은 아이의 감정은 입력되지 않는다. 만약 입력되기만 한다면 그것으로서 아동 성추행자의 모든 계획은 수포로 돌아갈 것이다.

희생자들에 대한 감정이입의 결핍증은 현재 아동 성추행자와 이에 유사한 범죄자를 치료하기 위해 고안된 새로운 방식의 치료 요법이 집중하고 있는 사안 중의 하나이다. 그중 가장 유망한 처방 프로그램은 범죄자에게 자기가 저지른 것과 유사한 가슴 아픈 범죄 보고서를 읽게 하는 것인데, 이때 그 보고서는 가급적 희생자의 관점에서 기술한 것이다. 또는 폭행 당할 때의 기분이 어떠했는지를 눈물로 이야기하는 희생자들의 비디오 테이프들을 보게 할 수도 있다.

그 다음으로는 범죄자들에게 희생자가 어떻게 느꼈을지를 상상해 가면서, 그들의 관점에서 본 자신의 공격 행위에 대한 보고서를 쓰게 한다. 그리고 이 보고서를 대화 치료 그룹에 제출하여 다른 사람들에게 직접 읽어 준 뒤, 희생자의 관점에서 그들의 질문에 대답하도록 한다. 마지막으로 그가 저지른 범죄 상황을 재현한 연극을 진행하는데, 이번에도 역시 범죄자가 희생자의 역할을 맡게 된다.

버몬 교도소의 심리 치료사 윌리엄 피터스 박사는 이와 같은 관점 전환 요법을 개발한 사람이다. 그에 의하면 희생자에 대해 감정이입을 갖게 되면 인식 자체가 변화하므로, 설령 자신의 환상 속에서라도 그 고통을 부정하기가 어렵게 되고, 그럼으로써 자신의 변태적인 성적 욕구와 싸울 수 있는 동기 부여가 강화된다고 한다. 교도소에서 이 프로그램을 거친 뒤 출소했던 성범죄자들은 이러한 처방을 받지 않은 범죄자들과 비교할 때 재범의 확률이 절반으로 떨어졌다. 범죄 초창기에 감정이입을 고취하는 이러한 동기 부여가 있을 때 다른 처방들도 효과를 발휘하게 되는 것이다.

아동 학대와 같은 범죄자들에게 감정이입을 불어넣는 것은 어느 정도의 희망을 기대할 수 있지만, 범죄자가 정신 이상자 (최근에는 정신의학 진단의 측면에서 '사회 적응 이상자'라고도 한다)라면 큰 가능성을 기대하기가 힘들다. 정신 이상자들은 아무리 잔인하고 무정한 행위에 대해서도 매력을 느낄 뿐, 죄책감을 갖지 않는다는 점에서 악명이 높기 때문이다.

정신 이상은 어떠한 감정이입과 동정심은 물론, 최소한의 양심의 가책도 느낄 수 없으므로 가장 난해한 감정적 결함 중의 하나로 꼽힌다. 정신 이상자의 비정함은 아주 빈약한 감정의 연계성 밖에는 만들어 내지 못하는 무능력에 그 핵심이 있다. 희생자들이 죽기 전에 보이는 고통에서 희열을 맛본다는 연쇄 살인범과 같은 가장 잔인 무도한 범죄자는 이러한 정신 이상자의 전형이라고 할 수 있다.[18]

정신 이상자들은 대개 입심 좋은 거짓말장이이기도 해서, 자기가 원하는 바를 얻기 위해서는 어떤 말이라도 하고, 동일한 냉소를 되풀이하여 반복하면서 희생자들의 감정을 조종하기도 한다. LA 갱의 일원으로서, 차량 총격으로 한 여자를 불구로 만들고 그녀의 아이를 살해한 뒤에 후회보다는 자부심을 느낀다고 말했던 패로 군의 예를 살펴보도록 하자.

LA 갱 집단 중 하나인 크립스 앤 블러즈에 대해 책을 쓰던 레온 빙 기자가 동승한 범인 호송 차량에서, 패로가 갑자기 자기 과시욕을 보였다. 그는 빙 기자에게 "뒤따라오는 자가용의 '두 얼간이'에게 자기가 '미친놈'처럼 보이게 하겠다"는 말을 했다. 빙 기자는 그 상황을 이렇게 되살렸다.

그 운전사는 누군가가 자기를 바라보고 있다는 느낌이 들었던지 물끄러미 우리 차를 쳐다보았다. 그의 두 눈은 패로의 눈과 마주치면서 순간적으로 커졌다. 그 다음 시선을 거두고는 아래를 바라보더니 완전히 다른 곳으로 돌렸다. 하지만 나는 그 운전사의 눈에서 분명히 간파한 것이 있었다. 그것은 공포였다.

패로는 뒷차 운전사를 쏘아보았던 시선을 빙 기자에게도 보여주었다.

그는 나를 똑바로 쳐다보았고, 그의 표정에 관한 모든 것들은 마치 저속도 촬영으로 찍은 화면처럼 서서히 변화해 갔다. 그것은 악몽에서나 볼 수 있는 얼굴이었다. 보는 것만으로도 섬뜩했다. 그것은 만일 자기 시선에 응수하다가는, 다시 말해 자기에게 도전하다가는 두 발로 서기가 힘들 것이라고 말하는 듯했다. 그의 시선은 자기 목숨과 나의 목숨을 비롯, 그

어느 것도 개의하지 않음을 전하고 있었다.[19]

물론 범죄 못지 않게 복잡한 행위 중에는 생리학적 기반에 상관없이 그럴듯한 설명을 덧붙일 수 있는 것들도 있다. 그중 한 가지는 다른 사람들을 겁을 주는 따위의 '변질적 감정 기술'로서, 이것은 잘못하면 범죄자로 돌아서는 잔인한 이웃들을 다루어야 하는 삶에서는 충분한 가치를 갖는다. 이런 상황에서 너무 많은 감정이입은 오히려 역효과를 가져올 수 있다.

실제로도 일부러 감정이입의 결함을 보이는 것이 범인 심문을 맡은 '냉정한' 경찰이나, 기업 합병자의 경우와 같은 사람들에게는 '덕목'이 되기도 한다. 예를 들어 테러리스트 용의자를 심문하는 사람은, 자신의 임무를 제대로 수행하기 위해서 희생자의 감정에서 일부러 떨어지려고 하는 것이다. 이러한 조작에는 상당히 많은 종류들이 있다.

감정이입의 부재가 보여주는 보다 불길한 형태는 사악한 아내 구타자들을 연구하던 중에 우연히 발견되었다. 이 연구는 폭력을 휘두르는 남편 중에 아내를 정기적으로 때리거나 총칼로 위협하는 생리적 변형 체질자들이 상당수가 있음을 밝혀내었다.[20]

그들은 분노에 휩쓸려서가 아니라, 냉정하고도 침착한 상태에서 그런 행동을 하고 있었다. 그들이 화를 낼 때는 변형 기질도 함께 등장하는데, 특이한 것은 분노한 사람이 통상적으로 보이는 심장 박동의 증가는 나타나지 않고 오히려 박동이 감소한다는 점이다. 이는 그들이 호전적이고 악랄해지려는 순간에 생리적으로는 오히려 침착해지고 있음을 의미한다. 그들의 폭력은 계산된 테러 행위이자, 공포를 주입시킴으로써 아내를 통제하려는 방식의 일부로 사용되는 것이다.

이렇게 냉정하고도 잔인한 남편들은 일반적인 아내 구타 남편들과는 구분되는 특징이 있다.

그중 한 가지는 결혼생활을 벗어나서도 폭력적인 성향을 보이기 때문에, 예를 들면 술집에서의 다툼이나 동료 또는 가족들과의 싸움에 쉽게 말려드는 것이다. 그리고 자기 부인을 구타하는 남편들 대부분이 거부를 당하고 느끼는 분노나 질투, 또는 가정 파괴의 두려움 때문에 충동적으로 그런 행위를 하는 반면, 이 주도면밀한 구타자들은 별 다른 이유도 없이 자기 아내를 폭행하는 것이다. 또 한번 시작하면 아내가 집에서 나가는 것을 포함한 그 어떤 행동도 이들의 폭력을 멈출 수 없다.

정신 이상 범죄자들을 조사한 연구자들은 감정이입이나 배려의 부재와 같은 그들의 냉정한 조작성은 신경 계통의 결함에서 비롯된 것으로 추측한다. 정신 이상자들의 잔인한 생리학적 기반은 두 가지 방법으로 살펴볼 수 있는데, 그 모두는 대뇌변연계에 신경계의 경로가 관여하고 있음을 보여준다. 그중 한 가지 방법은 마구 뒤섞인 글자들을 이들이 맞춰서 단어를 만들게 한 뒤 두뇌의 파동을 측정하는 방법이다. 글자들은 10분의 1초 정도의 빠른 시간에 깜빡거리다 사라지게 되어 있다. 대부분의 사람들은 '의자'와 같은 중성적 단어보다는 '살해'와 같은 감정적 단어에 대해 차별적인 반응을 보인다.

즉, 사람들은 감정적 단어가 뒤엉켜 있을 때에 상당히 빠른 결정을 보이면서 그들의 두뇌 역시 중성적 단어들이 아니라,

감정적 단어들에 대해 뚜렷한 반응 패턴을 보인다. 그러나 정신 이상자들에게서는 이러한 것들 중 어느 것도 볼 수가 없다. 그들의 두뇌는 감정적 단어들에 대해 뚜렷한 반응 패턴을 보이지도 않고 신속하게 반응하지도 못하는데, 이는 단어를 인식하는 언어 피질과 그것에 감정을 연계시키는 대뇌 변연계 사이의 회로가 붕괴되어 있음을 의미한다.

* 주의: 일부의 범죄에 작동하는 생물학적 패턴-이를테면 감정이입에 관련된 신경의 결함-이 있다고 해도, 그것이 모든 범죄자들에게 생물학적 결함이 있거나 또는 범죄에 관련된 생물학적 징표가 있음을 의미하는 것은 아니다.

　이 주제에 대해서는 격렬한 반론이 제기되고 있으며, 그러한 생물학적 징표는 물론, '범죄 유전자'와 같은 것은 없다는 것이 대체적인 중론이다. 일부 사례에서 감정이입 부족증에 대한 생물학적 기초가 존재한다고는 해도, 그것이 그런 사람 모두가 범죄로 빠져든다는 것을 의미하지는 않는다.

　사실 대부분의 사람들은 정상이다. 감정이입 부족증은 그 외의 정신적 경제적 사회적 요소들이 범죄로 향하는 편향성에 기여할 때 발생한다고 할 수 있다.

　이 연구를 수행한 브리티시 콜럼비아 대학의 심리학자 로버트 헤어 교수는 정신 이상자들에게는 감정 언어에 대한 지식이 부족할 뿐만 아니라, 정서에 관련해서 큰 취약성을 갖고 있음을 앞의 결과가 잘 보여주고 있다고 분석했다.

　그는 정신 이상자들이 보이는 잔인함은 그가 초창기 연구에서 발견했던 생리적 패턴에도 일부 기인한다고 주장하는데, 그 것은 편도와 이에 관련된 회로의 활동에서 보이는 불규칙성을 의미하는 것이라고 한다.

예를 들어 전기 충격을 가하려고 하면 보통 사람들에게서 나타나는 일반적인 공포 반응의 어떠한 징후도 정신 이상자들 에게서는 보이지 않는 것이다.[21] 고통의 예상이 어떠한 불안의 분출도 촉발하지 못하기 때문에 정신 이상자들은 자기가 저지 른 일에 대해 앞으로 받게 될 처벌에 관해 불안해하지 않는 것이다. 또한 아무런 두려움을 느끼지 않기 때문에 희생자가 갖는 고통과 두려움에 대해서도 어떠한 감정이입이나 최소한 의 동정심조차 갖지 못하는 것이다.

제8장

사회적 기술-인간관계 능력

자기보다 어린 동생이 있는 5살짜리 아이들이 흔히 그러듯이, 렌의 경우도 2살 반된 어린 동생 제이가 함께 갖고 놀던 레고 블록을 엉망으로 만들어 버리자 참을성을 잃고 말았다.

성질을 견디지 못한 렌이 제이를 물어뜯자 동생은 울음을 터뜨렸다. 어머니는 제이의 고통스런 외마디 소리를 듣고는 황급히 달려와 렌을 꾸짖으며 싸움의 원인이 되었던 레고 블록을 치우라고 명령했다. 렌은 그러는 어머니의 처사가 부당한 것 같아 울음을 터뜨렸다. 하지만 화가 가라앉지 않은 어머니는 그를 달래 줄 생각을 하지 않는다.

그러다가 렌은 뜻하지 않은 곳으로부터 위안을 받는다. 동생 제이는 원래 피해를 입은 쪽이었으나 형이 울고 있는 것을 보자 걱정이 되어 형을 달래 주려고 노력했다. 그 상호 작용은 다음과 같이 진행된다.[1]

"형아, 울지마. 울면 맴매. 형아, 울지 마."

그러나 렌은 여전히 운다. 자신의 직접적인 설득이 실패했다고 느낀 제이는 어머니에게 형의 편에 서줄 것을 애원한다.

"형 울어, 엄마! 형 울어. 자 봐, 형 울잖아, 응?"

그런 다음 제이는 렌에게로 돌아서서 마치 어머니처럼 울고 있는 형의 등을 두드리면서 안심시키는 듯한 어조로 그를 달랜다.

"자자, 형. 이제 그만 울어야지, 응?"

동생의 위안에도 불구하고 렌의 흐느낌은 계속되었다. 이번에 동생은 다른 전략으로 방향을 바꾸어, 레고 블록들을 가방 속에 넣기 시작한다.

"형, 내가 이거 넣는다. 봐, 응?"

그런데도 울음이 그치지 않는다. 형보다 영리한 제이로서는 또 다른 전략을 구상할 수밖에 없다. 그것은 기분 전환이다. 동생은 형에게 장난감 트럭을 보여주면서 조금 전에 그가 겪은 작은 비극으로부터 주의력을 분산시키려고 한다.

"여기 사람 있다. 야, 이거 뭐야? 이거 뭐지?"

형은 아무런 흥미도 보이지 않는다. 달래기가 어려울 것 같다. 그의 눈물은 조금도 그치지를 않는다. 이때 인내심을 잃은 어머니가 전형적인 협박 방법을 사용한다.

"너 한 번 호되게 맞을래?"

렌은 이에 대해 동요가 되는 듯이,

"싫어."

"그럼 당장 울음 그쳐."

어머니가 약간 분노가 섞인 목소리로 단호히 명령을 내린다. 렌의 흐느낌은 서서히 잦아들면서 훌쩍거림으로 바뀐다.

"안 울면 되잖아."

이러한 행동은 제이의 마지막 전략을 자극시킨다. 동생은 어머니의 단호함과 권위 있는 목소리를 흉내내며 형을 위협한다.

"그만 울어. 그렇지 않으면 형 엉덩이를 때려 줄거야!"

이 미니 드라마는 겨우 30개월 밖에 되지 않은 아이가 다른 사람의 감정을 처리하는 과정에서 가질 수 있는 놀랄 만큼 복잡한 감정들을 훌륭히 묘사하고 있다. 형을 달래기 위해 제이는 단순한 애원에서부터 결과적으로 도움을 받지는 못했지만 어머니와의 제휴를 시도함은 물론, 신체적으로 형 달래 주기, 도와주기, 주의 분산시키기, 심지어 협박, 명령에 이르기까지의 다양한 전략들을 구사하고 있다. 이는 제이 자신이 고통을 겪을 때 시도되었던 다양한 방법들을 손수 사용하고 있는 것임은 두 말 할 필요도 없다.

어쨌든 여기서 중요한 것은 이렇게 어린 나이에도 곤란을 겪으면 다양한 방식들을 사용할 수 있다는 사실이다.

물론 어린아이가 있는 부모들은 누구나 알고 있겠지만, 제이가 보이는 감정이입 제시 능력과 달래기 기술은 결코 보편적인 현상은 아니다. 그 또래의 아이들에게는 형제의 고통을 더없는 보복의 기회로 간주하기 때문에, 더욱 혼란스럽게 하기 위해서 무슨 짓이든 하는 것이 보통이다.

또 같은 기술을 가지고 형제를 지분거리거나 괴롭히는 데에 사용하기도 한다. 하지만 그와 같은 사악함도 그 자체로는 감성지능EQ 다시 말해서, 타인의 감정들을 알고, 그 감정들을 더욱 구체적으로 형상화하는 방식으로 행동하는 능력의 표출이라는 중대한 의미를 갖는다.

타인에게 존재하는 감정을 잘 관리하는 능력이야말로 인간

관계를 처리하는데 있어서 핵심이 되는 능력이다.

이러한 인간관계 능력을 발휘하기 전에 어린아이들은 우선 자기의 감정을 컨트롤할 수 있는 단계에 도달해 있어야 한다. 그러기 위해서는 비록 가끔씩 실패를 겪을지라도 자신의 분노와 고통, 충동과 흥분 등을 가라앉힐 수 있는 능력이 개발되어야 하는 것이다.

타인의 감정에 조율하려면 어느 정도의 평정심이 요구된다. 자신의 감정 관리에 필수적인 이 능력은 대개 유아 시절에 그 시험적인 징후들이 나타난다. 즉, 아이들은 항상 그렇지는 않지만 일찍부터 울지 않고 기다리고, 원하는 것을 얻기 위해 무력을 쓰는 대신에 논의나 설득을 이용하기 시작한다. 드물기는 하지만 보채지 않고 인내하는 법도 배우기 시작한다. 그러다가 감정이입의 징후들이 2살 무렵부터 나타난다. 울고 있는 형을 위로해 주기 위해 제이가 상당한 노력을 기울일 수 있었던 것은 바로 동정의 근원인 감정이입 능력이 있었기 때문이다.

따라서 인간관계 능력이라고 할 수 있는 타인의 감정 관리에는 자기 관리와 감정이입이라는 두 가지 감정 능력이 먼저 성숙해야 하는 것이다.

이러한 기반 위에서 '인간관계 기술'은 더욱 성장하게 된다. 이 기술은 타인 관리에 효율성을 부여하는 사회적 역량의 핵심을 이룬다.

여기에 결함이 발생하면 사회 생활의 부적응과 인간관계의 반복적인 파탄이 일어난다. 실제로도 이러한 능력의 부족으로 인하여 IQ는 대단히 우수한 사람임에도 불구하고 거만하고,

불쾌하며, 둔감한 사람으로 비쳐져서 인간관계의 실패를 겪는 사람들이 너무나 많이 있다.

　인간관계의 성공을 위한 이 사회적 능력이야말로 우리의 타인 접촉을 형상화해 주고, 타인들에게 감명과 영감을 불어넣고, 친밀한 인간관계를 발전시켜 주고, 타인들을 설득하고 변화시키고 그러면서도 편안하게 느끼게 해 주는 능력인 것이다.

감성의 표출 법칙

　사회적 능력의 핵심은 자신의 감정을 얼마나 훌륭하게, 또는 형편없이 보여 주는가에 달려 있다. 폴 에크만 박사는 '표출의 법칙'이란 용어를 사용하면서 어떤 감정이 어느 시기에 적절히 제시될 수 있는가를 조사하였다. 이 경우 각각의 문화는 엄청난 차이들을 보였다. 한 가지 예로, 에크만 박사와 일본 학자들은 오스트레일리아의 원주민들이 치르는 할례 의식 등을 담은 끔찍한 영화를 학생들에게 보여주고 표정 반응을 공동 연구한 적이 있다. 일본 학생들의 경우에는 관계자들이 참석한 자리에서 영화를 볼 때에는 표정에 아주 미미한 반응만을 보였다. 하지만 비록 몰래 카메라로 촬영되고는 있었지만 자기들끼리만 보게 했을 때에 그들의 표정은 탄식 섞인 비통함, 공포, 혐오 등의 생생한 표현으로 뒤틀리고 있었다.

　표출의 법칙에는 몇 가지의 기본적인 유형이 있다.[2]

　그 하나는 감정의 표출을 축소화하는 것이다. 앞의 일본 학생들이 자신의 혼란을 무표정으로 위장했을 때 따르던 방식으로서, 누구인가 관련자가 있을 경우에 나타나는 고통 감정의 표현에 대한 일본식 규범이 그 전형적인 예이다.

또 다른 하나는 감정 표현의 확대를 통해서 자기가 느낀 바를 과장하는 것이 있다. 오빠가 때린 것을 고자질하기 위해서 어머니에게 달려간 6살짜리 여자아이가 얼굴을 극적으로 비틀면서 애처로운 표정을 만들거나, 입술을 떤다든지 하는 방법이 여기에 해당되는 것이다.

세번째로는 하나의 감정을 다른 것으로 대체하는 방법인데, 이는 '노우'라고 말하는 것은 실례가 되므로 실제로는 거짓이지만 완곡하게 긍정적인 대답을 제시하는 일부 아시아권 사람들에게서 나타나는 현상이다. 이상의 전략들을 어떤 때에 어떤 식으로 적절하게 사용하는가 하는 점이 인간관계를 위한 EQ의 중요한 요소가 되는 것이다.

우리는 이러한 규칙들을 일찍부터, 부분적으로는 노골적인 훈계를 통해서 배운다. 표출 법칙에서의 교육은 이를테면, 할아버지가 의도는 좋았지만 전혀 원하지 않는 선물을 주었을 때라도 실망스러운 표정을 짓지 말고 '고맙다'라는 인사를 하도록 아이들에게 가르칠 때부터 시작된다. 표출 법칙의 교육이 보다 자주 등장하는 것은 '규범화'를 통해서이다. 즉 아이들은 남이 하는 것을 그대로 따라 한다. 감수성을 교육할 때 감성은 매개체가 될 수도 있고 내용이 될 수도 있다.

할아버지가 주시는 하찮지만 호의어린 생일 선물을 받은 아이에게 "웃으면서 '고맙습니다', 해야지?"라고 말하는 부모가 그 말을 할 때 사납고, 고압적이면서, 쌀쌀맞은 표정을 짓고 있었다면, 다시 말해서 전달 내용을 따뜻하게 속삭이지 않고 내뱉듯이 말했다면 아이는 아주 다른 교훈을 받아들이게 된다. 따라서 할아버지에게 찌푸린 표정과 함께 퉁명스럽고도 감정이 없는 "고맙습니다"라는 인사를 할 것이다.

이것은 할아버지에게 미치는 영향이 전혀 다를 수 있는 것이다. 실제로는 오해이지만 밝은 인사만으로도 할아버지는 행복감을 느낄 수 있지만, 그렇지 않은 퉁명스럽게 내뱉는 혼란스러운 의사 전달은 마음에 상처를 입게 할 수도 있다.

감정의 표출은 그것을 받아들이는 사람들에게 미치는 영향의 측면에서 즉각적인 결과를 보여준다. 이 경우, 어린아이에 의해서 학습된 법칙은 '그것이 네 주위의 누구인가를 마음 아프게 하는 것이라면 진실한 감정을 숨기고, 거짓으로라도 상처를 입히지 않을 수 있는 표현으로 대체해야 한다'로 귀결될 수 있을 것이다.

감정 표현에 있어서의 이런 법칙들은 단순히 사회적 능력의 목록 차원을 넘어서, 우리의 감정이 타인들에게 어떤 영향을 끼치는가를 규정하기도 한다. 이러한 법칙들을 잘 따르면 최고의 영향력을 가질 수 있지만, 그렇지 못할 때에는 감정적 황폐만을 불러올 것이다.

배우들은 물론 감정 표출의 명수들이다. 그들의 표현의 풍부함은 관객의 반응을 끌어내는 데에 천부적이다. 그리고 우리들 모두는 태어날 때부터 어느 정도 배우의 재능을 갖고 있다. 하지만 표출의 법칙에서 어떤 교훈을 배울 것인가 하는 문제는 우리가 따르는 규범이 서로 다른 만큼 사람에 따라 상당한 차이점을 보일 수밖에 없다.

풍부한 표현과 감성의 전염

베트남 전쟁 때였다. 한 소대의 미군들이 논두렁에 쭈그리고 앉아 베트콩과의 격렬한 교전을 치르고 있었다. 느닷없이 양 측 논두렁을 가로지르는 길 위로 스님 6명이 줄을 지어 나타났다. 이들은 너무나 조용하고도 정돈된 자세로 화염 속을 태연하게 지나가고 있었다.

그 당시 현장에 있었던 미군 병사 데이빗 부시 군은 나중에 이렇게 회상했다.

"그들은 오른쪽도 왼쪽도 보지 않았어요. 그저 앞만 보고 지나갔지요. 그런데 이상하게도 아무도 그들을 쏘지 않았습니다. 스님들이 천천히 논두렁 사잇길을 완전히 통과한 뒤에, 나는 갑자기 몸에서 모든 힘이 빠져나가는 것을 느꼈지요. 나는 더 이상의 싸움은 그만두어야겠다는 생각이 들었어요. 그 날 하루만이라도 말이죠. 그러한 감정은 나만 느꼈던 것이 아니었나 봐요. 양쪽 모두가 사격을 중지했으니 말이지요. 그 날 우리는 더 이상의 전투를 하지 않았답니다."[3]

교전의 화염 속에서 병사들에게 평화를 가져다 준 스님들의 침착하면서도 용기 있는 평온의 힘은 사회적 삶의 가장 기본을 이루는 원칙인 '감성은 전염된다'라는 사실을 잘 보여주고 있다. 물론 위의 이야기는 좀 극단적인 면이 있기는 하다. 대부분의 감성적 전염은 이보다는 훨씬 더 은밀하게 진행되며 동시에 암묵적인 상호 작용을 이룬다. 우리가 서로의 기분을 파악하거나 전달하는 것은 각 만남이 해롭거나 유익하다는 무의식적 정신의 경제 원칙에 따라서 이루어진다.

이때의 감성 교환은 대체로 은밀하고도 인지 불가능한 수준에서 진행된다. 따라서 세일즈맨이 우리에게 똑같이 '감사합니다'라고 말하더라도 우리는 때에 따라서는 무시하는 것으로도, 약올리는 것으로도, 진정으로 환영과 고마움을 표하는 것으로도 느낄 수 있다. 우리는 서로로부터 마치 사회적 바이러스에 걸린 것처럼 감성의 전염에 빠져드는 것이다.

우리는 모든 만남에서 감성적 신호를 보내고 그 신호는 우리가 함께 하는 모든 사람들에게 영향을 미친다. 인간관계를 위한 사회성이 발달할수록 타인들에게 보내는 신호 역시 세련되어지는 경향이 있다. 그러나 상류 사회에서 보이는 식의 감정 억제는 혼란스러운 감정 누출로 인해 타인들과의 접촉이 동요되는 것을 막기 위한 하나의 수단일 뿐이다. 이것이 친밀한 사람들과의 관계에 도입되면 숨막히는 사교 법칙이 되는 것이다.

감성지능 EQ 에는 정서적 교류를 관리하는 능력이 포함된다. 즉 '인기가 있는'이나 '매력적인'이라는 표현들은 어떤 사람의 감성 기술이 우리의 기분을 좋게 하기 때문에 우리가 함께 있고 싶어하는 경우를 묘사할 때 쓰는 것들이다. 타인들의 감정을 부드럽게 만들 수 있는 능력도 아주 중요한 사교적 도구이다. 또 이러한 기술을 가진 사람들이야말로 감성적으로 어려울 때 의지할 수 있는 사람들이다. 우리들은 좋든 싫든 서로의 감성에 영향을 끼치게 되어 있다.

사람들 사이의 감성 교환이 얼마 만큼 은밀하게 진행되는지를 알기 위해 시행된 실험 한 가지를 고찰해 보도록 하자. 이 실험에서는 우선 두 사람의 피험자를 선발하여 그들에게 현재의 기분을 묻는 설문지에 대답하도록 지시했다. 다음으로 두 사람은 방에 서로 마주 보고 앉아서 실험 실시자가 들어올 때까지 조용히 기다린다.

2분쯤 뒤에 실험 실시자가 들어와서 두 피험자에게 다시 현재의 자신의 기분을 체크리스트에 적도록 지시한다. 피험자 두 사람은 감성 표현력이 뛰어난 사람과 거의 무감각한 사람으로 의도적으로 구성되어 있다. 실험 결과, 거의 예외 없이 감성 표현이 활발한 사람의 기분이 수동적인 파트너에게로 전이되는 것으로 나타났다.[4]

이 마술적인 전이는 어떻게 발생하는 것일까? 가장 그럴듯한 해답은 누군가가 표정이나 몸짓, 음조, 기타 감성의 비언어적 징표들을 표현하면, 우리 자신도 의식하지 못하는 사이에 운동 모방을 통해 그것을 흉내내게 되는 것이다. 이러한 모방을 통해 사람들은 타인의 기분을 자기 내부에서 재창출하게 되는 것이다. 이는 무대에서 배우들이 감정을 표현하기 위해 자신이 과거에 실제로 그러한 감정을 품었을 때를 되살려서 다시 한 번 현재의 감정들로 일깨워서 연기하도록 배우들을 지도하는 스타니슬라프스키 씨(러시아의 배우, 연출가: 역주)의 연극 이론이 변형된 형태라고도 할 수 있겠다.

일상 생활에서 볼 수 있는 감정 모방은 대개 매우 미묘하게 진행된다. 스웨덴 웁살라 대학의 연구원 딤베르그 교수는 우리가 웃거나 화내는 사람과 만나게 되면, 우리의 얼굴 역시 매우 미묘한 얼굴 근육의 변화를 통해 상대와 닮은 표정이 되어 가는 것을 발견했다. 이 변화는 육안으로는 감지하기 힘들지만, 전자 감지 장치를 거치면 분명하게 드러난다.

두 사람이 상호 작용을 할 때, 기분 전이의 방향은 자신의 감정을 더욱 적극적으로 표현하는 사람의 기분이 소극적으로 표현하는 사람의 기분으로 전달되어 변화를 일으키게 된다.

즉, 두 사람간에 흐르는 감정의 기류는 감정 표현에 적극적인 사람의 기분이 소극적인 사람에게로 전달되어 이 사람의 기분이 변화하게 되는 것이다. 그러나 어떤 사람들은 더욱 쉽게 감성적 전염에 영향을 받는다. 그들의 타고난 감수성이 자동적으로 그들의 신경계가 더 잘 활성화되도록 하는 것이다.

이러한 경향성 때문에 그들은 보다 쉽게 감동한다. 예를 들어, 감상적인 광고는 이들의 눈물을 쏟게 하고, 쾌활한 사람들과의 즐거운 잡담은 이들의 기분을 들뜨게 한다. 또한 다른 사람들의 감정에 의해 감동을 잘 받기 때문에 남들보다 훨씬 쉽게 감정이입을 보인다.

오하이오 주립 대학의 사회심리학 교수인 카치오포 박사는 이러한 미묘한 감정의 교류를 연구한 결과, 다음과 같은 사실을 발견하였다.

"우리는 다른 사람들의 감정 표현을 보는 것만으로도 의식적으로 그것을 모방하든 모방하지 않든 간에 그런 기분을 불러 일으키게 된다. 그것은 우리들에게 늘 일어나는 일이다. 그곳에는 하나의 춤이 있고, 동조가 있고, 감성의 전이가 있다. 이때 상대와의 교류가 훌륭하게 진행되었다고 느낄 수 있는지의 여부는 기분적으로 동조할 수 있느냐 어떠냐로 결정된다."

인간관계에서 어느 정도의 감성적 래포(친화감)가 형성되어 있는가를 보려면 대화를 나누고 있을 때의 몸의 움직임이 얼마나 상호간에 철저한 조화를 이루는가를 관찰해 보면 된다. 이는 인식하지 못하는 사이에 드러나는 친밀도의 지표이기도 하다. 예를 들어, 한 사람이 무엇인가를 강조하면 상대가 고개를 끄떡이거나, 두 사람이 동시에 자세를 바꿔 앉는 것, 또는 한 사람이 앞으로 몸을 숙이면 다른 사람은 뒤로 기대는 것 등이 여기에 포함된다.

아주 미묘한 형태의 조화로서는 두 사람이 흔들의자에 앉아 똑같은 리듬으로 흔드는 따위가 있을 수 있다. 마치 스턴 박사가 어머니와 유아 사이에서 감성 조율을 발견했듯이, 서로 우호적 감정을 보이는 사람들끼리의 행동은 상호 동화에 의해 연결되는 것이다.

이러한 동조성은 불쾌한 기분일 때에도 이의 전달과 수용을 촉진시키기도 한다. 예를 들어, 신체적인 동조성 연구를 통해 밝혀진 사실에 따르면, 일련의 우울증에 걸린 여자들이 남편, 또는 남자 친구들과 자신들의 문제를 토의하기 위해 상담실을 찾았을 때, 이들의 비언어적 동조성 수준이 높으면 높을수록, 토의 뒤 남자들이 느끼는 감정이 악화되는 확률도 더욱 높아진 것으로 나타났다. 이들은 자기의 여자 파트너가 느끼는 우울한 기분에 전염된 것이다.[5] 한 마디로 말해서, 누군가가 신체적 동작으로 배우자와 강력히 조율하고 있을 때 유쾌하거나 저조한 상태이면, 상대방도 동일한 기분에 휘말릴 확률이 높아지는 것이다.

우리는 교사와 학생들 간의 동조성을 통해 그들이 느끼는 우호 관계의 수준도 파악할 수 있다. 교실에서 교사와 학생들 간의 움직임의 조화가 크면 클수록, 이들 간의 상호 작용에서 상대에 대한 감정도 좀더 친근하고, 행복하고, 열정적이고, 흥미롭고, 안락하게 느끼는 것으로 나타났다.

대체적으로 볼 때 상호 작용에서 고도의 동조성은 사람들이 서로를 좋아하고 있음을 의미하는 경우가 많다. 이 연구를 수행한 오리건 주립 대학의 심리학 교수 베르니에리 박사는 이렇게 말한다.

"당신이 누군가와 함께 있을 때 어색함을 느끼는가, 또는 편안함을 느끼는가의 차이는 어느 정도 생리적인 것이다. 서로가 편안함을 느끼기 위해서는 적절한 시간을 선택해야 하며, 움직임도 조화를 이루어야 한다. 동조성은 서로가 얼마나 깊은 관계를 맺고 있는가를 반영하는 것이다. 관계가 깊으면 깊을수록 긍정적이든 부정적이든 서로에게 얽매이는 정도가 커지게 되는 것이다."

한 마디로, 기분의 조율은 인간관계의 본질이자, 어머니가 아기에게 보이는 조율을 성인끼리 보여주는 것에 다름없다. 카치오포 박사는 상호 작용의 효과를 결정하는 요인이 바로 이러한 감성적 동조성이 얼마나 훌륭하게 수행되는지에 따른다고 보고 있다. 만일 우리가 타인들의 기분에 능숙하게 조율하고, 그럼으로써 그들의 마음을 움직일 수 있다면, 서로의 감성 차원의 상호 관계는 보다 원활하게 진행될 것이다.

강력한 지도자나 지휘자가 되려면 수만 명의 청중이나 관객들을 이와 같은 방법으로 움직이게 할 수 있어야 한다.

똑같은 논리로서, 감성의 수용과 전달이 형편없는 사람들은 왜 그런지 이유도 정확히 모르는 가운데 타인들이 자신에 대해 불편함을 느끼게 되고, 그럼으로써 상호 관계에 더욱 큰 문제점을 노출하고는 한다.

상호 작용에서 감성적 톤을 결정하는 능력은 어떤 의미에서는 깊고도 은밀한 차원의 지배 능력의 징후라고도 할 수 있다. 이는 다른 말로 타인의 감성 상태를 이끌어 가는 능력을 말한다. 감성을 결정짓는 이러한 힘이야말로 매일 바뀌는 낮과 밤, 또는 변화하는 달의 모습처럼 생물학적 리듬을 유인해 내는 자연스런 과정이자, 생물의 체내 시계에 영향을 주는 빛, 어둠 등의 요소로 구성된 '자연 시계'인 것이다.

두 사람이 어울려 함께 춤을 출 때의 음악은 신체적인 자연 시계이다. 개인적인 접촉에서는 보다 풍부한 표현력을 가진 사람 또는 보다 큰 힘을 가진 사람이 대체적으로 다른 사람을 유인(誘引)해 내는 감성을 지닌다. 영향력 전이 방식의 한 형태로서 지배적인 동반자는 보다 많은 말을 하고, 종속적인 동반자는 상대방의 얼굴을 보다 많이 관찰한다.

마찬가지로, 예를 들어 정치가나 부흥사처럼 뛰어난 대중 강연가는 청중들의 감성을 유도해 내는 힘을 갖고 있다.[6] 우리가 "모든 것이 그의 손안에 있다."고 말할 때 바로 이것을 의미하는 것이다. 감성적 유인(誘引)은 모든 영향력의 핵심인 것이다.

사회적 지능의 싹수

어느 유치원에 휴식 시간이 돌아왔다. 남자아이들이 잔디를 가로질러 달리고 있었다. 레기가 넘어져서 무릎을 다치는 바람에 울음을 터뜨렸지만, 다른 아이들은 무시하고 계속 뛰어갔다. 다만, 로저 혼자만이 그 자리에 멈춰 섰다. 레기의 울음이 잦아들자 로저는 가만히 앉아 자기의 무릎을 쓰다듬으며 말했다. "나도 여기 아파!"

로저는 다중 지능 개념에 바탕하여 설립된 실험 학교인 '스펙트럼'에서 하워드 가드너 교수의 동료인 토머스 해취 교수에 의해 전형적인 인간관계 지능을 갖춘 예로 자주 인용되는 아이이다.[7] 로저는 특이할 정도로 놀이 친구들의 감정을 인식하는 데에 뛰어난 능력을 갖고 있으며, 그들과의 연계에서도 신속성과 원활성을 보인다. 레기의 불행과 고통을 목격한 것도 로저 뿐이었고, 해줄 수 있는 것이라고는 옆에 앉아 자기 무릎을 쓰다듬는 것 뿐임을 잘 알면서도 무엇인가 위로를 하려고 애를 쓴 것도 로저 뿐이었다.

이 작은 행동은 친화 관계를 위한 재능이면서, 동시에 결혼, 우정, 사업 관계에서의 긴밀한 인간관계를 유지하기 위해 필수적인 EQ 능력으로 작용하는 것이다. 미취학 아동이 이러한 기술을 보인다는 것은 그의 인생에 걸쳐 발전하게 될 재능의 싹수를 일찍부터 드러낸 것이다.

로저의 재능은 해취와 가드너 교수가 인간관계에서 중요한 지능의 요소들로 규정한 4가지의 서로 다른 능력 중의 한 가지를 잘 보여주고 있는 것이다.

· **조직력** 리더의 핵심적인 기술로서, 사람들 간의 관계에서 네트워크를 창출하고 조율하는 주도성과 협동성으로 표상되는 능력을 말한다. 이 기술은 영화 감독이나 제작자, 군대의 장교, 기업이나 조직의 유능한 대표자들에게서 볼 수 있다. 놀이터에서는 놀이 종류를 결정하거나 무리의 우두머리가 되는 아이들이 보이는 능력이다.

· **협상력** 갈등을 예방하거나 갑자기 발발한 문제들을 해결하는 조정자로서의 능력을 말한다. 이러한 재능을 가진 사람들은 계약의 체결이나 분쟁의 중재 및 조정에서 뛰어난 능력을 발휘한다. 이들은 대개 외교, 법률, 재정 또는 기업 인수 중재자나 경영 관리자로서의 경력을 갖고 있다. 놀이터에서는 여러 가지 다툼을 처리해 주는 아이들이 이 능력을 지닌다.

· **연계력** 바로 로저가 갖고 있던 재능으로서, 감정이입과 연계성에 대한 능력을 말한다. 이것이 있을 때 올바른 대인 접촉이 가능해지고 타인들의 감정과 관심사에 대해 적절히 대응하는 인간관계 능력을 발휘할 수 있게 된다. 이 기술을 가진 사람들은 훌륭한 팀 구성원으로서, 믿음직한 남편으로서, 좋은 친구나 사업 동반자로서의 역할을 수행한다. 직업으로서는 판매나 경영 관리자로서, 또는 뛰어난 교사로서의 본분을 다한다. 로저와 같은 어린이는 다른 모든 아이들과 잘 어울리고, 쉽게 놀이 친구가 되며, 그러한 자신의 역할을 만족스럽게 여긴다. 또 이런 아이들은 타인들의 표정을 통한 감정 파악에 우수성을 보이고,

언제든지 친구들에게 사랑 받을 수 있는 가능성을 높인다.

· **분석력** 타인들의 감정이나 동기, 관심사를 통찰하고 간파하는 능력을 말한다. 타인들의 감정에 대한 올바른 인식이 있을 때 우리는 친밀하고도 꾸준한 관계를 유지할 수가 있다. 이 능력이 훌륭히 발휘될 경우 유능한 정신 치료사나 카운슬러로서의 가능성을 보장해 주고, 문학적 재능 등과 결합될 때는 뛰어난 소설가나 극작가가 될 수 있게 한다.

이상의 4가지 능력 모두는 원활한 인간관계의 요소들이자, 매력과 성공적인 사교를 위해, 때로는 카리스마를 위해서도 필수적인 요소들이다. 이처럼 훌륭한 인간관계를 위한 사회적 지능에 우수함을 보이는 사람들은 타인들과의 원만한 연계에 뛰어나고, 그들의 반응과 감정을 능숙하게 읽어 내며, 지도와 조직에 우수하고, 인간 사회에서 언제 돌출할지 모르는 분쟁에서도 놀라운 해결 능력을 보인다. 이들은 타고난 지도자로서, 아직 공론화되지 않은 집단 감수성을 표현해 내고, 그것을 세세히 밝혀서 그룹이 올바른 목표로 향할 수 있도록 하는 사람들이다. 이들은 남들에게 감성적 양분을 가져다주기 때문에 함께 있고 싶은 욕망을 타인들부터 이끌어 낸다. 이들은 다른 사람들을 기분 좋게 하고, "이런 사람과 함께 있다니 정말 즐겁다!"라는 표현이 저절로 나오도록 한다.

이러한 인간관계 능력은 감성지능*EQ*에 바탕을 두고 있는 것이다. 타인들에게 우수한 사교적 인상을 전해 주는 이러한 사람은 자기가 표출하는 감정의 관찰에도 우수함을 보이고, 다른 사람들이 나타내는 대응 방식에 대해서도 예리한 조율력을 보이면서 자신이 원하는 성과를 얻을 때까지 끊임없이 자신의 사교적 노력을 정제하고 수정해 나간다. 그런 의미에서 볼 때 이들은 숙달된 배우와 같다고도 할 수 있다.

그러나 이러한 대인 능력도 개인적 욕구나 감정에 대한 예민한 감지와 그것을 완성하기 위한 방법 사이의 균형이 이루어지지 않을 때에는 자신의 진정한 만족감을 희생한 뒤에 얻어진 인기인 공허한 사회적 성공일 수밖에 없다. 이것은 미네소타 대학의 심리학 교수 마크 스나이더 박사가 사교적인 기술을 통해서 최고의 사회적 변신 능력을 보여주거나 좋은 인상을 만들어 내는 데에 뛰어난 사람들을 오랫동안 연구한 뒤에 내린 결론이다.[8]

인간의 허황된 변신의 내면은 "타인들이 나를 좋아하게 하기 위해서 나와는 전혀 다른 이미지를 그들의 마음 속에 꾸미게 한다"고 말한 시인 W.H. 오든의 말이 딱 들어맞는 것이다. 이러한 가식은 사회적 기술이 자기 자신의 감성을 인식하고 존중하는 능력을 뛰어넘을 때 이루어진다. 사랑 받기 위해서, 또는 최소한 좋아하는 대상이라도 되기 위해서 '사회적 카멜레온'은 자기와 같이 있는 사람들이 원하는 것은 무엇이라도 할 준비가 되어 있는 것이다.

스나이더 박사는 어떤 사람이 이러한 패턴에 해당되는지를 알아내기 위해서는 그가 훌륭한 인상은 심어 주는데 안정적이고 만족스러운 인간관계를 갖고 있지 못한 경우를 살펴보면 된다고 했다. 따라서 보다 건강하며 바람직한 패턴은 사회적 기술과 자신의 진정한 모습이 균형을 이루면서, 그 기술을 성실하게 사용할 때만이 얻어지는 것이다.

　사회적 카멜레온은 사회적 용인만 얻을 수 있다면 말과 행동을 다르게 하는 것을 조금도 거리끼지 않는다. 이들은 공식적인 외관과 개인적인 진실 사이의 불일치 속에서 생활한다. 심리분석학자 헬레나 도이치 여사는 이러한 사람들을 가리켜 자기 주변에 있는 사람들로부터 특정 신호만 입수하면 언제든지 놀랄 만한 탄력성을 가지고 자신의 모습을 바꾼다고 해서 '…척하기'를 잘하는 '가면적 인격'이라고 지칭했다. 스나이더 교수는 "어떤 사람들은 공적인 성격과 사적인 성격이 적절히 혼합되어 있는 반면에, 어떤 사람들은 만화경처럼 끊임없이 외양을 바꾼다. 그들은 우디 앨런(미국의 영화 감독 겸 배우: 역주)이 영화에서 분한 젤리그처럼, 자기 주위에 있는 사람이면 누구와도 맞추려고 노력한다."

　이런 사람들은 타인들과의 접촉에서 그들이 원하는 것이 무엇인지를 알아내기 위해 직접적으로 묻기보다는 다양한 힌트들을 탐색하는 쪽을 택한다. 또 잘 어울리고 좋아하는 대상이 되기 위해서 자기가 싫어하는 사람들조차도 자기를 친근하게 느끼도록 하려고 노력한다. 그리고 자신의 사교적 능력을 활용하여 각각의 상황이 요구하는 대로 자신의 행동을 맞춰 감으로써, 요란한 친목회 사회자에서부터 얌전한 은둔자의 모습에 이르기까지, 함께 있는 사람들에 따라 언제든지 완전히 다른 사람인 것처럼 변신하는 능력을 보인다. 타인들에게 주는 인상을 효과적으로 컨트롤할 수 있다는 점에서 보면 이러한 카리스마적 특성이 일부 직업, 특히 배우, 법정 변호사, 세일즈맨, 외교관, 정치인 등의 직업에서 아주 높이 평가를 받기도 한다.

그러나 보다 중요한 '자기 감시 능력' 중의 하나는 모든 사람들을 감동시키려고 노력하는 목표 잃은 사회적 카멜레온으로 살아가는 것과 자신의 사회적 품위를 갈고 닦으면서 진정한 자기 감정에 일치하는 사람으로 발전하는 것과의 차이를 구분하는 능력인 것이다. 이는 '당신만이 당신의 것'이란 옛말에도 있듯이, 진실의 능력인 동시에 사회 환경에 관계없이 개인의 가장 내밀한 감정에 충실하려는 노력을 가능하게 하는 능력인 것이다. 그러한 감성적 고결성은 때로는 사회적 이중성과 거부를 뚫기 위해 당당한 대결을 불사하기도 한다. 이는 사회적 카멜레온이라면 절대로 시도하지 않는 사회적 암운(暗雲)을 쓸어내는 정갈함인 것이다.

사회적 무능력자 만들기

쎄실이 우수한 인재라는 사실에는 전혀 의심할 여지가 없었다. 그는 대학 교육을 받은 외국어 전문가로서 번역에 특히 뛰어났다. 하지만 그에게는 심각한 결점들이 있었으니, 다름 아닌 사회적 기술의 결여이다. 그는 간단한 담소를 나눌 때에 수많은 실수를 저질렀고, 가벼운 인사말을 하면서도 허튼 소리를 연발했다. 다시 말해서, 일상적인 사회적 관계에서 철저한 무능력을 보여주고 있었던 것이다. 이러한 사회적 능력의 결함은 여자들을 만날 때 특히 심각해져서, 오죽하면 생각지도 않았던 '잠재적인 동성애의 성향'이 있는 것이 아닌가 해서 정신치료과를 찾기까지 했을 정도였다.

쎄실이 자신의 정신치료의에게 고백한 진짜 심각한 문제는 자기가 남에게 얘기하는 것은 어느 하나도 흥미를 끌지 못하리라는 공포심에 사로잡혀 있다는 점이었다. 그의 잠재적 두려움은 그렇잖아도 부족한 사회적 기술을 더욱 악화시키고 있었다. 어떤 때는 지나치게 신경을 쓰다가 아주 어색한 순간에 킥킥대거나 웃음을 터뜨리는가 하면, 상대방이 우스운 얘기를 해도 번번이 웃는 기회를 놓치기 일쑤였다. 쎄실은 담당 의사에게 자신의 미숙함이 유년 시절로까지 거슬러 올라간다고 털어놓았다. 그는 자신을 위해 모든 것을 처리해 준 형이 함께 있을 때에는 사회적으로 전혀 불편함을 느끼지 않았다고 한다. 그러나 일단 집을 떠나면 그의 무능함은 심각했다. 그는 일종의 '사회적 장애자'였던 것이다.

다음은 조지워싱턴 대학의 심리학 교수 라킨 필립스 박사가 한 이야기로서, 그는 쎄실이 갖고 있는 장애를 유년 시절에 가장 기초적인 사회적 상호 작용을 학습하지 않았던 데에서 비롯된다고 보고 있다.

쎄실이 어린 시절에 필수적으로 배웠어야 한 것은 무엇일까? 우선 남이 말을 걸면 그에게 직접적으로 말하는 것, 사회적 접근에서 주도성을 발휘하는 것, 다른 사람들이 먼저 말할 때까지 기다리기만 하지 않는 것, 대화를 지속하려고 노력하는 것, '예' '아니오' 또는 이와 유사한 폐쇄적인 대답만 하지 않고 개방적인 대화를 하는 것, 다른 사람이 자신에게 고마운 행동

을 했을 때 그에게 감사의 마음을 표현하는 것, 문을 열 때
다른 사람들이 먼저 지나가도록 양보하는 것, 다른 사람이 그
의 일을 다 끝마칠 때까지 기다리는 것… 그리고는 "부탁드립
니다"라고 말하는 것, 남들과 함께 어울리는 것 등이 우리가
2살 이후의 아이들에게 가르쳐야 하는 기본적 능력인 것이다.[9]

쎄실이 보이는 사회적 능력의 결함은 이러한 기본적인 예의
를 가르치지 못했던 주변 사람들의 잘못 때문이거나 혹은 쎄실
이 원래부터 이러한 능력을 학습하는 데 있어 무능해서 일 것이
다. 그 원인이야 무엇이든 간에 이 이야기가 주는 교훈은 사회
적 상호 작용에 관한 셀 수 없이 많은 가르침 덕택에 아동은
상호 작용에 성공하게 되고, 사회적 관계에 있어서 무언의 규칙
을 깨닫게 되는 것이다. 이러한 규칙을 따르는데 실패하는 사람
은 좋은 사회적 유대 관계를 형성하지 못할 뿐만 아니라 그들이
만나는 사람들의 감정을 잘 다루지 못하여 타인들과의 관계에
서 항상 삐걱거리는 소리를 내게 한다.

이러한 불문율의 기능은 모든 사람들이 사회적 교류에서 편
안함을 느끼도록 하는 데에 있다. 어색함은 불안감을 불러올
뿐인 것이다. 사회적 기술이 결여되어 있는 사람들은 사회적
유대 관계를 제대로 형성하지 못할 뿐만 아니라, 만나는 사람들
의 감정 관리에서도 무능함을 보인다. 그렇기 때문에 그들이
참여하는 자리에는 언제나 풍파가 일어난다.

우리 모두는 어디서나 사회적 세련미가 부족한 쎄실의 후예
들을 만나게 된다. 대화나 전화통화를 끝내야 할 시점을 놓치
고 계속 떠드는 사람, 작별 인사를 나누어야 할 기회나 암시에

대해 무지한 사람, 타인들에 대해서는 아무런 흥미를 갖지 않고 오로지 자신의 이야기만 해대면서 다른 화제로 들어가는 시도를 무시하는 사람, 함부로 끼어들어 '껄끄러운' 질문들을 던지는 사람등등…. 이러한 원만한 사회적 궤도에서의 이탈들은 모두가 기본적인 인간관계의 기초가 부족함을 드러내는 것이다.

심리학자들은 비언어적인 메시지를 학습하는데 있어서 무능력한 사람을 가리키기 위해 '신호 불능증'(Dyssemia: 그리스어의 *dys*-는 '어려움'을, *semes*는 '신호'를 의미함)이란 용어를 만들어 냈다. 어린이 10명 가운데 1명 정도는 이 분야에서 문제점을 갖고 있다.[10]

예를 들면, 타인과 자기와의 물리적 거리를 조절하지 못하여 대화하는 동안 상대방에게 너무 가까이 다가서거나 자기 소유물을 다른 사람의 영역에 늘어놓는 등의 행위를 비롯하여 신체언어(몸말)의 이해와 활용에서 미숙함을 보이는 행위, 눈맞춤의 실패로 인해 상대의 표정을 잘못 해석하거나 자신의 표정을 잘못 사용하는 행위, 말하기에 있어서 운율적인 측면 및 고저장단 강약의 감성적 중요성에 대한 인식의 부족함으로 인해서 너무 딱딱하거나 무미건조한 말을 하는 것 등을 들 수 있다.

현재 사회적인 능력의 부재 증세를 보이는 아이들이나 사회적 미숙성으로 놀이 동무들에게서 따돌림을 당하는 아이들에 관해 상당한 연구가 진척되어 있다. 원래 다른 아이들을 못살게 굴기 때문에 따돌림당하는 아이들을 제외한다면, 기피 대상의 어린이 대부분은 직접 대면을 전제로 한 교류, 특히 첫 대인 접촉의 성격을 좌우하는 무언의 규칙에서 항시 결함을 보이는 아이들이 대부분이다.

만약 어떤 아이의 언어 능력 발달이 부진하다면 우리는 흔히 두뇌가 나쁘거나 잘못된 교육을 받은 것으로 가정한다.

그러나 상호 작용에 필요한 비언어적인 규칙들을 제대로 지키지 못하면 다른 사람들은 특히, 놀이 동무들은 그를 '이상한' 아이로 간주하고 피하게 될 것이다. 이들은 자연스럽게 게임에 참여하는 방법을 모르는 아이들이고, 타인들과의 접촉에서도 우정보다는 불쾌함을 만들어 내는 한마디로 '어긋난' 아이들이다. 이들은 감성의 비음성적 언어들을 체득하지 못했기 때문에 불편함을 야기시키는 의사 표현만을 보이게 되는 것이다.

어린이의 비언어적 능력을 연구하는 에모리 대학의 심리학자인 노위키 박사는 이렇게 말하고 있다.

"감정을 훌륭하게 읽거나 표현하지 못하는 아이들은 언제까지고 좌절감을 겪을 수밖에 없다. 본질적으로 그들은 무엇이 어떻게 진행되는지를 알지 못하기 때문이다. 감성적 커뮤니케이션은 우리가 행하는 모든 행동의 바탕을 이룬다. 즉, 우리는 한시라도 얼굴 표정이나 자세, 또는 음정을 감추거나 숨길 수가 없는 것이다. 그럼에도 불구하고 우리가 상대에게 전하는 감성적 메시지에서 실수를 저지르고는 오히려 그가 우리에게 이상한 방식으로 반응하는 것처럼 생각하는 것이다. 따라서 상대로부터 느닷없이 툇짜를 맞은 듯한 기분이 들면서 그가 왜 그렇게 나왔는지를 깨닫지 못하는 것이다. 만약 우리가 굉장히 행복한 감정에 따라서 어떤 행동을 했는데 실제로는 그것이 너무 흥분해서 난폭하게 행동하는 것으로 남들에게 보인다면 그들을 화

나게 할 것이 뻔한데도 우리는 그 이유를 모르는 것이다. 이렇
게 정서를 표현하고 이해하는데 결함이 있는 아이들은 결국
'주위 사람들의 태도를 나로서는 어떻게 할 수가 없다', 내가
무슨 짓을 해도 주위 사람들의 반응에 영향력을 행사할 수 없을
것이다'라고 느끼게 된다. 이것이 심화되면서 아이들은 무기력
해지고, 우울해 하며, 무감각해지는 것이다."

　이러한 아이들은 사회적으로 고립되는 것은 말할 것도 없고,
학업에서 마저 어려움을 겪게 된다. 교실은 학업의 배경 못지
않은 사회적 배경이기도 한 것이다. 사회적으로 미숙한 아이들
은 오해받기 쉽고, 교사나 다른 아이들에게도 잘못 반응하기
쉽다. 그 결과 빚어지는 조바심과 당혹감은 그들의 효과적인
학습 능력에 크게 방해가 되는 것이다. 실제로도 아동의 비언어
적 민감성을 측정한 결과를 보면, 감성적 단서를 잘못 이해하는
아이들은 IQ 검사에서 드러난 실제의 학업 능력에 비교해서
낮은 성적을 보이는 경향이 있다.[11]

"우리는 너를 싫어해"
사람들 속으로 들어가는 문턱에서

　사회적 기술에 있어서의 무능함은 어린 시절에 같이 놀고
싶어하는 무리에 새롭게 막 참여하려고 하는 것과 같은 모험의
순간에 가장 고통스럽고도 분명하게 드러난다. 그것은 좋아하
느냐 미워하느냐, 또는 끼워 주느냐 끼워 주지 않느냐가 공공연
히 밝혀지는 위기의 순간이다. 이 중대한 순간은 아동 발달을

연구하는 학자들에게는 주의 깊은 연구의 대상이 되기도 하는데, 그것은 이때야말로 인기가 좋은 아이들과 사회적으로 따돌림당하는 아이들이 사용하는 접근 전략이 뚜렷이 구분되는 것을 알 수 있는 기회이기 때문이다.

이때 발견된 사실들은 사회적 능력에 있어서 감성적 인간관계의 단서들을 주목하고, 해석하고, 이에 반응하는 것이 얼마나 중요한가를 잘 보여준다. 다른 아이들과 함께 놀고 싶은데도 따돌림을 당하여 주위를 빙빙 돌고 있는 아이들을 보는 것은 안쓰러운 일이지만, 그런 현상은 상당히 보편적인 것이다. 때로는 아주 인기 있는 아이들이 거부당하는 경우도 발생한다.

실제로 초등학교 2~3학년 학생들을 대상으로 한 연구에서는, 어디에서나 환영을 받는 아이들일지라도 이미 놀고 있는 무리 속에 새롭게 들어가는 과정에서 약 26%가 거부당하는 것으로 밝혀졌다.

어린아이들이 이러한 거부에 대해 보이는 감성적 판단은 놀랄 만큼 솔직하다. 어느 4살짜리 아이들이 유치원에서 주고받는 대화를 참고해 보도록 하자.[12]

린다는 동물 놀이와 벽돌쌓기를 하고 있는 바바라, 낸시, 빌과 함께 어울리고 싶어한다. 그녀는 잠시 지켜보더니 말없이 접근하여 바바라 옆에 앉아서 동물 인형을 갖고 논다. 바바라가 돌아서며 린다에게 말한다.

"넌 여기서 놀지 마!"

"싫어, 놀거야."

린다가 맞받아친다.

"이 인형들, 너희들 것도 아니잖아."

"안돼, 여기서 놀지 마."

바바라가 퉁명스럽게 대꾸한다.

"우린 오늘 네가 싫어."

이때 빌이 린다 편을 들어주자, 이번에는 낸시가 바바라를 도와 공세에 참여한다.

"우린 오늘 네가 싫어."

노골적으로든 암묵적으로든 "네가 싫어"라는 말을 들을 수 있다는 위험성 때문에 모든 아이들은 놀이집단에 접근하는 순간에 조심스러워진다. 물론 이와 같은 조바심은 칵테일 파티에서 친근한 사이들로 이루어진 행복한 잡담 그룹으로부터 소외된 어느 남자가 주변에 온통 낯선 사람들 뿐인 것을 알고 느끼는 감정과도 크게 다르지 않다.

하나의 그룹에 새롭게 들어서는 순간은 아이로서는 너무도 중요한 시간이기 때문에 연구가들에게는 '아주 시사하는 바가 큰 것이고, 사회적인 기술에서 어떠한 차별성을 갖는지를 신속히 밝혀 주는 계기가 되는 것이다.[13]

대체적으로 신참들은 한참 동안 말없이 노는 것을 쳐다보기만 한다. 그러다가 매우 조심스럽게 놀이에 참가하며, 세심한 주의를 기울인 다음에야 적극적으로 되어 간다. 신참 아이가 그룹에 들어갈 수 있느냐 없느냐는 그가 현재 어떤 놀이가 흐름을 타고 있고, 어떤 것이 그렇지 않은가를 감지하여 그룹의 준거 틀에 어울릴 수 있는가 하는 점이다.

거부당하는 가장 중요한 이유 두 가지는 너무 일찍 주도권을

잡으려고 하는 것과, 그룹의 준거 틀에 동조하지 못하는 것이
다. 또한 이 두 가지 성향은 사회적 기술이 부족한 아이들이
가장 쉽게 저지르는 잘못이기도 하다. 그들은 자기의 놀이 방식
을 그룹 내에 강요하기도 하고, 놀이 주제를 너무 자주 또는
너무 일찍 바꾸려하기도 하고, 자기만의 의견을 시도하기도 하
고, 다른 아이들과 즉각적인 불일치를 보이기도 한다. 이 모든
행동은 말할 것도 없이 자기에게 주목을 끌기 위한 시도의 일환
이다. 그러나 이러한 행동은 무시와 거부만을 가져올 뿐이다.
이와는 반대로 사회성이 발달한 아이들은 함부로 끼어들기 전
에 상황이 어떻게 진행되는지를 파악하기 위해 그룹을 관찰하
는 시간을 갖는다. 그리고 모두가 하고 있는 놀이를 자신도 받
아들일 수 있음을 보이는 모종의 행동을 취한다. 또 그룹에 의
해 자신의 위상이 인정받을 때까지 놀이의 내용을 결정하는
등의 주도적인 제안을 하지 않는다.

다시 토머스 해취 교수가 놀라운 인간관계적 지능을 보여주
는 아이로 지적한 바 있던 4살짜리 로저 군의 이야기로 돌아가
보자.[14] 로저가 그룹에 들어가기 위한 전략은 첫째 유심히 관찰
하고, 두번째 다른 아이들이 하는 행동을 모방하고, 마지막으로
그 아이들에게 말을 걸어 행동을 같이 하는 것으로 이어지는
승리의 전략이었다. 로저의 기술은 워렌과 함께 '폭탄'(실제는
돌맹이)을 양말 속에 집어넣는 놀이에서 두드러진다. 워렌은
로저에게 헬리콥터에 타고 싶은지 비행기에 타고 싶은지를 묻
는다. 로저는 결정을 내리기 전에 워렌에게 되묻는다.

"넌 지금 헬리콥터에 타고 있니?"

　이 별것 아닌 듯한 순간이 사실은 상호 작용을 유지시키는 중요한 방식의 하나로써 타인의 관심사에 대한 감각과 그러한 인식을 바탕으로 하여 행동하는 능력이 어떤 것인지를 밝혀 주고 있는 것이다.

　해취 교수는 로저에 대해 이렇게 설명한다.

　"그 아이는 놀이 동무들을 '검토'함으로써 그들과 놀이가 함께 연결되도록 배려하고 있다. 그 전까지 수많은 아이들은 단지 자기만의 헬리콥터나 비행기에 올라탄 채 말 그대로, 또는 상징적으로 서로에게서 떨어져 멀리 날아가 버릴 뿐이었다."

감성의 승리 : 생생한 성공사례

　만약 사회적인 기술의 측정 대상이 타인들의 혼란스러운 감정을 진정시키는 능력이라고 한다면, 분노의 정점에 오른 사람에게 현명하게 대처하는 능력이야말로 최고 수준의 사회적인 기술이라고 할 수 있다. 분노와 감성의 오염을 스스로 자제하는 능력에 관한 연구들에 따르면, 화를 내는 사람의 주의를 분산시키는 한 가지 효과적인 전략은 그의 감정과 관점에 감정이입하고 그를 대안적인 초점으로 이끌어 들여서 보다 긍정적인 감정 분야로 향하도록 인도하는 것이라고 할 수 있다. 이는 일종의 유도 경기 기술을 감성에 도입하는 것이라고 할 수 있겠다.

　이와 같은 세련된 기술로 타인의 감성을 훌륭하게 이끌어 낸 예를 나의 친구였던 지금은 고인이 된 테리 돕슨한테 들은 적이 있다.[15]

그는 1950년대에 미국인으로서는 처음으로 일본에서 합기도를 배운 사람이다. 어느날 오후 그의 집으로 향하는 도쿄 교외선 열차에 덩치가 크고, 호전적인 인상에 술이 잔뜩 취한 지저분한 노동자가 올라탔다고 한다. 그 사람은 비틀거리며 승객들을 위협하기 시작했다. 큰 소리로 욕설을 퍼붓는가 하면, 아기를 안고 있던 여자를 밀쳐서 어느 노부부의 무릎으로 넘어지게 했다. 놀란 부부는 황급히 도망쳐서 다른 승객들이 있는 열차의 구석 자리로 물러섰다. 이 주정뱅이는 허공을 쳐대며 계속 팔을 휘두르다가 갑자기 열차 가운데의 기둥을 붙들더니 외마디 소리와 함께 흔들어 대기 시작했다.

그당시 하루 8시간의 합기도 훈련을 통해 더할 나위 없는 신체적 조건을 갖추고 있었던 테리는 누군가가 크게 다치기 전에 그 사람을 제압하는 것이 모든 사람들의 요청일 것이라는 생각이 들었다. 그러나 문득 스승의 말이 떠올랐다고 한다.

"합기도는 화해의 무술이다. 누구든지 싸울 목적으로 이 무술을 사용한다면, 그는 우주와의 관계를 깨뜨리게 되는 것이다. 만약 너희들이 사람들을 지배하고자 한다면, 너희는 이미 패배한 것과 다름없다. 우리는 분쟁을 해결하기 위해 합기도를 배워야지 분쟁을 일으키려고 배워서는 안되는 것이다."

실제로 테리는 스승으로부터 첫 수련을 받기 전에 결코 싸움을 걸기 위해서가 아닌 방어용으로만 무술을 사용하겠다고 맹세한 바 있었다. 그러다가 드디어 지금 눈앞에는 자신의 합기도 능력을 시험해 볼 실제적인, 그것도 합법적인 기회가 벌어지고 있는 것이다. 마침내 자기 자리에 꼼짝 않고 앉아 있는 승객들 사이로 테리가 조용히, 그리고 신중하게 다가섰다.

그를 본 주정뱅이가 외마디 소리를 질렀다.

"하! 양놈 아냐! 일본 맛 좀 볼 테냐!"

그리고 테리에게 덤비기 위해 몸을 추스르기 시작했다.

주정뱅이가 달려들려는 찰나였다.

"이봐!"

귀청이 찢어질 것 같으면서도 이상하리 만치 밝은 음색이 깃든 소리가 차안에 선연히 울려 퍼졌다.

그 외침은 친한 벗을 우연히 만났을 때나 들을 수 있는 그런 유쾌한 음색을 지니고 있었다. 주정뱅이가 놀라서 뒤를 돌아보니, 그곳에는 70대의 자그만한 체구의 노인이 기모노 차림으로 단정히 자리에 앉아 있었다. 그 노인은 밝은 미소로 주정뱅이를 바라보며 가벼운 손짓과 나직한 목소리로 불렀다.

"이리 와."

주정뱅이는 성큼 노인쪽으로 다가서서 호전적으로 대꾸했다.

"나한테 할 얘기라도 있소?"

그 동안 테리는 주정뱅이가 난폭한 행동을 보이면 언제라도 덮칠 채비를 하고 있었다.

"뭐 마셨나?"

그 노인네는 여전히 따뜻한 시선을 보내며 술 취한 노동자에게 물었다.

"사께 마셨다. 왜!"

주정뱅이는 으르렁거렸다.

"그거 좋지. 아주 좋아…!"

노인은 부드러운 음성으로 대꾸했다.

"있지, 나도 사께 좋아해요. 마누라가 지금 나이가 일흔 여섯인데도 말야 매일 밤 함께 마시지. 조그만 병 하나 꺼내 들고 정원에 갖고 나가 나무로 만든 의자에 앉아 마셔요."

그는 계속해서 자기 집 뜰에 있는 감나무와 정원에 심은 갖가지 진귀한 나무들과 함께 저녁마다 술을 마신다는 이야기를 늘어놓았다.

노인의 이야기가 진행되는 동안에 주정뱅이의 표정이 누그러지면서, 쥐고 있던 주먹도 서서히 풀어졌다.

"예… 저도 감나무가 좋아요…"

그의 목소리는 어느새 얌전해져 있었다.

"그럼!"

노인은 한층 기운찬 목소리로 맞장구쳤다.

"자네도 아주 예쁜 마누라가 있겠지."

"아닙니다."

그 노동자는 대답했다.

"제 처는 죽었어요…" 그는 흐느끼면서 부인과 집과 일자리를 잃게 된 과정과 어떻게 하다가 자기가 이렇게 부끄러운 모습으로 바뀌었는지를 털어 놓기 시작했다.

바로 그때 열차가 테리가 내려야 할 역에 멈춰 섰다. 그는 주정뱅이를 자기 자리로 불러서 좀더 자세히 이야기하도록 권유하는 노인의 모습과, 노인의 무릎에 머리를 베고 눕는 주정뱅이의 모습을 돌아보면서 열차의 문턱을 넘어섰다.

그것은 바로 감성의 승리였던 것이다.

제Ⅲ부

감성지능EQ의
실제 적용

제9장

행복한 결혼생활을 위한 EQ

지그문트 프로이트는 일찍이 제자인 에릭 에릭슨에게 말하기를, '인간의 완전한 성숙의 두 가지 측정 기준은 사랑하는 것과 일하는 것'이라고 하였다. 그렇다고 한다면, 성숙은 인생에서 언제든지 위험에 처할 수 있는 중간역(驛)이라고 할 수 있다. 그런 의미에서 현재와 같이 결혼과 이혼을 떡먹듯이 하고 있는 풍조에서 감성지능EQ의 중요성은 그 어느 때보다도 더욱 중요하게 부각되고 있는 것이다.

이혼율을 생각해 보자. 연간 이혼율은 조금씩 감소하고 있다. 그러나 또 다른 방식의 이혼율 산정에서는 위험할 정도의 상승률을 기록하는 것도 있다. 그것은 새롭게 결혼한 부부가 궁극적으로는 파경에 이르고 이혼을 하게 되는 확률이다. 비록 전반적인 이혼율은 상승을 멈추었지만, 이혼의 위험성은 계속 신혼부부에게로 옮겨가고 있는 것이다.

결혼 년대 별로 분류해서 이혼율을 비교해 보면 그 추세가 더욱 명백해진다.

1890년에 결혼한 부부 중 이혼으로 끝난 경우는 10%정도였다. 1920년대에 결혼한 부부의 경우는 18%, 1950년대의 부부는 30%정도였다. 그런데 1970년대에 결혼한 부부가 끝까지 같이 살거나 결국 갈라설 확률은 50대 50이다.

이런 추세라면 1990년부터 결혼하는 부부가 이혼으로 끝날 가능성은 거의 67%에 육박할 것으로 예상된다.[1] 결국 10쌍의 신혼 부부중 3쌍만이 원래의 동반자와 함께 계속 결혼 관계를 유지하는 셈이 된다.

이러한 이혼율 상승의 원인은 EQ의 퇴보보다는, 아무리 잘못된 부부 사이일지라도 그들의 관계를 지속시켜 주던 사회적 압력 요인, 이를테면, 이혼 후의 불명예나 남편에 대한 아내의 경제적 의존도 등이 약화된 데에 기인한다고 보는 것이 더 타당하다. 따라서 사회적 압력이 더 이상 부부간의 결혼 관계를 유지시켜 주는 접착제 구실을 하지 못하는 곳에서 그들의 관계가 지속되려면 부부간의 감성적인 힘이 더욱 중요해지는 것이다.

그런 의미에서 남편과 아내 사이를 잇는 유대 관계와 그들을 갈라 놓을 수 있는 '감성 단층선'(斷層線)에 대한 연구가 최근 수년 사이에 그 어느 때보다도 세밀히 추진되고 있다. 결혼 관계가 지속되느냐, 혹은 파경으로 끝나느냐에 대한 연구에 커다란 진보가 이루어진 것은 부부의 접촉이 진행되는 순간 순간의 미묘한 감정 변화를 측정하는 정교한 생리학적 방식이 사용된 이후부터이다.

이 방법을 통해 과학자들은 남편에게서 아드레날린 분출과 혈압의 급상승을 감지할 수 있게 되었고, 아내에게서는 표정을 스쳐 지나가는 미세한 감정을 관찰할 수 있게 되었다. 이러한 생리학적 측정 방식은 부부 자신들이 감지하지 못하거나 무시하는 차원에 이르기까지 그들의 어려움에 숨겨진 생리학적 하부구조를 드러내 준다. 또한 관계의 유지와 파괴를 가져오는 감성의 힘까지도 낱낱이 밝혀 준다. 감정의 균열은 어릴 때 여자와 남자 간의 감성 세계가 다른 데에서 기원한다.

남자의 결혼과 여자의 결혼 : 유년기로부터의 뿌리

어느날 오후에 나는 한 레스토랑에 갔던 적이 있는데, 그곳에서 무표정하게 굳은 얼굴을 하고 문으로 걸어나오던 젊은 남자와 마주쳤다. 뒤이어 한 젊은 여인이 달려나와 그의 등을 주먹으로 치면서 소리쳤다.

"이 나쁜 자식! 나한테 좀 더 잘 할 수 없니?"

도피하는 사람에게로 향한, 어떻게 보면 자기 모순적인 이런 애원은 상호 관계에 문제가 생긴 부부에게서 가장 흔하게 볼 수 있는 현상이다.

아내는 남편과 함께 하려고 하고, 남편은 자꾸 빠져나가려고 한다. 결혼 문제 상담자들이 오랫동안 주목해 온 바로는, 부부가 이들을 찾아올 시점에는 이미 남편은 부인의 불합리한 요구와 감정 폭발에 대하여 진저리를 치고, 부인은 남편이 자신의 말에 무관심한 것에 대하여 불평을 쏟아 놓는, '참여-도피'의 패턴이 상당히 고질화된 상태로 나타나고 있다.

결혼이 이런 파국으로 향하는 것은 부부에게 두 종류의 감성,

즉, 남자의 것과 여자의 것이 다른 데에 기인한다. 이 감성적 차이는 부분적으로는 생물학적인 요인의 탓도 있지만, 근본적으로는 남자아이와 여자아이가 감성적으로 동떨어진 세계에서 자란 것에도 원인이 있다. 서로가 좋아하는 게임의 차이 때문이 아니라, '여자 친구' 또는 '남자 친구'를 가졌다는 것에 대해 놀림을 당할까봐 두려워하는 마음에 의해 더욱 강화되어 온 단절의 장벽이기도 한 이 분리된 세계에 관한 연구가 현재 광범위하게 진행되고 있다.[2]

어린이들의 친구 관계에 대한 연구에서 발견된 바로는 3살된 아이들은 자기 친구의 절반이 이성이라고 한 반면에 5살짜리들은 20% 정도이고, 7살이 되면 대부분의 어린이들이 좋은 이성 친구를 가지고 있지 않다고 대답하고 있다.[3] 이렇게 단절된 세계는 사춘기 청소년들이 데이트를 시작하기 전까지는 허물어지지 않는다.

한편으로, 감성 처리에 대해 학습하는 내용도 남자아이와 여자아이 간에 커다란 차이가 있다. 일반적으로 부모들은 감성에 대한 토론에서 분노에 대한 경우를 제외하고는, 아들보다 딸과 더 많은 이야기를 한다.[4] 따라서 소녀들은 감성에 대한 정보 취득에서 소년들보다 앞서게 되는 것이다.

즉, 부모가 취학 전의 아이들에게 이야기를 들려줄 때, 아들보다는 딸에게 감성적 단어들을 더 많이 사용한다. 또한 어머니가 아기하고 놀 때도 다양한 범위의 감정을 보여주는 것은 아들이 아니라 딸이고, 감정에 대한 대화를 나눌 때에도 딸에게는 감정 상태 자체에 대한 세세한 사항들을 밝히지만, 아들에 대해서는 분노의 원인과 그것이 가져오는 결과에 대해서나 하나 하나의 경고적 예화를 들면서 자세히 이야기할 뿐이다.

브로디와 홀 박사가 그간 성별에 따른 감성의 차이를 연구해 온 뒤 그 결과를 요약한 바에 따르면, 여아는 남아보다 언어에 대한 재능을 쉽게 익히기 때문에 자신의 감정을 세세히 밝히는 능력이 뛰어나고, 감정을 신체적 반응으로서 표출하는 대신에 언어로 대체하는 능력도 남아보다 훨씬 능숙한 것으로 나타난 다. 이와는 대조적으로, 남아에게는 감정을 언어로 표현하는 것이 별로 중요시되지 않기 때문에, 이들이 자신에 대해서든 타인에 대해서든 감정 상태를 인식하는 문제에는 대체로 뛰어 나지 못한 것이다.[5]

10살이 되면 여자아이들도 화가 나면 남자아이들과 마찬가 지로 공공연히 공격성을 표명하고 대결 의사를 밝히기도 한다. 그러나 13살이 되면서부터는 눈에 띄는 차이가 나타난다. 여자 아이들은 배척, 험담하기, 간접적인 복수와 같은 교묘한 책략에 우수함을 보이기 시작한다.

반면, 남자아이들은 대체로 이런 은밀한 책략에는 무지한 채, 분노한 상태로 계속 대결적 자세를 유지한다.[6] 이러한 연유로 인해 남자아이들은 후에 성인이 된 후에도 감성 생활의 이면에 서 여성들보다 세련미가 떨어지게 되는 것이다.

여자아이들은 놀이할 때 소규모 친밀 집단을 구성하여 적대 감의 최소화와 협력의 최대화를 강조하는데 반해, 남자아이들 의 놀이는 대규모적이고 경쟁을 강조한다. 놀이를 하는 도중에 다친 아이가 발생해서 놀이가 깨어질 때 드러나는 남녀의 핵심적인 차이가 한 가지 있다.

　남자아이들의 경우에 다친 소년이 울음을 터뜨리면 그에게 놀이가 계속 진행될 수 있도록 밖으로 나가 울음을 그칠 것을 종용한다. 똑같은 사건이 여자아이들의 집단에서 일어나면 놀이는 즉시 중단되고 모두가 우는 아이 주위에 모여 그녀를 위로한다.　소년 소녀들이 놀이에서 보이는 이러한 차이는 하버드 대학의 캐롤 질리건 교수가 '핵심적인 성의 불일치'라고 지적한 내용들을 뒷받침해 준다. 질리건 교수에 의하면, 남자들은 독립적이고 의지적이고 자율적인 것에 자부심을 느끼는데 반하여, 여자들은 자신을 상호 연결된 고리의 일부분으로 여긴다.

　그래서 남자들은 자신의 독립을 위협하는 것에 대하여 두려움을 느끼는데 반하여, 여자들은 관계를 붕괴시키는 것에 대하여 위협을 느낀다. 그리고 데보라 태닌 박사가 자신의 저서『우리가 이해하지 못하는 것』에서도 지적했듯이, 이러한 관점의 차이 때문에 남자와 여자는 대화에서도 매우 다른 것을 기대하고 요구하게 되는 것이다. 남자는 '무엇인가'에 대한 대화를 추구하지만 여자들은 감성적 연결 고리를 추구한다.

　간단히 말해서, 이상의　감성 형성의 차이로 인하여 각기 다른 측면의 감성 기술들이 발전하면서부터 여성들은 언어적, 비언어적 감성 신호들을 파악하거나 자신의 감정을 표현하고 교환하는데 능숙해지는 것에 비해, 남성들은 나약함, 죄의식, 두려움과 상심 따위의 감성들을 극소화하는 것에 능숙해지는 것이다.[7]

　이러한 입장의 차이에 대한 증거가 과학적으로 뚜렷이 드러난다. 예를 들어, 평균적으로 여자들은 얼굴 표정, 목소리의 음조 그외 비언어적인 단서 등 말로 표현되지 않는 감정을 파악하는 능력이란 측면에서 남자들보다 훨씬 감정이입적이란 사실을 수많은 연구가 밝히고 있다. 같은 이유로 여자의 얼굴에서 감정을 읽어 내는 것이 남자로부터 읽어 내는 것보다 훨씬 쉬워진다. 보통 남아나 여아의 경우는 표정에서의 차이가 나타나지 않지만, 이들이 초등학교에 들어갈 무렵부터는 남아들이 표정으로 감정을 드러내는 일이 자꾸 줄어드는데 비해 여아들은 오히려 더욱 늘어난다.

이 사실은 또 다른 중요한 차이점을 반영한다. 그것은 평균적으로 여자들이 남자들보다 더 넓은 범위의 감성을 격렬하고도 생생하게 경험 한다는 점이다. 이런 의미에서 여자들은 남자들보다 훨씬 '감성적'이라고 할 수 있다.[8]

이러한 모든 사실들을 종합하면 여자는 대체로 결혼과 동시에 '감성 관리자'로서의 역할을 수행하면서 결혼생활에 임하지만, 남자는 부부 간의 관계를 유지하는데 있어서 감성의 관리가 얼마나 중요한 기능을 담당하는지를 별로 인식하지 못하는 것이다. 실제로 264쌍에 대한 연구에서 보고된 바에 따르면, 남편이 아니라 부인의 경우 부부 간의 관계에 만족감을 갖기 위한 가장 중요한 요소로서 '원만한 커뮤니케이션'을 지적했다.[9]

부부 관계에 대해 심층적으로 연구하고 있는 텍사스 대학의 심리학자 테드 휴스턴 교수는 이렇게 말한다.

"아내에게 있어서 부부 간의 친밀감이란 서로 대화하는 것, 특히 그들의 관계 자체에 대하여 대화하는 것을 의미한다. 그러나 남편은 대체적으로 아내가 자기한테 무엇을 원하고 있는지를 이해하지 못한다. 남편들은 흔히 '나는 그녀와 함께 많은 일을 처리하고 싶은데, 그녀가 원하는 것은 대화 뿐이다.'라고 말한다."

구애 기간에는 남자들도 앞으로 아내 될 사람이 희망하는 친밀감에 어울리는 대화에 많은 시간을 보낸다. 그러나 일단 결혼하고 나면 시간이 흐를수록 남편은 좀체로 아내와의 대화에 시간을 보내려고 하지 않는다. 특히 전통적인 부부들의 경우에 더욱 그러한 경향이 강하다. 그러면서 차라리 정원 가꾸기 같은 일이 잡담하는 것보다는 부부 간의 친밀감에 더욱 도움이 된다고 생각하는 경향이 농후해지는 것이다.

남편 측의 증가하는 침묵은 이들이 대체로 자신의 결혼 상태를 낙관적으로 생각한다는 사실에도 부분적인 원인이 있다. 그 반면에 아내는 자신에게 발생할지도 모르는 문제점에 대해 항상 신경을 곤두세운다. 한 연구에 따르면, 성관계, 경제 사정, 혼인으로 인한 친척 관계, 서로에게 귀를 기울이는 정도, 상호 결점이 문제되는 정도 등 상호 관계의 모든 면에 있어서 남편의 관점은 아내의 관점보다 장미빛으로 나타난다.[10]

불만이 있을 때 남편보다는 아내가 더욱 목소리를 키우는데, 사이가 좋지 않은 부부일수록 특히 그렇다. 남편의 장미빛 결혼관과 감성 대립을 거부하는 성향을 결합시켜 보면, 서로의 관계에 존재하는 문제점을 남편이 논의하지 않는 것에 대해 왜 그렇게도 아내가 불만스럽게 생각하는지의 이유가 명백해진다. 물론 이러한 성별간의 차이는 일반화된 이론이고, 모든 사례에 해당되지는 않는다. 필자의 한 정신과 의사 친구는 자기 아내가 그들 부부 사이의 감성 문제에 대한 논의를 꺼려한다고 불평하면서 오히려 자기가 항상 문제를 제기한다고 했다.

남편이 부부 간의 관계에 대한 문제를 좀체로 화제로 삼지 않는 것은 얼굴 표정에 나타나는 감정을 파악하는 기술의 상대적 무능력에 의해 더욱 악화된다. 예를 들어, 아내가 남편의 표정을 읽어 내는 점에 있어서 반대의 경우보다 훨씬 뛰어난 것으로 나타난다.[11] 따라서 아내로서는 자기가 슬퍼진 이유를 묻지 않는 것은 말할 것도 없고, 기분이 어떤지조차 눈치채지 못하는 남편 때문에 더욱더 슬퍼지는 것이다.

이상 부부의 친밀도에 관계없이 발생하는 불만과 불일치를 서로가 다른 방식으로 해결하려고 함으로써 발생하는 상호간의 감성적 격차는 과연 무엇을 의미하는 것일까? 우리가 아는 것처럼 성 관계 횟수, 자녀의 교육 방식, 할부와 저축은 어느 정도 할 것인가와 같은 특수한 문제들은 실제로 결혼의 지속 혹은 파경을 이끄는 결정적 요소가 되지 않는다. 오히려 이런 중요한 문제에 관해서 어떤 식으로 대화하느냐가 결혼의 운명에 중대한 요인으로 작용하는 것이다.

이 경우, 서로 간에 의견 차이가 있음을 인정하는 것이 결혼 관계 존속의 핵심적 요소이다. 즉, 부부는 함께 상호 간의 차이를 극복함으로써 험난한 감성의 파고들을 뛰어넘어야 하는 존재인 것이다. 이것이 실패할 때 부부 관계는 감성적 균열에 의해 흔들리게 되고 결국에는 파경에 이르게 된다. 그리고 앞으로도 살펴보겠지만, 어느 한쪽에 감성지능*EQ*의 결함이 있으면 이러한 균열은 더욱더 확대된다.

결혼생활의 단층선

프레드: 이봐, 세탁소에 맡겼던 내 옷 찾아 왔어?

잉그리드: (비웃는 어조로 흉내낸다) "내 옷 찾아 왔어?" 당신 옷이니까 당신이 찾아와. 내가 뭐야? 당신의 하녀야?

프레드: 천만에 말씀! 당신이 하녀였다면 하다 못해 세탁 정도는 손수 했겠지.

이것이 코메디 드라마의 대사였다면 재미라도 있을 것이다. 그러나 이것은 별로 놀랄 만한 것도 아니지만 결혼한지 수년 이내에 이혼하는 실제 부부들 사이에 이루어지고 있는 대화이다.[12] 부부 관계를 결속시키는 감성적 요소와 파경을 가져오는 침식성 감정에 대하여 가장 세밀한 분석을 추진한 대가는 워싱턴 대학의 심리학 교수 존 가트맨 박사이다.[13]

그의 연구소에서는 찾아오는 부부들의 대화를 비디오 테이프로 녹화한 후 몇 시간에 걸친 상세한 분석에 의해 표정 뒤에 숨은 하위 감정의 흐름의 변화를 분명히 밝혀 나간다. 이렇게 부부를 이혼으로 이끄는 '감성 단층 지도'를 작성하면서 EQ가 결혼생활의 지속에 결정적인 역할을 한다는 것을 밝힐 수 있는 설득력 있는 사례들이 도출된다.

지난 20여년 동안 가트맨 교수는 200쌍 이상의 부부 관계를 추적했는데, 그 중에는 신혼 부부도 있고 결혼한지 수십 년이나 지난 부부들도 있다. 결혼의 감성 생태학에 대한 가트맨 박사의 분석은 너무도 적중하고 있다. 연구에 따르면 그가 자신의 연구실을 다녀갔던 부부들 중에 3년 이내에 이혼한 부부(세탁물을 찾아오는 문제로 신랄한 대화를 나누었던 프레드와 잉그리드의 경우처럼)들을 예측한 정확도는 94%에 이르고 있으며, 이것은 결혼에 관한 연구에서 전례가 없는 정확도라고 할 수 있다.

가트맨 교수의 분석의 위력은 정밀한 측정과 철저한 조사의 성과이다. 부부가 대화를 하는 동안 감지기는 생리 현상의 아주 사소한 흐름까지도 기록하고, 에크만 박사가 개발한 감성 탐지 시스템을 이용하여 표정에 대한 초 단위의 분석을 통해서 순간적인 매우 미묘한 감정의 뉘앙스까지도 탐지한다. 이 과정이 지나면 부부는 한 명씩 연구실로 들어와 비디오 테이프를 보면서 대화 중 감정이 고조되었던 순간에 품었던 생각들을 진술한다.

그 결과는 결혼 관계를 '감성 X레이'로 투사한 것과 같다고 말할 수 있다.

가트맨 박사가 발견한 바로는 결혼 관계가 위험에 처하는 최초의 징후는 '거친 비난'이다. 건강한 결혼 관계에서는 부부가 불평을 자유롭게 표출한다. 하지만 분노가 격렬해지면 불평은 파괴적인 성격을 띠게 되면서 배우자의 인격에 대한 공격으로 발전하게 된다. 한 가지 사례를 들어보자.

파멜라는 딸과 함께 신발을 사러 갔고, 남편 톰은 서점에 갔다. 그들은 한 시간 뒤에 우체국 앞에서 만나 연극을 보러 가기로 했다. 파멜라는 정확하게 약속 장소에 갔는데, 톰은 감감무소식이었다.

"이 양반 도대체 어디 있는 거야? 10분 있으면 연극이 시작되는데." 파멜라는 딸에게 불평하였다. "네 아빠는 항상 계획을 엉망으로 만들어 버린단말야…"

10분 후에 나타난 톰은 우연히 친구를 만나서 기뻤다는 말과 함께 늦은 것을 사과하자 파멜라는 빈정거리며 퍼부어 댔다.

"됐어요. 어쨌든 우리가 하는 계획마다 모조리 망가뜨리는 당신의 놀랄 만한 능력에 대해 얘기할 기회는 되었으니. 당신은 너무 생각이 없고 자기 중심적이예요!"

파멜라의 불평은 도를 넘어섰다. 그것은 인격을 깔아뭉개는 언사로서, 행위가 아닌 사람 자체에 대하여 비난하는 것이다. 사실 톰은 사과를 했다. 그러나 그의 실수에 대하여 파멜라는 '생각이 없고 자기 중심적인' 사람으로 낙인을 찍었다. 대다수의 부부들이 때때로 이런 순간을 가질 수 있는데, 그 때 상대에 대한 불평이 행위보다 개인 자체에 대한 공격으로 표현되기가 쉽다. 그런데 이렇게 인격에 대해 거칠게 비난하는 것은 합리적으로 행위 자체에 대해 불평하는 것보다 감성적으로 훨씬 더 깊은 상처를 주게 된다. 그리고 당연한 일이지만, 남편이나 아내가 자신의 불평이 무시되거나 수용되지 않는다고 느끼면 느낄수록 그러한 공격이 발생할 확률도 더욱 커지게 된다.

'합리적인 불평'과 '인격적인 비난'과의 차이점은 간단하다. 불평의 경우, 아내는 무엇이 특히 자신을 당혹스럽게 했는지와 그런 것이 자신에게 어떤 느낌을 가져다주었는지를 표현하면서 남편의 인격이 아니라 그의 행위에 대해 비판하는 것이다. "세탁소에서 옷 찾아 오는 것을 당신이 잊었을 때, 나는 당신이 나에 대해 관심이 없는 것처럼 느꼈어요."

　이것은 단호하면서도 공격적이거나 수동적이지 않은 EQ의 기본적인 표현이다. 그런데 인격을 비난할 때는 남편에 대한 총체적인 공격과 함께 특별한 불만 사항들이 쏟아져 나온다.

　"당신은 언제나 그렇게 이기적이고 무관심해. 그래서 나는 당신이 제대로 한다고 해도 믿을 수가 없어."

　이런 종류의 비난은 받는 입장에서 볼 때 수치스럽고, 미움과 비난의 대상이 되고 있다는 생각과 자신에게 결함이 있다는 느낌을 갖게 한다. 이 모두는 상황 개선을 위한 단계를 밟기보다는 방어적 대응으로 진행하게 한다.

　더욱더 심한 것은 이러한 비난에 파괴적 감성 요소인 '경멸'이 혼합되는 경우이다. 경멸은 분노와 함께 쉽게 표출되는데, 보통은 사용되는 언어보다 목소리의 음조 및 분노의 표정 속에 나타난다. 경멸의 가장 명확한 형태는 비웃음과 '병신' '머저리' '얼간이'와 같은 모욕적인 어휘들이다. 이에 못지 않게 상처를 줄 수 있는 경멸 표현의 몸짓으로는 세계 공통적 혐오의 표현인 코웃음치기나 입술 실쭉거리기가 있고, "제길할!"이라고 말하듯이 눈자위를 굴리는 것도 있다.

　경멸을 표시할 때의 얼굴 표정은 입을 측면으로 당기는(보통은 왼쪽으로) 역할을 하는 '볼 근육'이 수축되고 눈동자가 위로 올라간다. 배우자 한쪽이 이런 표정을 지으면 대개 상대는 무언의 감정 교환에 의해 심장 박동이 분당 2~3회 많아지게 된다. 이 숨겨진 대화는 치명적인 영향력을 행사한다. 가트맨 박사가 주장하기로는, 남편이 규칙적으로 경멸적인 태도를 보이면 아내는 위장 장애는 말할 것도 없고, 잦은 감기나 독감, 방광염과 같은 광범위한 건강상의 손상을 입기가 쉬워진다고 한다. 그리고 15분 정도의 대화 중 아내의 표정에서 4번, 혹은 그 이상의 경멸과 유사한 혐오감이 나타날 때 그 부부는 4년 이내에 갈라설 가능성이 아주 높다고 한다.

물론 경멸과 혐오가 간간이 보인다고 해서 당장 결혼이 파탄에 이르는 것은 아니지만, 마치 흡연이나 높은 콜레스테롤이 심장 질환을 가져오듯이, 감성의 공방이 강렬하고 장기적일수록 위험은 더욱더 커진다. 이혼으로 이르는 과정에서 이러한 감성 요인들이 차례로 쌓이면서 비극의 상승 작용을 일으키게 되는 것이다.

습관적인 비난, 경멸이나 혐오는 남편 또는 아내가 상대를 나쁜 쪽으로 판단을 하고 있다는 것을 의미하므로 아주 위험한 신호가 된다. 이렇게 되면 서로의 생각에서 상대방은 끊임없는 비난의 대상이 되는 것이다. 이러한 부정적이고 적대적인 사고는 공격적인 성격을 띠기 때문에 받아들이는 입장에서는 방어적이거나 역공격을 취할 준비를 갖추게 되는 것이다.

상대로부터 공격을 받은 배우자는 공격이나 도피의 반응이 나온다. 가장 확실하게 드러나는 방식은 화를 내며 반격으로 나오는 반응일 것이다. 이것은 대개 결실없는 고함치기나 격투로 이어진다. 그러나 또 다른 방식인 도피는 더욱 치명적일 수 있는데, 그것이 냉담한 침묵으로 이어질 경우에 특히 그러하다.

무관심은 궁극적인 방어 수단이다. 무관심한 사람은 그저 멍한 표정을 지으며 무뚝뚝한 표정과 침묵을 통해 대화에서 빠져

나간다. 무관심은 차가운 괴리감과 헛된 우월감과 혐오들이 결합된 그 무엇과도 같은 강력하고도 무기력한 메시지를 전달한다. 무관심은 주로 결혼 상태에 심각한 문제가 발생할 때 나타난다. 이런 경우의 85%는 남편 쪽이 아내의 비난이나 경멸에 대한 반응으로 무관심을 드러낸다.[14] 무관심이 습관화되면 부부 관계의 건강에 파탄을 가져온다. 불일치를 해결하기 위한 모든 가능성이 제거되기 때문이다.

독기어린 생각

아이들이 소란을 피우자 아버지 마틴은 화가 난다. 그는 아내 멜라니를 돌아다보며 날카로운 어조로 말한다.

"아이들을 좀 조용히 시켜야 되지 않겠어?"

그의 본심은, '당신은 아이들에게 너무 관대해'이다.

남편의 분노에 반응해 멜라니도 은근히 화가 치민다. 상기된 표정과 함께 눈살을 찌푸리며 그녀는 대답한다.

"재미있게 놀고 있잖아요. 어차피 조금 있으면 잘 시간이에요." 그녀는 '또 잔소리가 시작되는구나'라고 생각한다.

마틴은 이제 화가 난 것이 눈에도 보일 정도이다. 그는 주먹을 쥐고 위협하듯 몸을 앞으로 숙이며 짜증스럽게 말한다.

"내가 꼭 애들을 직접 재워야겠어?"

그의 실제 생각은 '저 여편네 사사건건 반기를 쳐드니, 차라리 내가 재우는 게 낫겠다.'이다.

멜라니는 마틴의 격노에 놀라서 온순하게 대꾸한다.

"아니에요, 내가 지금 바로 애들을 재우겠어요."

그녀의 생각은, '저 사람 자제력을 잃고 아이들에게 상처라도 입히면 큰일이니까 내가 져줘야지'이다.

이런 유언 무언의 평행선식 대화는 결혼 관계를 해칠 수 있는 사고의 전형적인 예라고 인지 치료의 창시자인 아론 벡 박사는 보고하고 있다.[15]

멜라니와 마틴 사이에 실제로 교환되었던 감정은 그들의 사고에 의해 형성된 것인데, 이 사고는 다시 벡 박사가 '자동적 사고'라고 표현한 더욱 깊은 사고에 의해 결정된다. 이는 순간적으로 지나치는, 그러면서도 자신 및 주변 사람들에 대한 인식의 바탕을 이루는 동시에 가장 깊은 감성적 태도를 반영하는 생각이다. 멜라니의 심층 사고는 '남편은 언제나 성질을 부려서 나를 위협한다'와 같은 것이고, 마틴의 핵심적 사고는 '그녀에게는 나를 이런 식으로 취급할 권리가 없어'이다.

멜라니는 자신을 결혼생활의 죄 없는 희생자로 생각하고, 마틴은 아내의 부당한 대우에 분노하는 것이 정당하다고 생각하는 것이다.

죄 없는 희생자와 정당한 분노라는 평행적 사고는 '문제 부부'들에게서 전형적으로 발견되는 것으로서, 끊임없이 또 다른 분노와 상처를 일으킨다.[16] 정당한 분노와 마찬가지로 괴로운 사고가 자동화되면 자기 확신적인 성격을 갖게 된다. 그래서 희생당한다고 느끼는 입장에서는 자신에게 해가 된다고 생각하는 상대방의 모든 행동을 예의 주시하게 되고, 그 관점과 어긋나는 상대방의 어떠한 친절한 행동도 무시하거나 고려하지 않게 되는 것이다.

이러한 사고는 아주 강력한 것이기 때문에 신경 경보 체계를 쉽게 건드린다. 스스로를 희생자로 여기는 남편의 사고가 감성을 사로잡게 되면, 그는 당분간 아내가 자기에게 해를 끼치려고 했다는 느낌을 뒷받침하는 일련의 불만 사항들만을 되살려서 몇 번씩이고 곱씹어 생각하는 것이다. 그러면서 자신이 희생자가 아니라는 관점을 입증해 줄 만한 아내의 행동은 어떠한 것도 생각하려고 들지 않는다. 이제 아내는 사면초가에 처하게 된다. 그녀가 아무리 의도적인 친절을 보여 주어도 남편의 부정적인 렌즈를 거치는 동안 희생 강요자로서의 입장을 모면하려는 아주 유치한 시도로만 해석되고 만다.

이러한 고통을 일으키는 관점을 갖지 않아야 부부는 동일한 입장에서 현재 진행되는 사건을 유연하게 해석할 수 있고, 돌발적 감정에도 사로잡히지 않을 수 있으며, 설령 사로잡히더라도 금방 극복할 수가 있게 된다. 여기서 고통을 지속시키거나 경감시켜 주는 사고의 틀은 제 6장에서 낙관성 훈련의 창시자인 셀리그만 박사의 설(說)로서 소개한 낙관주의와 비관주의 형태와 같은 패턴이다. 비관주의적 관점은 상대가 원래 결함이 있기 때문에 변화될 수가 없고, 비극은 예정된 것이라고 믿는 것을 말한다.

"그는 이기적이고 자기 중심적이다. 원래 그렇게 자랐기 때문에 앞으로도 계속 그럴 것이다. 그는 언제나 내가 자기의 수족이 되어 섬기기만을 바랄 뿐이지 나의 감정 따위는 전혀 아랑곳하지 않는다."

이와 대비되는 낙관적 관점은 다음과 같다.

"그가 지금은 까탈스럽게 굴고 있지만 원래는 사려깊은 사람이다. 지금은 아마 기분 나쁜 일이 있기 때문일 것이다. 혹시 직장에서 안 좋은 일이 있는 것은 아닐까?"

이러한 관점은 남편이나 결혼생활을 구제 불능이거나 치명적인 것으로 받아들이는 태도와는 크게 다른 것이다. 오히려 어려운 순간을 상황에 따른 것으로 받아들이고 언제든지 변화시킬 수 있다고 굳게 믿는 것이다. 비관주의 심신의 고통을 가져온다면, 낙관주의는 평온과 기쁨을 가져오는 것이다.

비관적인 사람일수록 돌발적 감정의 희생자가 되기 쉽다. 그들은 상대방의 행동에 대해 분노하고, 상처를 입고, 고통스러워 할 뿐만 아니라 한번 이러한 상황에 빠져들면 여간해서 헤어나오지 못한다. 상대방과의 갈등을 유지하는 가운데 그들의 내적 고통과 비관적 태도는 비난과 경멸로 흐르게 되고, 방어적인 태도와 무관심의 가능성을 더욱 증폭시킨다.

이러한 유해한 사고 중에서 가장 심각한 형태는 아내에게 폭력을 행사하는 남편에게서 발견할 수 있다. 인디애나 대학의 심리학자들이 폭력을 사용하는 남편들을 연구한 바에 따르면, 이들의 사고는 동네 깡패의 사고와 유사한 것으로 나타난다. 이들은 아내의 중립적인 태도 조차도 적대적인 의도가 있는 것으로 간주하고 이러한 오해를 바탕으로 하여 자신의 폭력을 정당화한다. 성적으로 공격적 기질이 있는 남편들도 이와 비슷하여 늘 부인을 의심스러운 시선으로 바라보며, 부인의 반대에 대해 무시하는 행동을 취한다.[17] 우리가 제 7장에서도 보았듯이 이런 남편들은 아내의 냉대나 거부, 또는 공공연한 난처함에 대해서 특히 위협을 느낀다.

아내를 구타하는 남편들에게서 볼 수 있는 폭력을 합리화하는 사고의 전형적인 시나리오는 다음과 같다.

"어떤 사교 모임에 참석했는데, 아내가 매력적으로 생긴 한 남자와 웃으면서 30분이 넘도록 이야기하고 있었다. 그는 아내를 유혹하려는 것 같았다."

이러한 남편은 차후에 아내로부터의 거부 또는 소홀한 태도를 암시하는 무엇인가를 감지하게 되면 즉시 불만과 분노의 반응을 보이게 된다. 대체적으로, "그녀가 나를 버리고 떠나갈지도 모른다"와 같은 자동 사고가 돌발적 감정을 촉발하면 손버릇 나쁜 남편의 충동적 반응을 자극함에 따라 폭력을 행사하게 된다. 연구가들은 이를 두고 '무능한 행동적 반응'이라고 부른다.[18]

감정의 범람 : 결혼생활의 늪

이렇게 고통스러운 태도를 유지하면서 돌발적 감정에 자주 사로잡히고 그에 따른 상처와 분노로부터의 회복이 어려워지는 가운데 끊임없는 위기들이 생겨난다. 가트맨 박사는 이 잦은 감성적 스트레스에의 취약성을 가리키기 위해 '범람'이란 용어를 만들어 내었다. 즉, 감정의 범람을 겪는 남편과 아내는 상대의 부정적인 태도와 그에 대한 자신의 반응에 크게 좌우되기 때문에 곧잘 가공할 만한 통제 불가능의 감정에 사로잡히고 만다. 감정이 범람한 사람은 상대의 말을 왜곡하기만 할 뿐 합리적으로 반응하지를 못한다. 이들은 사고를 조직화하지도 못할 뿐더러, 항상 원초적인 반응에 의지하려고 한다.

감정의 범람은 자기 지속적인 돌발적 감정에 의한 형태인 것이다.

어떤 사람들은 분노와 모욕을 곧잘 견뎌 내기 때문에 감정 범람의 출발점이 아주 느린 데 비해 어떤 사람들은 배우자의 아무 것도 아닌 비판에도 금방 '확' 반응한다. 감정의 범람을 구체적으로 알기 위해서는 평상시에 비해 심장 박동 수가 얼마나 상승하는가를 계산해 보면 된다.[19] 평소 여자의 심장 박동 수는 1분당 82회이고 남자는 72회 정도이다. 물론 개인의 체질에 따라 다소의 차이는 있다.

그런데 감정의 범람이 시작되면 박동 수는 평소보다 분당 10회 가량 증가한다. 화를 낼 때나 슬퍼할 때 흔히 그러하듯이 심장 박동이 분당 100회에까지 도달하면 신체는 아드레날린과 기타 호르몬을 과다 분출하게 되어 상당 기간 지속되는 스트레스를 일으킨다. 돌발적 감정에 사로잡힌 순간은 심장 박동에서도 명백히 드러난다. 그것은 잠깐 동안에 심장 박동 수치를 분당 10 내지 20, 심지어는 30회 이상까지 올려놓는다.

이때 근육은 긴장되고 숨쉬기가 어려워진다. 동시에 유해한 감정들이 돌출하면서 피할 수도 없고 어쩌면 영원히 회복하기 어려울 것 같은 공포와 분노가 마음을 지배한다. 이 시점에 도달하게 되면 감정이 격렬성을 띠면서 판단력이 좁아지고, 사고력은 혼란을 겪기 때문에 타인의 견해를 수용하거나 사태를 합리적으로 해결할 가능성은 거의 사라져버린다.

물론 대부분의 부부들은 싸울 때면 대개 이런 격렬한 순간을 경험하며, 또 그것은 어느 정도 당연하기까지 한 현상이다. 결혼생활에서 문제가 시작되는 것은 이러한 감정을 거의 끊임없이 느끼는 경우이다.

이때 한 쪽은 상대 배우자에게 질려 버리고, 감정적인 공격이나 모욕에 대해서 항상 긴장하고, 어떠한 공격이나 모욕 분통의 징후에도 조심스러워 하고, 아주 미미한 신호만 발생해도 과민 반응을 하게 된다. 남편이 이러한 상태에 있는데 아내가 "이봐요, 우리 대화 좀 해요."하고 말해 보았자 남편은 '저 여편네 또 싸움을 걸려고 하는군.'과 같은 반발적 사고를 하면서 감정의 범람을 일으킬 뿐이다. 이것이 반복되다 보면 생리적 흥분으로부터의 회복은 거의 힘들어지고, 무해한 의사 교환 조차 악의적인 해석을 거치면서 또 다른 감정의 범람을 불러 일으키게 된다.

이때부터 결혼생활은 위험한 시기를 맞이하고 상호 관계에는 파국적 전환이 발생하게 된다. 감정 범람을 겪는 쪽은 상대에 대하여 언제나 악의적인 측면만을 보고, 그가 하는 행동 모두를 부정적인 시각으로만 생각하게 된다. 결국 사소한 문제가 큰 싸움을 불러오고, 감정은 계속해서 상처를 입게 된다. 시간을 거듭함에 따라서 감정의 범람에 빠지는 부부는 결혼생활의 모든 문제점들을 심각하고 조정이 불가능한 것으로 간주하기에 이른다. 감정의 범람이 문제를 해결하려고 하는 노력을 방해하기 때문인 것이다.

이러한 과정이 진전되면 이제는 대화 조차도 쓸모없어 보이고, 서로는 자기 방식대로 손상된 감정을 달래려고 한다. 그들은 평행선적 삶을 시작하고, 서로 멀어져 생활하는 가운데 결혼했으면서도 서로 간에 외로움을 느끼게 된다. 가트맨 박사는 이 다음 단계로 가장 흔한 경우가 바로 이혼이라고 한다.

이렇게 이혼에 이르는 궤적에서 감성지능EQ에 비극적인 결함이 발생하는 것은 너무도 자명한 것이다. 부부가 비난과 경멸, 자기 방어와 무관심, 고통스러운 생각과 감정의 범람이라는 연속적 주기에 빠져 있을 때 이들은 감성적 자기 인식과 자기 통제, 감정이입과 분노 완화 능력 등의 붕괴를 반영하고 있는 것이다.

도망가는 남편, 쫓아가는 아내

여기서 결혼생활의 와해를 일으키는 숨은 자극제라고 할 수 있는 성에 따른 감성 생활의 차이들을 다시 살펴보자. 35년 이상의 결혼생활을 유지해도 남편과 아내 사이에는 감성적 상호작용에 임하는 태도에 기본적인 차이가 있다.

평균적으로 여자들은 남자들 만큼 결혼생활에서의 사소한 분쟁으로 인한 불쾌한 감정에 쉽게 빨려들지 않는다. 이 내용은 버클리 캘리포니아 대학의 로버트 레벤슨 교수가 오랫동안 결혼생활을 유지하고 있는 151쌍의 부부를 조사한 뒤에 밝혀진 것이다. 레벤슨 교수에 따르면 남편들은 대부분 결혼생활 중 의견 불일치 때문에 겪는 당혹감을 불쾌하게 생각하거나 심지

어는 혐오스럽게까지 보는데, 이와는 대조적으로 부인들은 그런 것에 크게 마음을 쓰지 않는다고 한다.[20]

남편들은 그리 심하지 않은 부정적인 태도에도 아내들보다 쉽게 감정의 범람을 일으킨다. 그래서 배우자로부터의 비난에 부인보다는 남편 쪽이 훨씬 쉽게 감정의 범람으로 반응하는 것이다. 한번 흥분하기 시작하면 남편은 자신의 혈액 속에 더욱 많은 아드레날린을 분비하고, 그 아드레날린의 흐름은 낮은 수준의 부정적 태도에도 금방 촉발된다. 이러한 범람에서 신체적 회복기에 이르려면 상당한 시간이 흘러야 한다.[21]

그래서 클린트 이스트우드가 등장하는 서부 영화에서 흔히 보이는 냉정한 스타일의 남성상은 폭발하려는 감정을 억제하기 위한 남자의 처세술일 수도 있는 것이다.

가트맨 교수가 주장하기로는 남편들이 쉽사리 무관심해지는 이유는 감정 범람으로부터 자기를 보호하기 위해서라고 한다. 그의 연구에 의하면, 일단 무관심의 상태에 접어들면 심장 박동 수도 분당 10회 이상 떨어지므로 주관적인 안도감을 가질 수 있게 된다.

그러나 여기에 하나의 역설이 성립되는데 남편이 무관심에 접어들게 되면 이제는 아내 쪽에서 심장 박동 수가 증가하고 높은 수준의 스트레스를 보이는 것이다. 이처럼 남편과 부인은 서로 반대되는 양식으로 쫓고 쫓기는 태도를 취하는 가운데, 감성적 대치 상태에 대해서도 매우 다른 자세를 견지하게 된다. 그것은 아내가 남편에 대해 강박관념적인 감정을 갖는 데 비해 남편은 극도로 회피적인 반응을 보이는 것이다.

남편이 무관심해지면 무관심해질수록 아내는 더욱더 남편에 대해 비난의 화살을 쏘게 된다.[22] 이러한 불균형은 아내가 감성 관리자로서의 역할을 추구하기 때문에 발생하는 현상이다. 아내가 의견 불일치나 불평을 제기하고 이를 해결하려고 하면 할수록 남편은 열띤 논쟁에 휩쓸릴 수도 있는 문제에 말려들기를 꺼리는 것이다.

이렇게 틈만 나면 빠져나가려는 남편을 바라보는 아내는 그에 대한 비난을 강화하며 더욱 불만의 강도와 양을 증대시킨다. 만약 남편이 방어적인 태도를 견지하고 무관심을 보이면 아내는 좌절감이나 분노마저 느끼며, 자신의 좌절감을 더욱 부각시키기 위해 경멸을 추가하게 된다.

남편은 아내가 자신을 비난과 경멸의 대상으로 삼는 것을 깨닫고는 스스로를 죄 없는 희생자 또는 정당한 분개자로 간주하게 되는데, 그렇게 되면 감정 범람이 발생할 가능성이 높아진다. 감정 범람으로부터 자신을 지키려는 남편이 취할 행동은 방어적이거나 무관심에 이르는 것 뿐이다. 그러나 남편이 무관심을 보일 때부터 아내에게도 자기가 방해가 되고 있다는 자격지심을 야기시켜서 역시 감정의 범람이 일어나게 된다. 이러한 부부간의 분란들이 상승 작용을 일으키면서 모든 것들이 통제 불능의 상태로 돌진하게 되는 것이다.

행복한 결혼생활을 위하여

부부가 상호 관계에서 스트레스를 받을 때 이를 처리하는 방법이 크게 다름으로 해서 불길한 결과가 생길 수 있다면, 서로의 사랑과 애틋함을 보호하기 위하여 즉, 행복한 결혼생활을 유지하려면 어떤 행동을 취해야 하는 것일까? 결혼 후 수년 간 원만한 생활을 지속하고 있는 부부의 관계를 전문적으로 연구해 온 학자들은 남편과 아내 모두에게 다음과 같은 조언들을 제시하고 있다.

일반적으로 부부 간에는 서로가 다른 쪽의 감성적 조율이 필요하다. 남편의 경우는 갈등을 피하려고 하지 말 것과, 아내가 의견의 불일치나 불평을 표출하더라도 그것이 건전하고 지속적인 부부 관계 유지의 한 방편으로 행하는 일종의 사랑의 표현으로 받아들일 것이 요구된다. 설령 아내의 적대감에 다른 동기가 있더라도 말이다.

불만 사항들은 한번 들끓기 시작하면 폭발에 이를 때까지 심도가 강화된다. 반면에 그것이 발산되고 처리된다면 여기에 가해지던 압력도 제거될 수 있는 것이다. 세상의 남편들이 항상 알아야 할 것은 아내의 분노나 불만이 인격적인 공격과 동일한 것이 아니라는 점이다. 아내의 감성은 현안에 관련된 자신의 감정이 어떠한가를 강조하거나 부각시키기 위해 쓰일 뿐인 것이다.

또 하나 남편들이 주의해야 할 점은 부부 간의 대화에 있어서 실질적인 해결책을 너무 일찍 제시하여 논의를 짧게 마치지 않도록 하는 것이다. 아내에게 반드시 동의를 표하지는 않더라도 그녀의 불만 사항을 들어주고, 현안에 대한 그녀의 감정에 이입하고 있음을 보여주는 것이 중요하다.

아내로서는 남편이 제공하는 충고를 통하여 자신이 지니고 있던 감정이 부조리한 것임을 인식할 수 있게 될 것이다. 아내의 불만을 대수롭지 않은 것으로 무시하는 남편보다는 분노의 와중에서도 아내의 기분을 '함께' 하는 남편만이 아내에게 그녀가 이해받고 존중받는다는 느낌을 전해 줄 수 있는 것이다. 아내는 설령 남편이 동의하지 않더라도 자신의 감정들이 괜찮은 것으로 인정되고 존중받기를 원한다. 대부분의 아내들은 자신의 관점이 경청되고 자신의 감정이 수용됨을 느낄 때 쉽게 부드러워진다.

아내에 대한 조언은 남편에 대한 것과는 상당한 비교가 된다. 남편에게 있어서 가장 신경쓰이는 문제는 아내가 불만을 표명할 때 너무 강력하게 토로한다는 점이기 때문에 아내에게는 남편을 공격하지 않도록 주의하는 의도적인 노력이 필요하다. 즉, 남편의 행동에 불평은 하되, 인격적 비난이나 경멸은 삼가야 하는 것이다. 불평이란 인격에 대한 공격이 아닌, 어떤 특정한 행동들이 자신에게 고통을 주고 있음을 명확히 밝히는 것이다. 화가 나서 인신 공격을 퍼붓는다면 남편은 방어적이거나 무관심한 사람으로 바뀔 것이므로, 이는 다시 더 큰 좌절을 불러일으키고 불화를 상승시키게 될 것이다. 그러나 아내의 불평이 자신의 사랑을 남편에게 재확인시켜 주는 보다 큰 맥락 속에서 이루어진다면 보다 많은 행복을 가져올 것이다.

건전한 다툼-마음의 밭을 갈기

어느 조간 신문에 결혼생활에서의 의견 대립을 해결하지 않음으로써 빚어진 불행한 이야기가 실렸다. 마를린 부인과 그녀의 남편인 마이클 레닉 씨는 전날 한바탕 언쟁을 벌였다고 한다. 남편은 댈러스 팀과 필라델피아 팀 간의 풋볼 경기를 보겠다고 했고, 아내는 뉴스를 보자고 했다.

결국 남편이 자기 마음대로 TV 채널을 바꿔 버리자 부인은 "풋볼이라면 이가 갈려!"라고 하면서 침실에서 38구경 권총을 가져와 TV를 보고 있는 남편의 등을 향해 두 발을 쐈다. 마를린 부인은 특수 폭행죄로 기소되었고, 5만불의 보석금을 지불한 뒤에 석방되었다. 다행히도, 총알 한 발은 복부를 스치고 다른 한 발은 왼쪽 어깨를 관통하는 데에 그쳐서 남편의 상태는 양호한 것으로 알려졌다.[23]

이처럼 폭력적이며 엄청난 희생이 따르는 부부 싸움은 비록 아주 드문 사례이기는 해도, 결혼생활에 관련된 감성지능*EQ*를 살펴볼 좋은 기회가 되어 준다. 이를테면 결혼생활을 오래 지속하는 부부들은 한 가지 화제에 집중하여 처음부터 상대방에게 의견을 말할 기회를 준다.[24] 또 이들 부부는 그 단계에 만족하지 않고 서로의 이야기에 귀를 기울이고 있다는 것을 태도로 보여 준다. 상대방으로부터 마음에 상처를 입은 배우자일수록 자기의 의견이 수용된다는 느낌을 추구하기 때문에, 이들에게 감정이입을 나타내는 감성적 행동이 제시된다면 뛰어난 긴장 완화 효과를 가져올 수 있는 것이다.

그러나 이혼하는 부부들은 대부분 논쟁이 벌어졌을 때 어느 쪽에서도 긴장을 가라앉히려는 시도를 하지 않는다. 불화를 처리하는 방법이 있느냐 없느냐 하는 것이 건전한 결혼 관계를

유지하는 부부의 다툼과 이혼으로 끝나는 부부의 싸움 사이에 존재하는 결정적인 차이점이다.[25]

말다툼이 파멸적인 폭발로 상승하지 않도록 막아 주는 감정 치유의 메카니즘은 논쟁의 적절한 진행, 감정이입, 긴장 완화의 노력과 같은 진솔한 행동에 의해 이루어진다. 이러한 기본적 행동들은 감성의 온도 조절 장치와도 같아서 감정이 폭발하거나 현안에 집중하는 배우자의 능력을 압도해 버릴 정도로 과도하게 표현되는 것을 막아 준다.

결혼생활을 행복하도록 만들기 위한 전략 중 한 가지는 육아, 성, 금전, 집안 일 같이 부부가 다투기 쉬운 특정한 주제에만 집중하지 말고 서로가 공유하고 있는 EQ를 함께 개발함으로써 문제의 원만한 해결을 이루도록 노력하는 것이다.

이때 여러 가지의 감성 능력들, 예를 들어 자기 자신과 상대방에 대한 긴장 완화, 감정이입, 경청 등의 능력을 갖추고 있을 때 부부 간에 보이는 불일치를 효과적으로 해결할 수 있는 것이다. 이 능력들은 건전한 불일치, 또는 '좋은 다툼'을 제공함으로써 결혼생활을 풍요롭게 만들고, 결혼생활을 파괴할지도 모르는 부정적인 요소들도 극복하게 한다.[26]

물론 감성적 습관이 하루 아침에 바뀌어지는 것은 아니다. 여기에는 꾸준한 인내와 사소한 일에도 스스로를 경계하는 노력이 요구된다. 또 부부가 바람직한 변화를 할 수 있느냐 없느냐는 의욕 여하에 달려 있다. 우리가 결혼생활에서 쉽게 드러내는 감성적 반응들은 그 대부분이 유아기 때부터 형상화되어 온 것으로써 우선은 부모와의 친밀한 관계 또는 그들의 모범을 통해 배우고, 그 뒤 결혼생활에 이르렀을 때 완전한 형태로 갖추어진 것들이다.

그래서 우리가 우리의 부모처럼 행동하지 않겠다고 아무리 맹세하여도 특정한 감성 습관들, 예를 들어 아주 사소한 냉대에도 과잉 반응하거나 갈등의 낌새가 보이자마자 마음을 닫아버리는 행동 등이 자신도 모르게 튀어나오기도 하는 것이다.

침착성의 유지

강렬한 감성은 어느 것이고 간에 그 바탕에 행동을 촉발하는 충동을 가지고 있다. 따라서 그러한 충동을 잘 관리하는 것이 EQ 개발의 기본이다. 그렇지만 이것도 잦은 위기에 처하는 부부 관계에서는 상당히 어려울 수 있다. 부부 관계에는 서로의 가장 깊은 곳에 자리잡은 욕구들인 사랑, 존중, 또는 버림받음과 감성적 피해에 대한 두려움 등을 자극하는 반응의 촉발들이 관련된다. 그래서 우리가 하찮은 일을 가지고 부부 싸움을 하면서 마치 생존의 문제가 걸린 것처럼 행동하는 것이 그리 놀라운 일이 아니다.

부부 싸움을 하면서 남편이나 아내가 돌발적 감정에 사로잡혀 있는 동안에는 아무 것도 긍정적으로 해결할 수가 없다. 부부 관계에서 핵심적으로 갖추어야 할 요소 한 가지는 자신의 괴로운 감정을 완화시킬 수 있는 건설적인 방법을 배우는 것이다. 이를 다시 본질적으로 표현한다면 돌발적 감정에 사로잡혀 야기된 감정의 범람에서 신속하게 회복할 수 있는 능력을 습득하는 것을 의미한다. 감정이 최고조로 흥분했을 때에는 명확하게 듣고, 생각하고, 말하는 능력이 급격하게 감소한다. 따라서 냉정을 되찾아 침착함을 유지하는 것이야말로 매우 중요한 건설적인 수단이 될 수 있고, 또 그러한 노력 없이는 문제 해결에 진전도 있을 수 없는 것이다.

의욕이 있는 부부라면 서로의 관계에 말썽이 일어날 때마다 자신의 맥박을 5분 간격으로 측정해 보면 좋을 것이다. 그것은 귓볼과 턱 사이에 있는 경동맥의 맥박을 재는 것으로써 에어로빅을 하는 사람이라면 특히 쉽게 배울 수 있다.[27] 15초 동안의 맥박을 센 뒤 4를 곱하면 1분 간의 맥박이 산출된다. 안정을 느끼는 평상시의 맥박 수를 기본으로 했을 때, 만약 맥박이 정상 수준보다 분당 10회 이상 많아졌다면 이는 감정의 범람이 시작되었다는 것을 의미한다.

두 사람의 맥박 수가 이 정도로 상승한다면 약 20분 정도 논쟁을 중단하고 안정을 되찾은 후 다시 시작하여야 할 것이다. 혹시 5분 정도면 충분하다고 느끼더라도 실제적인 신체의 회복 시간은 훨씬 완만하게 이루어짐을 알아야 한다. 제 5장에서도 보았지만, 분노의 찌꺼기는 더 큰 분노를 야기시킨다. 휴식 시간이 길어야 우리의 신체는 초기 흥분으로부터 회복할 시간을 충분히 확보하는 것이다.

'싸우는 와중에 심장 박동을 측정하다니 말도 안된다'라고 생각하는 부부라면, 부부 중 어느 쪽이든 자신의 감정 범람을 먼저 감지하는 사람이 휴식을 요구하는 것을 사전에 협의하는 방법도 생각해 볼 수 있다. 휴식 시간 동안에 긴장 완화 기술이나 에어로빅 연습, 또는 제 5장에 등장했던 방법 등을 사용한다면 배우자로 하여금 돌발적 감정에서 회복할 수 있는데 많은 도움을 줄 것이다.

기적의 자기 대화

감정의 범람이란 배우자에 대한 부정적인 사고로부터 야기된 것이니 만큼, 만약 남편이나 아내 어느 한 사람이 이런 서투른 판단으로 인해 혼란을 겪고 있다면 직접 돌파하는 방법도 좋을 것이다.

"나는 더 이상 참지 않겠어." 또는 "나를 감히 이렇게 취급하다니…"

따위의 감상(感傷)들은 죄 없는 희생자, 또는 정당한 분개자가 외치는 전형적인 표어들이다. 인지 치료의 대가인 아론 벡 박사도 지적하듯이, 이런 사고에는 분노하거나 상처를 받기 이전에 미리 즉각적인 감지와 적극적인 대처가 있어야만 그로 인한 그릇된 압박감으로부터 해방될 수 있다.[28]

이를 위해서는 마음에 떠오르는 부정적인 사고들을 끊임없이 감시하고, 나쁘게 해석할 필요가 없다는 것을 이해하고, 의도적으로 그러한 감상에 의문을 제기하는 증거나 견해들을 마음에 새겨 두려는 '자기 대화'가 필요하다.

예를 들어, 아내가 '내 남편은 나의 요구에 전혀 신경을 쓰지 않는다. 그는 항상 너무 이기적이다.'라고 느끼는 감성적 위기의 순간에 처했다면, 남편이 취했던 과거의 행동들 가운데 사려 깊었던 것들에 관해서 생각해 보는 것이다. 그렇게 하면 다음과 같은 사고의 재구성이 이루어진다.

'그래, 그 사람이 지금은 비록 사려 깊지 못하고 혼란스러운

행동을 보이지만, 평상시에는 분명히 나에게 많은 신경을 써 줄 때도 있었어.'

여기에까지 이르게 되면 변화와 긍정적 해결의 가능성을 열게 될 것이고, 전자에만 머무른다면 커다란 분노와 상처를 입게 될 것이다.

비방어적 경청과 의사 표현

남자: "당신 지금 소리지르고 있잖아!"

여자: "그래요, 소리지르고 있어요. 당신이 내가 하는 말은 한 마디도 듣지 않기 때문이예요. 당신은 도대체 들어 주려고 하지를 않아요."

경청은 부부의 결속을 가져오는 중요한 기술이다. 논쟁이 고조에 달해 양쪽 모두가 돌발적 감정에 사로잡혀 있더라도 어느 한 쪽이 분노를 뛰어넘어서 적극적으로 경청하면 상대방으로부터 화해의 제스처를 얻어낼 수가 있다. 그러나 이혼으로 치닫는 부부들이라면, 서로의 말 속에 은연중 내포되어 있을지도 모르는 평화의 제의를 묵살하고 분노의 늪에 빠져서 오직 표면적인 상황에만 집착하는 것이다.

또한 같은 경청이라도 방어적인 태도로 듣는 것은 상대방의 의견을 행동 변화의 시도가 아닌 단순한 공격으로 받아들이게 되므로 배우자의 불평을 무시하거나 즉각적으로 반박하는 계기가 될 뿐이다. 물론, 논쟁이 가열되면 배우자 한 쪽이 말하는 것은 대개 공격의 형태를 띠거나 강한 부정적인 언어를 사용하기 때문에 공격 당하고 있는 것으로 밖에 받아들일 수 없는 것도 무리가 아니다.

최악의 경우일지라도 부부 간에는 불쾌한 음조, 모욕, 경멸적인 비난과 같은 적대적이고 부정적인 의사표현은 무시하고 중요한 메시지만 경청하는 '의도적인 가려 듣기'를 행할 수 있다.

이런 행동은 상대방이 심하게 부정적인 말을 하는 것은 이 문제가 얼마나 중요한가를 암시하는 진술로서, 자신이 특히 주의를 기울여 주었으면 하는 상대방의 요구로 받아들일 수 있을 때 많은 도움이 된다. 그래서 만약 아내가, "제발 내가 이야기할 때 끼어들지 좀 마세요!" 라고 불평을 한다면, 남편은 그녀의 적대감에 노골적인 반응을 보일 필요없이 "알았어, 당신 이야기를 끝까지 해 봐."하고 경청해 주는 것이 좋은 것이다.

비방어적 경청의 가장 강력한 형태는 표현된 메시지의 이면에 숨어 있는 감성에 귀를 기울이는 감정이입이다. 제7장에서도 보았듯이, 부부 한 쪽이 상대방에 대하여 진실된 감정이입을 하려면 상대의 감정을 충분히 받아들일 수 있을 정도로 생리적인 수용적 태도가 갖춰질 때까지 자신의 감성적 반응을 진정하여야 한다. 생리적인 조율이 없이 상대방의 감정을 감지하는 것은 대개 핀트가 어긋나기 일쑤이다. 또 감정이 너무 강렬하여 생리적인 조화를 이루지 못하고 모든 것을 압도하려고 한다면 감정이입의 위력도 소용이 없어지는 것이다.

'경영법(鏡映法)'이라고 부르는 방식도 효과적인 감성적 경청의 한 형태로서 부부 문제의 해결 방법으로 종종 이용된다. 이 것은 한 쪽이 불평을 표할 때 다른 쪽이 자기의 말로 상대의 발언 내용을 거울처럼 재현해 줌으로써 상대의 사고 뿐만 아니라 그에 따르는 감성까지도 함께 포착하려는 것이다. 상대의 불평을 경영(鏡映)하는 사람은 자기가 반복한 진술이 상대로부터 정확한 것임을 인정받을 때까지 몇 번씩이고 반복해야 한다.[29] 이것은 단순한 것처럼 보이지만 실제로 해 보면 매우 어렵다. 이 방법을 통해 상대방에 대한 즉각적인 공격을 삼가게 되고, 불만에 대한 논의가 싸움으로 발전하는 것을 방지할 수 있게 된다.

비방어적 의사 표현의 핵심적 기술은 구체적 불만 사항에만 집중하고 인격적인 공격으로 발전시키지 않는 데에 있다. 효과적인 커뮤니케이션 프로그램의 대부 격인 심리학자 헤임 지노트 박사는 불만 표현에 대한 가장 좋은 공식으로 'XYZ 방식'을 제안하였다.

"당신이 X를 했을 때 나는 Y를 느꼈는데, 당신이 Z를 해주었으면 더 좋았을 것이다."

예를 들어, "당신이 우리의 저녁 식사 약속 시간에 늦을 것이라는 전화를 주지 않았기 때문에 나는 불쾌하고 화가 났다. 늦는다는 말을 미리 해주었으면 참 좋았을 것이다"라는 식으로 말하는 것이 부부 싸움의 계기가 되기 쉬운 "당신은 생각없고 자기 중심적인 인간이다"와 같은 식의 의사 표현보다 훨씬 더 좋은 것이다. 간단히 말해서, 열린 커뮤니케이션이란 괴롭히기나 위협, 모욕 등을 하지 않는 것이다. 또 이것은 변명, 책임 회피, 비난으로 맞서기와 같은 수많은 방어적인 태도도 예방해준다. 물론 그 중에서도 감정이입이 가장 강력한 도구임은 말할 필요도 없다.

마지막으로, 존경과 사랑은 인생의 다른 장면에서와 마찬가지로 결혼생활에서도 적대감을 제거해 준다. 싸움으로의 발전을 예방하는 가장 강력한 방법은 스스로 다른 관점에서 사건을 바라볼 수 있으며, 설령 그 견해에 자신이 동의하지는 않더라도 그것이 유효하다고 생각하고 있다는 점을 상대에게 보여주는 것이다.

또 다른 방법은 자신에게 잘못이 있다고 깨달았을 때에는 책임을 인정하고 진정으로 사과하는 것이다.

"당신 화났구려"

이와 같은 감정을 인정해 주는 표현은 최소한 상대의 이야기를 경청하고 있다는 것과, 비록 자신이 상대의 주장에 찬성할 수는 없지만 상대가 호소하고 있는 감정을 인식하고 있다는 것을 상대에게 전달해 주는 좋은 방법이다.

그래서 싸움을 하고 있지 않을 때에는 상대에 대해서 진심으로 훌륭하다고 생각하는 점을 칭찬해 주는 행위가 상대를 인정하는 것이 된다. 상대를 인정하는 것은 배우자의 심성을 부드럽게 하고, 감성적 근원이 긍정적 감정의 형태 속에서 발전될 수 있음을 보여주는 좋은 방식인 것이다.

연습 그리고 또 연습

이러한 방법이 갈등의 와중에 감성적 흥분이 최고조에 도달했을 때와 같은 심각한 갈등 국면에서도 효과를 발휘하기 위해서는 사전에 연습을 충분히 해 두어야 한다. 왜냐하면 일상적인 반응에 관련된 감성두뇌는 대개 어린 시절의 반복된 분노와 상처를 통해서 형상화되고 또 그 이후의 삶에도 지속적인 지배력을 갖기 때문이다.

기억과 반응은 감성의 특수한 형태이니 만큼 위기의 순간에 평온시와 관련된 반응들이 기억되고 행동으로 옮겨지는 것은 결코 쉬운 일이 아니다. 따라서 생산적인 감성 반응에 친숙하지 못하거나 이것이 충분히 연습되어 있지 않다면 혼란스러운 시기에 이것을 시도하기는 거의 힘든 것이다.

그러나 하나의 반응이 충분한 연습을 거친 후에 자연스러울 정도로 익숙해져 있다면, 감성적 위기 때에도 좋은 행동의 표현으로 드러날 가능성이 커지는 것이다.

이런 이유 때문에 앞서 제시한 전략들이 두뇌의 감성 회로 내부에 후천적으로 습득된 첫번째 반응이 될 수 있도록 또는 최소한 너무 늦지 않는 부차적인 반응이 될 수 있도록, 분쟁의 순간이든 스트레스를 받지 않는 시간이든 되풀이해서 반복 연습이 이루어져야 한다. 본질적인 면에서 볼 때, 결혼생활의 붕괴를 해결하는 이러한 방법들은 감성지능*EQ* 개발을 위한 꾸준한 노력이 있음으로써 가능해지는 것이다.

제10장

초우량기업을 위한 EQ경영

멜번 맥브룸 씨는 부하 직원들을 대하는 태도에 있어서 과격한 보스 기질을 가진 상사였다.

그가 공장이나 사무실에서 일했다면 이러한 사실이 자칫 간과될 수도 있었겠지만, 그는 여객기 조종사였다.

1978년 어느날 비행기가 오리건 주 포틀랜드 시에 착륙할 무렵, 맥브룸 씨는 착륙용 바퀴를 작동하는 랜딩 기어에 이상이 생긴 것을 발견했다. 그래서 그는 착륙 대기용 코스를 선회하면서 기계 장치들을 점검하기 시작했다.

맥브룸 씨가 랜딩 기어에 정신이 팔려 있는 동안에 비행기의 연료는 급격히 떨어져 갔다.

그러나 부조종사들은 맥브룸 씨가 화를 내는 것만 두려워하여 재난이 다가오는데도 아무런 얘기를 하지 않았다. 결국 비행기는 추락하였고 10명이 사망하였다.

오늘날 이 이야기는 조종사 안전교육을 위한 예화로 자주 인용되고 있다.[1] 비행기 추락사고의 80%는 조종사의 실수로 발생하는데, 이는 승무원들의 조직적인 협조만 있다면 충분히 방지될 수 있는 것들이다. 이제 조종사 훈련에서는 기술적인 능력 못지않게 팀웍, 열린 커뮤니케이션, 협력, 경청과 의사 표현 등 사회적 지능의 기본이 되는 모든 것들이 강조되고 있다.

조종실은 조직의 축소판과도 같다. 다만 보통의 직장에서는 비행기 추락 사고와 같은 극적인 검증의 기회가 별로 없기 때문에 사기 저하나 겁먹은 직원, 오만한 보스 등이 초래하는 감정적 결손의 한도 끝도 없는 파괴적 영향력이 언제까지라도 직장 이외의 사람들에게 간과된 채 지속될 수 있다. 하지만 그 결과로 발생하는 대가들은 생산성의 저하, 마감 시한 위반의 증가, 불량품 생산이나 사고 발생, 우수한 직원들의 이직 등에서 보이는 징후들로 파악될 수 있다.

조직의 낮은 수준의 감성지능EQ는 반드시 기본 수익선의 희생을 수반하고, 그 희생이 만연할 때 조직은 붕괴되고 마는 것이다.

기업 경영에 있어서 EQ의 원가 효율성이라는 개념은 비교적 새로운 것으로서, 일부 경영 관리자들은 아직 수용할 태세 조차 갖추지 못하고 있다. 250명의 기업 간부들에 대한 연구에 따르면, 그들 대다수는 자신의 직무가 '가슴이 아닌 머리'를 요구하는 활동이라고 믿고 있는 것으로 나타났다.

그들은 함께 일하는 사람들에 대하여 감정이입이나 동정을 느끼는 것이 조직 목표와 갈등을 일으킬 수 있다고 응답하였다.

어떤 간부의 경우에는 부하들의 감정을 감지한다는 발상 자체가 터무니없는 것이라고 표현하였다.

그는 다음과 같이 말했다.

"그랬다가는 부하 직원들의 관리가 불가능하게 된다."

다른 간부들의 경우에도 만약 감정적인 냉정함을 보이지 않으면 설령 의사결정이 인간적으로 내려질 수는 있어도 기업이 요구하는 '어려운' 의사결정과는 관련이 없을 것이라고 했다.[2]

앞의 연구는 기업 환경이 지금과는 매우 달랐던 70년대에 수행된 것이다. 여기에서 저자가 말하고자 하는 바는 위와 같은 기업 간부들의 태도는 시대에 뒤떨어진 것이고, 구시대의 사치라는 점이다. 새로운 기업 경쟁의 현실은 지금 직무 현장이나 시장에서 EQ를 최우선적인 요소로 부각시키고 있다.

하버드 경영 대학원의 심리학 교수 소소나 주보프 박사는 이렇게 지적하고 있다.

"금세기에 기업들이 엄청난 변화를 경험함에 따라서 EQ에 관한 전망에도 이에 상응하는 변혁이 이루어지고 있다. 그 동안 오랜 기간을 조작에 능숙한 정글의 투사와 같은 보스들이 인정받는 계층 구조적 기업 경영 방식이 지배해 왔다. 그러나 이런 엄격한 계층 구조는 80년대의 글로벌화와 정보화 기술이라는 두 가지 압력에 의해 무너지기 시작하였다. 그 동안 정글의 투사가 기업의 상징이었다면, 이제부터는 인간 상호 관계의 기술인 EQ 능력이 기업을 상징하게 될 것이다."[3]

그 이유는 분명하다. 간부가 분노의 폭발을 참지 못하거나 주변 사람들의 감정을 감지하지 못하는 작업 집단이 어떤 결과를 가져올지를 상상해 보자. 제 6장에서 검토했던 사고의 동요로 발생하는 모든 유해한 효과는 직장에서도 나타난다. 감정적으로 혼란을 겪는 사람들은 기억도, 주의 집중도, 학습도, 명확한 의사 결정도 불가능해진다. 어떤 경영 컨설턴트는 이렇게 말했다.

"스트레스는 사람을 바보로 만든다."

이와는 반대의 긍정적인 쪽에서, EQ의 성숙함을 보이는 경영 관리가 가져오는 이익들을 생각해 보자. 조직 구성원들의 감정에 조율하고, 의견의 불일치를 잘 처리하여 그것이 확대되지 않도록 하고, 업무에서 '흐름'을 유지하는 능력을 갖출 때에 비로소 초우량 기업이 탄생하는 것이다.

리더십은 타인을 지배하는 기술이 아니라 조직 구성원들이 공동 목표를 향해 함께 일하도록 그들을 설득하는 기술이다. 그리고 사람들이 자신의 경력을 관리한다는 측면에서도 자신이 하는 직무 그 자체와 아울러 그것을 더욱 만족스러운 것으로 만드는 변화들에 대해서 느끼는 마음 깊은 곳으로부터의 인식보다 더 중요한 것은 없는 것이다.

아직 뚜렷하지는 않아도, EQ가 기업 경영의 전면에 부각되고 있다는 사실은 현재 직무 현장에서의 급격한 변화에도 충분히 반영되고 있다. 이제 초우량 기업을 만들기 위한 EQ의 서로 다른 세 가지 기능을 살펴보고 그 차이를 밝혀 보도록 하자.

첫째는 불만을 유익한 비판으로 상대에게 전하는 기술에 관한 것이다.

둘째는 다양성을 갈등의 원인으로 보기 보다는 진정으로 인정해 주는 분위기 창출에 관련된 것이다.

세째는 효과적인 의사 소통의 네트웍에 대한 것이다.

비난이 가장 큰 문제이다

　그는 전문 엔지니어로서 그 동안 소프트웨어 개발 프로젝트 팀을 이끌면서 수 개월 간 작업해 온 연구 결과를 제품 개발 담당 부사장에게 보고하고 있었다. 그의 옆에는 그와 함께 몇 주간은 밤을 새우면서까지 일해 온 멤버들이 함께 서서 뿌듯한 마음으로 자신들의 작품이 소개되는 것을 지켜 보고 있었다. 그러나 보고가 끝나자마자 부사장은 그를 쳐다 보며 신랄하게 쏘아붙였다.

　"자네 대학 졸업한지 얼마나 되었나? 이 계획서는 좀 엉터리같지 않은가? 내 결재를 받기가 좀 힘들겠네."

　이 말에 그는 너무나 당혹스러웠고 또한 기가 꺾였는지라 회의 시간 내내 침묵을 지키며 우울하게 앉아 있어야만 했다. 자신들이 기울인 노력을 무시당한 것에 대해서 팀 멤버들은 여기저기서 웅성거리거나 약간씩의 적대감을 표출했고 그러다 갑자기 부사장이 다른 연락을 받고 밖으로 나가자 회의는 쓸쓸함과 분통만을 남긴 채 중단되어 버렸다.

　그 후 2주 동안, 그 엔지니어는 계속 부사장의 발언에서 헤어 나오지 못하고 있었다. 워낙 낙담하고 풀이 죽은지라 그로서는 앞으로 회사 내에서 다시는 중요한 계획을 맡을 수 없을 것이라는 확신까지 갖게 되었고, 하고 있는 업무가 만족 스럽기는 하지만 이제는 회사를 떠나야겠다는 마음까지 먹게 되었다.

　마침내 그는 부사장을 찾아가서 그날의 회의를 되새기면서 그가 행했던 비난적인 발언과 그것에 의해 자기의 사기가 땅에 떨어졌음을 말하였다. 그리고는 조심스런 표현을 사용하여 질문을 했다.

"부사장님께서 원하시는 바가 무엇인지를 몰라서 저는 좀 혼란
스럽습니다. 단순히 저를 곤란하게 하려던 것은 아니었겠지
만요. 혹시 무슨 다른 뜻이라도 있는 것인지요?"

엔지니어의 말에 부사장은 깜짝 놀랐다. 그는 자기로서는
별 생각없이 내뱉은 말이 그렇게 심하게 상대에게 좌절을 주
었는지를 알지 못했던 것이다.

사실 그는 엔지니어의 소프트웨어 개발 계획은 상당히 장래성
은 있지만 다소의 손질이 필요하다는 의도로 그런 말을 했던
것이지, 결코 쓸모없다는 뜻은 아니었던 것이다. 부사장은 자
기의 반응이 얼마나 형편없는 것이며, 상대방의 마음을 아프
게 했던가를 미처 눈치채지 못했던 것이다. 다소 늦기는 했지
만 그는 정중히 사과하였다.[4]

실질적인 측면에서 볼 때 이 예화는 사람들의 최선을 이끌어
내기 위해서는 그들에게 중요한 정보를 제공해 주어야 한다는
피드백의 차원에서 해석해야 할 것이다. 피드백이란 그것이 파
생된 시스템 이론에서는 시스템의 일부분이 시스템 내의 다른
모든 부문들에게 영향을 미친다는 전제에 기초하고 있다. 따라
서 부문의 업무 방식에 관련된 데이터를 상호 교환함으로써
정상 코스에서 이탈한 다른 부문들의 올바른 변화를 유도하려
고 하는 사고 방식이다.

회사 내에서 개인 모두는 시스템의 일부분으로써 이들에게
제공되는 피드백은 마치 활력의 근원과도 같은 것이다. 즉, 올
바른 정보의 교환이 있어야 모든 사람들은 자신이 하는 일이

잘 하는 것인지, 아니면 조정이나 새로운 개선이나 완전한 방향 전환이 필요한 것인지를 알게 되는 것이다. 피드백이 없으면 사람들은 암흑 속에 있는 것과 같아서 상사나 동료와의 관계, 혹은 자신에게 기대되는 바에 대하여 아무런 정보를 가질 수 없기 때문에 시간이 경과할수록 문제는 더욱 악화될 뿐이다.

어떤 의미에서 비판은 경영 관리자들이 할 일 중에서 가장 중요한 것이다. 그럼에도 불구하고 그것은 가장 두렵고도 망설여지는 행동이기도 한 것이다. 오늘날 상당수의 경영 관리자들은 앞의 부사장의 경우처럼 피드백이라는 중대한 기술에 대하여 너무나 미숙함을 보이고 있다. 그 결과 치러야 할 희생은 예상을 뛰어넘을 수 있는 것이다. 부부의 건강한 감정 상태는 서로가 불만 사항을 얼마나 잘 표출하는가에 좌우되듯이, 조직에서 사람들이 보여주는 효율성, 만족감, 생산성 등은 그들의 불평이 얼마 만큼 제대로 전달되는가에 달려 있다. 실제로도 비판의 교환 방식은 자신의 업무나 함께 일하는 동료, 상사에 대한 만족도 등을 결정하는 중요한 요소인 것이다.

사람을 동기화시키는 가장 나쁜 방법

결혼 관계에서 보이는 감정 변화의 유형은 직무 현장에서도 유사한 형태로 나타난다.

비판은 행동의 개선을 요구하는 불만으로서 보다는 개인에 대한 공격으로 표현되는 경우가 많아서 종종 혐오, 냉소, 경멸 등이 따르는 인신 공격적인 비난으로 변질되기 쉽다. 따라서 이에 대한 방어적 태도와 책임 회피의 행동들이 반복되면 마침내 무관심이나 부당한 대우를 받은 것에 대한 소극적인 저항이 등장하게 된다. 실제로 직무 현장에서 가장 유해한 비난의 형태는 "자네가 일을 망쳐 놓고 있어!"와 같은 거칠고도 냉소적인 성난 어조의 총체적인 매도인 것이다. 이는 어떻게 해야 일을 훌륭하게 처리할 수 있는지에 대한 아무런 반응과 제안의 기회들을 제공해 주지 못하고 오히려 무력감과 분노만을 불러일으킬 뿐이다.

EQ의 관점에서 볼 때 이런 종류의 비난은 받아들이는 사람에게 자신의 감정이 무시되었다는 느낌을 전해 줄 뿐이며, 아울러 동기 부여, 에너지, 업무에서의 자신감 등에 있어서 파괴적인 영향만을 끼칠 뿐이다.

이런 비난들이 갖는 파괴적인 역학은, 경영 관리자들을 대상으로 자신의 부하 직원들을 꾸짖을 때 감정이 격한 나머지 인신 공격에까지 이르게 되었던 경우를 회상하게 한 설문 조사에서도 잘 드러난다.[5] 이들이 격분한 상태에서 행한 공격은 부부 싸움의 경우와 매우 유사해서, 비난을 받은 직원들은 주로 방어적인 태도를 취하거나 변명, 또는 책임 회피로만 일관하려고 한다.

심한 경우 무관심 다시 말해서, 자신을 꾸짖는 경영 관리자들과의 모든 접촉을 끊으려는 시도까지 보이기도 한다. 만약 이들에게 부부 대상 연구를 목적으로 가트맨 박사가 설정했던 감정 상황과 똑같은 상황들이 발생한다면, 부당한 공격으로 치를 떠는 남편이나 아내가 보여주던 무고한 희생자라는 인식이나 정당한 분개자로서의 사고가 분노한 이들에게서도 틀림없이 일어나게 될 것이다.

또한 이들의 신체 상태를 측정하면 그런 부정적인 사고를 강화하는 감정의 범람도 관측할 수 있게 된다. 설문 대상 경영 관리자들은 직원들이 보이는 그러한 반응에 대해 한층 더 불쾌하고 기분 나쁜 반응을 보임으로써 하나의 악순환을 만들고 있었는데, 그 주기의 끝에는 부부로 치면 이혼과 같은 이직과 해고가 잇따르게 되는 것이다.

실제로도 경영 관리자들과 일반 사무 직원들 108명에 대한 연구에서, 업무상의 갈등을 일으키는 요인들 중에서 불신감이나 성격적 대립, 권한이나 보수에 대한 논쟁들보다는 부적절한 비난이 훨씬 앞서 있는 것으로 드러났다.[6]

또 렌슬리어 종합기술 대학에서 행한 모의 실험에서도 신랄한 비난이 직장의 인간관계에 얼마나 치명상을 입힐 수 있는가 하는 점이 여실히 드러난다.

이 실험에서는 피험자들에게 새로운 샴푸의 광고를 만들라는 과제를 주었다. 그리고 다른 피험자(사실은 미리 타협해 둔 실험 공모자)에게는 완성된 광고 문안들을 평가하는 역할을 맡겼다. 이때 광고를 제작한 피험자들이 받을 수 있는 평가서는 미리 계획된 두 가지 방식 중 하나 뿐이었다. 첫 번째 것은 사려 깊은 표현과 구체적 내용을 포함하고 있었고, 두 번째 것은 위협적인 표현과 개인의 소양 부족을 책망하는 내용들이 들어 있었다. 이를테면 다음과 같다.

'별로 노력한 흔적이 보이지 않음. 이런 방식이 과연 효과가 있을까?'

'재능이 부족한 것 같으니 다른 사람을 알아 보아야겠음.'

당연한 것이겠지만, 이런 인격적 공격을 받은 사람들은 흥분하여 화를 내거나 적대감을 보이며 앞으로는 자신을 비난한 사람과의 공동 작업이나 협조를 거부할 것이라고 공공연히 말하였다. 또 그들 대다수는 무관심을 드러내면서 접촉 자체를 피하려는 징후까지도 보였다. 거친 비난은 중대한 사기 저하를 불러오고 이로 인해 비난을 받은 사람들은 더 이상 과거처럼 노력을 하려고 하지 않게 되었으며, 무엇보다도 자신에게 업무 능력이 없다는 무능력감까지 느끼게 된 것이다. 인신 공격이 이들의 사기에 치명적인 영향을 끼쳤던 것이다.

많은 경영 관리자들이 비난에는 적극적이지만 칭찬에는 인색하여, 직원들로 하여금 실수할 때 잔소리만 듣는다고 생각하게 만든다. 오랫동안 피드백을 제공하지 않는 경영 관리자들에게 있어서 비난적인 성향은 좀더 복잡한 형태로 나타난다. 어바나 시에 위치한 일리노이 대학의 심리학 교수 J.R. 라슨 박사는 이렇게 지적하고 있다.

"직원들의 직무 수행에서 발생하는 문제점들은 어느 날 대부분이 갑자기 나타난 것이 아니고 오랜 기간에 걸쳐서 천천히 성장했던 것들이다. 만약 경영 관리자들이 자신의 감정을 신속하게 표출하지 못한다면, 마음 속에 서서히 스트레스가 증대하면서 어느 날 갑자기 불거져 나오게 될 것이다. 차라리 신속한 비판이었다면 부하 직원들에게 스스로의 문제점을 고칠 수 있는 기회라도 준다. 그러나 사람들은 흔히 사태가 터지거나 또는 너무 화가 나서 자신을 억제할 수 없을 때에만 비난을 퍼붓는다. 그렇게 되면 신랄한 어조로 마음 속에 쌓였던 불만 사항들을 폭발시키면서 위협적인 언사까지도 서슴지 않는 최악의 상황을 연출하게 되는 것이다. 이러한 폭발은 심각한 후유증을 수반한다. 즉, 공격을 불쾌한 모욕으로 받아들인 상대방은 분노로써 이에 반응하게 된다. 비난이야말로 최악의 동기 부여 방식인 것이다."

세련된 비판의 비결

다음과 같은 방법을 생각해 보자.

세련된 비판은 경영 관리자가 부하들에게 도움이 될 만한 메시지를 보냄으로써 이루어진다. 예를 들어, 회의 석상에서 소프트웨어 엔지니어의 오해를 초래했던 부사장은 다음과 같이 말했더라면 좋았을 것이다.

"지금 이 단계에서 가장 큰 문제는 자네의 계획안을 수행하려면 너무 오랜 시간이 걸려서 비용이 상승한다는 점일세. 계획을 좀 더 세밀하게 검토해 봐주지 않겠나? 특히 소프트웨어 개발의 설계 명세서들을 잘 검토해서 동일한 작업을 좀 더 빠른 시일 내에 끝마칠 수 있는 방법이 없는지를 연구해 보았으면 하네."

이런 식으로 말하면, 파괴적인 비난과는 아주 다른 영향을 끼친다. 즉, 무력감이나 분노, 반항심을 야기하는 대신에 잘 할 수 있다는 희망을 갖게 하고, 이를 위한 계획 수립에 적극적으로 나서게 한다.

세련된 비판은 잘못 이루어진 업무를 놓고 개인적인 자질을 따지기에 앞서 상대가 행한 업무와 앞으로 행할 업무에 초점을 맞출 때에 비로소 시작된다. 라슨 박사는 다음과 같이 지적한다.

"상대를 바보라거나 무능하다는 인격적인 모독은 비판의 요점을 놓치고 있는 것이다. 즉, 그런 말을 들은 상대는 곧 방어적인 태도를 보이며 당신이 아무리 업무 방식에 대해 어떠한 충고를 하려고 해도 받아들이지 않게 된다."
이러한 지적은 불만 사항의 표출에 관련된 부부 사이의 문제에도 그대로 적용될 수 있는 것이다.

동기 부여의 측면에서 볼 때, 사람들은 실패가 자신의 개선 불가능한 개인적인 결함 때문이라고 생각할 때부터 희망을 잃고 노력을 중단하게 된다. 낙관주의에 이르는 기본적인 신념은 자신의 좌절이나 실패가 일시적인 상황에서 비롯된 것이며, 이러한 상황을 바꾸는 것은 자신의 노력에 달려 있다고 적극적으로 생각할 때에 형성되는 것이다.

지금 경영 컨설턴트로 활발히 활동하는 정신 분석학자 레빈슨 박사는 세련된 비판에 관해 다음과 같은 조언을 제시하고 있는데, 이는 칭찬의 기술과도 관련되어 있다.

· **구체적으로 지적한다** 어떤 업무의 어떤 것을 잘못하고 있다는 식으로 개선을 요하는 문제점이나 능력 결손의 패턴들을 구체적인 사건과 사례를 통해 밝혀 준다. 사람들은 상세한 내용을 알지도 못한 채 '무엇인가' 잘못되었다는 말만 들으면 사기가 떨어진다. 세부 사항에 촛점을 맞추어 그 사람이 잘한

것과 잘못한 것, 그리고 변화될 수 있는 것을 말해 주어야 한다.

에두른 말투나 간접적이고 애매한 표현은 실제적인 메시지를 흐리게 한다. 부부에게 사용되는 'XYZ 방식'의 건설적인 불만 토로법인 문제가 무엇이고(X), 그것이 왜 나쁜가, 또한 그로 인해 내 기분이 어떠한가(Y), 그래서 무엇이 어떻게 바뀌어야 하는가(Z)라는 방식이 여기에도 그대로 적용된다.

레빈슨 박사는, "구체성은 비판에서든 칭찬에서든 매우 중요하다. 애매한 칭찬이 전혀 효과가 없다고는 할 수 없겠지만, 예상한 정도에는 미치지 못하는 것이다. 그리고 그런 칭찬에서는 배울 것도 별로 없다"라고 지적하고 있다.[7]

• **해결책을 제시한다** 유용한 피드백과 마찬가지로 비판에는 문제점의 수정 방안이 포함되어야 한다. 그렇지 않으면 상대방은 실망하거나, 사기가 꺾이거나, 동기가 위축되고 만다. 비판은 본인이 미처 깨닫지 못했던 대안이나 가능성을 열어 주는 계기이자, 주의를 기울여야 할 사항에 민감해지도록 만드는 것이다. 물론 여기에는 문제점을 어떻게 다룰 것인가에 관한 구체적인 방안이 언급되어야 한다.

• **직접적으로 전달한다** 칭찬과 마찬가지로 비판도 당사자와 대면하여 개인적으로 하는 것이 가장 효과적이다. 우리는 흔히 비판이나 칭찬을 하기가 어려운 사람들에게는 종종 메모와 같은 방법을 사용하여 심리적인 부담을 줄이려는 경향이 있다. 그러나 이것은 커뮤니케이션에서의 인간적인 면을 없애는 것이자, 당사자에게는 적절한 대응과 입장 표명의 기회를 빼앗는 방식이 되고 마는 것이다.

· **섬세한 배려가 있어야 한다** 이것은 자신이 말하는 내용과
방법이 상대방에게 어떤 영향을 끼칠 것인가를 주목해야 한다
는 점에서 감정이입하는 것과 유사하다고 할 수 있다. 감정이입
능력이 부족한 경영 관리자들은 대개 상대방의 기분을 상하게
만드는 방식으로 피드백을 제공한다고 레빈슨 박사는 지적한
다. 이러한 비난은 개선책에 대한 건설적인 방안 제시보다는
분개, 쓰라림, 방어적인 태도, 소원한 감정과 같은 반발심을 불
러 일으키게 된다.

레빈슨 박사는 또한 비판을 받아들이는 사람들에게도 감정
적인 측면의 조언을 몇 가지 제공하고 있다.

그 하나는 비판을 인신 공격이 아닌, 상황 개선 방안에 대한
가치있는 정보로 받아들여야 한다는 점이다.

또 한 가지는 자기 변명을 하고 싶어지는 마음을 억제하고
책임을 떠맡는 것이다. 그래도 감정적으로 될 것 같으면, 회의
등을 잠시 연기하여 비판의 내용을 충분히 음미하고 냉정을
회복할 때까지 시간을 갖도록 한다.

마지막으로 비판이란 적대적인 상황을 만드는 것이 아니라,
문제 해결을 위해 비판자와 상호 협력하는 기회로 간주해야
한다.

이상의 현명한 충고 모두는 말할 것도 없이 결혼한 부부가
그들 관계에 치명적인 손상을 주지 않고 불만을 처리하려고
노력할 때 지켜야 할 내용들을 그대로 반영하고 있는 것이다.
결혼생활과 조직생활은 결국 마찬가지이기 때문이다.

지구촌 시대-다양성의 수용

30대의 나이로 육군 대위에서 전역한 실비아 스키터 양은 사우스 캐롤라이나 주의 주도(州都)인 콜럼비아시에 있는 데니스 레스토랑의 시간제 지배인으로 근무하고 있었다. 어느 한가한 오후에 목사, 전도사 및 두 명의 성가대원으로 구성된 흑인 손님들이 식사를 하러 들어왔지만, 이들은 종업원들의 냉대 속에서 한동안을 자리만 지키고 있어야 했다. 스키터 양은 그때의 상황을 이렇게 묘사했다.

"종업원들의 태도는 마치 으시대기라도 하는 것처럼 양 손을 엉덩이에 올려놓고 자기들끼리 재잘거릴 뿐이었다. 그들의 안중에는 1.5m 앞에 앉아 있는 흑인들은 전혀 존재하지 않는 것 같았다."

스키터 양은 분개하여 종업원들을 꾸짖고 총지배인에게 불만을 터뜨렸다. 그러나 총지배인은 전혀 대수롭지 않다는 듯이 잘라 말했다.

"흑인들은 그런 식으로 자라왔고, 그것에 대해 내가 할 수 있는 것은 아무 것도 없다."

스키터 양은 그 자리에서 사직하였다. 그녀도 흑인이었던 것이다.

만약 이것이 단발의 사건이었다면 노골적인 인종 차별이 세간의 주목을 끌지는 못하고 지나갔을 것이다. 그러나 스키터 양은 데니스 레스토랑의 체인 전체에 널리 퍼져 있는 반 흑인주의 편견을 법정에서 적극적으로 증언하려고 하는 수백 명 중의

한 사람이었다. 결국 유사한 모욕을 겪었던 수천 명의 흑인들을 대변해서 이들은 5천4백만불 짜리 집단 소송을 제기하기에 이르렀다.

이들 고소인들 중에는 클린턴 미국 대통령의 비밀 경호 요원인 7명의 흑인들도 포함되어 있었다. 경호원들은 대통령의 애너폴리스 시 소재 해군사관학교 방문에 대비, 안전 점검차 미리 파견되었다가 우연히 들렀던 이 레스토랑에서 한 시간을 기다린 뒤에야 아침 식사를 마칠 수 있었다. 그러나 옆 테이블의 백인 동료들은 신속한 서비스를 받고 있었다. 고소인들 중에는 또한 플로리다 주 탐파 시의 소아마비 흑인 소녀도 있었다. 그녀는 학교 축제 다음날 이곳에 늦은 저녁을 먹기 위해 갔다가 무려 2시간을 휠체어에 앉아 기다려야만 했다.

집단 소송인들이 주장한 바에 따르면, 이러한 인종 차별 행위의 풍조가 데니스 레스토랑 체인 전체에 퍼져 있는 것은 흑인 손님들은 영업에 방해가 된다는 가정 때문이라고 한다. 특히 지방 및 분점 지배인들의 경우에는 그러한 편견이 더욱 심했다. 현재 소송 결과 및 그에 관련된 선전 덕분에 데니스 체인은 흑인 공동 단체에 배상을 시작했고, 모든 종업원, 특히 지배인들은 다양한 인종에 걸친 고객층을 갖는 것의 이점을 배우는 강좌를 받는 것이 의무화되어 있다.

이러한 강좌는 이곳 뿐만 아니라 전세계 기업체들의 사내 교육의 하나로써 자리잡고 있는 중이며, 아무리 개인적인 편견을 가지고 있다고 하더라도 업무의 장에서는 편견을 버리고 행동하는 방식을 배워야 한다는 인식이 현재 경영 관리자들을 중심으로 확산되고 있다. 그것은 인간에 대한 예의를 넘어선 실제적인 이유가 있기 때문이다.

그 한 가지 이유는 노동력의 변화이다. 한때 노동 시장을 지배하고 있었던 백인 남성들은 이제 소수 집단으로 바뀌어 가고 있다. 수백사의 미국 기업을 대상으로 한 조사에서, 새로 고용되는 직원의 4분의 3 이상은 백인이 아닌 것으로 드러났다. 이런 인구 통계의 변화는 고객의 다양성에도 반영되고 있다.[8] 또 하나의 이유는 국제적인 기업일수록 편견을 갖지 않고 다양한 문화와 시장을 인정함과 동시에, 그것을 경쟁 우위에 활용할 필요성이 계속 증대되고 있기 때문이다. 세번째 동기는 고조되고 있는 집단 창조성과 기업의 에너지라는 측면에서 다양성이 가져다주는 잠재적인 결실 때문이다.

이 모든 현상들을 고찰해 본다면, 설령 개인적인 편견들이 남아 있더라도 조직의 문화는 관용성을 배양하는 쪽으로 변화되어야 한다는 것을 알 수 있다. 그러나 하나의 회사가 이 모든 변화를 수행할 수 있을까?

슬픈 것은 하루 단위, 또는 한 개의 비디오 테이프나 일주일 단위로 진행되는 '다양성 수용 훈련' 과정만으로는 그것이 흑인에 대한 백인의 편견이든 아시아인에게 반감을 갖는 흑인의 편견이든 히스패닉을 분노하게 하는 아시아인의 편견이든 서로에 대한 뿌리 깊은 불신을 갖고 훈련 과정에 임하는 사람들의 생각을 거의 변화시키지 못한다는 점이다.

부적절한 훈련 과정은 지나친 전망으로 인한 잘못된 기대를 조장하거나, 이해가 아닌 대결의 분위기만을 조성하기 때문에,

결과적으로 직무 현장에서의 집단 분열로 인한 긴장감을 더욱 악화시켜서 인종 간의 차이만 두드러지게 할 뿐이다. 따라서 무엇을 할 것인지를 이해하기 위해서는 편견 그 자체의 성질을 이해하는 것이 우선되어야 한다.

편견의 뿌리

바믹 볼칸 박사는 현재 버지니아 대학에서 정신 의학을 가르치고 있는 학자이다. 그는 터키인과 그리스인의 대립이 심했던 사이프러스 섬에서 터키인으로 성장했던 어린 시절을 고통스러운 마음으로 회상한다.

볼칸 박사는 소년 시절에 그리스 승려들의 허리띠에 있는 매듭이 터키 어린이들을 교살한 기념으로 장식한 것이라는 소문을 들었던 것과, 터키 문화권에서는 불결해서 먹지 않는 돼지고기를 이웃 그리스 사람들은 먹는다는 사실을 처음 들었을 때의 당혹감을 지금도 뚜렷이 기억하고 있다. 이제 인종 갈등을 연구하는 학자로서 볼칸 박사는, 새로운 세대가 계속 이런 적대적인 편견에 빠져드는 이상, 인종 사이에는 계속적으로 증오가 유지될 수 밖에 없음을 자신의 어린 시절을 그 전형적인 예로 지적하며 보여주고 있다.[9]

자기 집단에 대한 충성은 다른 집단에 대한 반감이라는 심리적 대가를 치르기 마련인데, 특히 인종 간의 반목의 역사가 오래될수록 더욱 그러하다.

편견은 인생 초창기에 학습된 감정의 일종으로서, 그것을 잘못되었다고 느끼는 성인에게서 조차 이러한 반응을 완전히 근절하기란 큰 어려움이 따른다.

"편견의 감정은 어린 시절에 형성되고, 그것을 정당화할 목적으로 사용되는 신념은 나중에 만들어진다."

이는 샌터크루즈 시 소재 캘리포니아 대학의 사회 심리학자로서 수십 년 간 편견을 연구해 온 토머스 페티그르우 교수가 지적한 내용이다.

"우리는 나이를 먹으면서 편견을 고치려고 한다. 하지만 내면 깊숙한 곳에 있는 감정을 바꾸는 것은 지적인 신념을 바꾸는 것보다 훨씬 어렵다. 예를 들어, 어떤 남부 사람들은 스스로 흑인에 대해 더 이상의 편견을 간직하고 있지 않다고 생각하는데도 흑인과 악수를 할 때면 무엇인가 꺼림칙한 생각이 든다고 내게 말한 적이 있다. 그런 감정은 어릴 때 가족을 통해 학습한 것이 지금도 계속 남아 있기 때문이다."[10]

편견을 뒷받침하는 고정 관념의 힘은 우리들 마음 속에 존재하며, 모든 종류의 고정 관념들에다가 자기 확신성을 부여하는 중립성의 역학에 일부 기인한다.[11] 우리는 종종 우리의 고정 관념을 지지하는 사례들은 쉽게 기억하면서도 그것에 도전하는 사례들은 에누리해서 받아들이는 경향이 있다. 예를 들어, 영국 사람은 으례히 냉정하고 말 수가 적은 법이라는 우리의 고정 관념을 깨뜨리는 감성적으로 개방적이고 온화한 영국 사람을 파티에서 만나게 되면, 우리는 그를 비정상적이라거나 '술이 취해서 그렇겠지' 하는 식으로 판단하려고 한다.

이렇게 편견에 대한 미묘한 집착성이 있기 때문에 지난 40여 년 간 미국 사회에서 백인들의 흑인에 대한 인종적 편견의 태도

322 감성지능 EQ의 실제 적용

가 꾸준히 관용적인 태도로 바뀌어 오고 있는 와중에도 보다 미묘한 형태의 편견들이 여전히 존재하고 있는 것이다.[12] 즉, 사람들은 인종적 편견의 태도는 부인하면서도, 은밀한 정신 세계에서는 여전히 편향성을 보이는 것이다.

사람들은 누군가가 물어 온다면 모두가 자신은 편협된 사고 따위는 갖고 있지 않다고 대답한다. 그러면서도 모호한 상황이 닥치면 아무리 편견이 아닌 합리적 절차에 의해 그런다고 주장할지라도 여전히 한쪽으로 치우친 방식으로 행동하는 것이다.

예를 들어, 자신에게는 편견 따위는 없다고 생각하고 있는 백인 관리자들이 흑인 구직자들에 대해서 표면적으로는 피부 색깔이 문제가 아니라 학력이나 경험이 좀 부족하다는 이유로 거부하는 반면에, 똑같은 배경을 갖고 있는 백인 신청자들은 받아들이는 케이스이다. 또한 백인 세일즈맨에게는 고객 방문 시의 요령이나 조언 등 유익한 정보를 제공하면서 흑인이나 히스패닉계 세일즈맨에게는 그런 친절을 베풀지 않는 케이스도 있는 것이다.

비관용에 대한 무관용

사람들이 오랫동안 가지고 있는 편견들은 쉽사리 제거되지는 않겠지만 적어도 편견에 대한 그들의 행동은 변화될 수 있는 것이다. 예를 들어, 데니스 레스토랑에서 흑인을 차별하는 여종업원들이나 지배인의 태도에 도전했던 사람들은 거의 없었다. 도전은 커녕 대다수의 지배인들은 흑인 손님에 대해서만 식대를 선불로 요구하거나, 널리 광고까지 한 생일 기념 무료 식사

를 흑인들에게는 제공하지 않거나, 일련의 흑인 손님들이 몰려
오면 문을 닫고 오늘은 휴일이라고 주장하는 따위의 방법을
지시하면서까지 종업원들의 인종 편견적 행동을 암암리에 장
려하고 있었다. 흑인 비밀 경호 요원의 요청으로 데니스 레스토
랑을 고소했던 변호사 존 P. 렐먼은 말한다.

"데니스의 경영진은 현장 간부들이 하는 행동을 눈감아 주고
있었다. 그러한 행위에 담겨진 메시지가 각 지점의 지배인들의
억제를 해방시키고 인종 차별적 충동에 따라 행동하게 하는
결과로 이어졌다."[13]

편견의 근원에 대하여 알고 있는 것과 그것에 대해 효과적으
로 대항하는 방법 모두를 생각해 볼 때, 바로 앞의 편견적 행동
에 대해 눈을 감아 주는 경영자들의 태도야말로 인종 차별을
조장하는 주된 요인임을 알 수 있다. 이런 상황에서 아무런 조
치를 취하지 않는 것은 그 자체가 중대한 의미를 갖는 것이다.
즉 편견의 바이러스가 아무런 저항없이 퍼지게끔 내버려 두는
행위인 것이다.

다양성 수용 훈련보다 더욱 중요하고, 진정한 효과를 올리기
위해 필수적인 것은 최고위층 경영진에서부터 말단 종업원에
이르기까지 모든 사람들이 어떠한 인종적 차별 행위에도 적극
적인 태도로 임함으로써 집단의 행동 규범을 바꾸어 나가는
노력을 하는 것이다. 그와 같은 분위기 전환이 이루어질 때 설
령 편향적 사고 자체는 변화하지 않더라도 최소한 편견에 의한
행동은 추방할 수 있게 된다. IBM사의 경영진은 이에 관해 다
음과 같이 말하고 있다.

"우리 회사는 어떠한 경우이든 경멸이나 모욕을 허용하지 않는다. 개인에 대한 존중은 IBM 기업 문화의 기본이다."[14]

편견에 관한 연구에서 기업이 배워야 할 것은 인종 및 성(性) 차별적 행동이나 성희롱에 대해서는 그것이 아무리 사소한 행동이라도 단호히 근절해야 한다는 점이다. 예를 들면, 야한 농담이나 여직원들의 품위를 떨어뜨리는 여자 누드 달력을 거는 따위 등에 대해 단호히 이의를 제기하도록 사원들에게 장려하여 차별에 대해서 무(無)관용적인 기업 문화를 양성해 나가는 자세이다.

연구에 의하면, 한 집단 내에서 누군가가 인종적인 비방을 할 때, 그것은 다른 사람들의 동일한 행동을 유도하는 전파성을 갖게 된다. 따라서 편견을 그 자리에서 지적하거나 반대하는 간단한 행위만으로도 그것을 막는 사회적 분위기를 형성할 수 있다. 반대로 침묵은 편견의 수용을 조장할 뿐이다.[15]

이러한 일련의 노력에서 권한을 가진 사람들의 역할이 특히 중요하다. 이들이 만약 다른 사람들의 편견적 행동을 책망하지 않는다면, 이는 암암리에 그것을 승인한다는 메시지를 보내는 것과 다름없는 것이다. 반대로 편견에 대해 질책과 같은 행동이 뒤따를 때, 편견은 결코 사소하지 않은 실제적이고도 부정적인 결과를 불러온다는 사실을 일깨워 줄 수 있게 된다.

여기서도 EQ의 중요성이 논의될 수 있다. 특히 편견에 대하여 생산적인 의견을 표하는 시점과 방법을 알아내는 솜씨에 관련되었을 때 더욱 그렇다. 이러한 피드백을 위하여 효과적인 비판의 요령들을 총동원하여 듣는 상대방이 방어적 태도를 갖지 않도록 해야 한다. 경영 관리자나 조직 구성원들이 이러한 방법을 자연스럽게 체득했을 때, 편견으로부터 비롯되는 사건의 발생 가능성도 크게 줄어들 것이다.

보다 효과적인 다양성 훈련이 되려면 상식을 벗어난 어떠한 형태의 편견도 자리잡을 수 없는 새롭고도 범 조직적인 명확한 기본 규칙들을 만들어 내어서 무언의 목격자나 방관자들로 하여금 자신의 불편과 반대 의견을 표출하도록 격려하는 것이다. 다양성 훈련 과정에 포함될 수 있는 또 다른 적극적인 요소로서는 감정이입과 관용을 장려하는 균형적인 관점을 유지하도록 하는 것이다. 인종 차별을 당하는 사람들의 고통을 이해하는 정도에 따라서 사람들이 앞장 서서 반대할 수 있는 가능성도 높아진다.

간단히 말해서 고정 관념이란 거의 변화하지 않는 것이기 때문에 편견에 대한 태도 자체를 제거하려고 하기 보다는 편견적인 행동 표현을 억제하는 편이 보다 더 실용적이라고 할 수 있다. 그렇다고 이질 집단을 단순히 섞어 놓는 것만으로는 차별이나 편견을 억제할 수 없다. 이러한 사실은 학교의 인종 차별 폐지 조치가 그룹 간의 적대감을 감소시키기보다는 오히려 증가시킨 사례에서도 찾아볼 수 있다.

현재 거의 모든 기업에서 과도할 정도로 시행되고 있는 다양성 훈련 프로그램들이 공통적으로 지향하는 바는 편견이나 갈등을 보이는 집단의 규범을 변화시키자는 현실적인 목표이다. 물론 이런 프로그램들은 편협된 사고나 성희롱 따위는 결코 받아들여지지 않고 앞으로도 수용될 수 없음을 집단 의식으로 확대시키는 데에 많은 공헌을 하고 있다. 그러나 이런 프로그램이 우리들 마음 속 깊숙이 뿌리 박힌 편견까지도 근절시킨다고 기대하는 것은 비현실적이다.

편견은 다양한 감성적 학습을 통해 이루어진 것이니 만큼 이에 대한 꾸준한 재학습이 필요한 것이다. 편견의 타파란 오랜 시간이 걸리는 것이지 단 한 번의 다양성 집단 훈련으로 얻어지는 성과가 아니기 때문이다. 이때 중요한 것은 다양한 배경의 사람들이 공동 목표를 향해 지속적인 동료 의식과 부단한 노력을 보여주는 것이다.

여기에서 우리는 학교의 인종 차별 폐지 정책으로부터 교훈을 얻을 수 있다.

즉, 집단들이 서로 융화되지 못한 채 적대적 파벌을 형성하게 되면 부정적인 고정 관념만 강화된다. 그러나 스포츠 팀이나 밴드를 구성하는 것처럼 학생들이 공동 목표를 달성하기 위하여 동등하게 협력한다면 그들의 고정 관념도 무너질 수 있는 것이다. 직무 현장에서도 이와 유사한 사례들이 수년 간 동료로서 일해 온 사람들을 중심으로 일어나고 있다.[16]

직무 현장에서 단순히 편견을 타파하는 것만 지향해서는 다양한 노동력이 제공하는 창조적이고 기업가적인 가능성을 이용할 수 있는 보다 큰 기회를 놓치게 된다.

나중에 다시 검토하겠지만, 다양한 능력과 시야를 가진 노동 집단이 조화롭게 운영될 때, 비슷한 사람들이 고립되어 일하는 집단보다 더 훌륭하고, 창조적이며 효과적인 해결책을 창출해 낼 수 있는 것이다.

조직의 능력과 집단EQ

금세기 말에는 미국 노동력의 3분의 1이 정보에 대한 가치 부여로 평가되는-시장 분석가든, 글을 쓰는 사람이든, 컴퓨터 프로그래머든- '지식 노동자'들로 이루어질 것이다. '지식 노동자'란 용어를 처음으로 만든 세계적 석학 피터 드러커 박사는 이들의 기술이 한층 전문화되고 있으며, 조직의 생산성은 구성원들이 팀의 일원으로서 조화를 이루려는 노력 여하에 따라 결정된다는 사실을 지적하고 있다. 이런 여건 속에서 더 이상 작가는 출판업자를 겸할 수 없고, 컴퓨터 프로그래머는 소프트웨어 배급업자를 겸할 수 없게 된다.

드러커 박사는 다시 지적하기를, "그 동안 사람들이 지식 노동에 맞추어 작업해 왔다고 한다면, 이제부터는 개인보다 팀이 직무 단위가 된다."라고 한다.[17] 그렇다면 사람들의 조화를 돕는 기술인 EQ야말로 앞으로 점점 더 직무 현장에서 지속적인 가치를 인정받는 시대가 오고 있는 것이다.

아마도 조직 내 팀웍의 가장 기본적인 형태는 회의일 것이다. 회의실을 통해서든 회견장을 통해서든 그것은 경영 관리자들의 피할 수 없는 임무처럼 여겨지고 있다. 한 방에 여러 사람이 모이는 회의는 업무 공유 방식으로서 가장 확실하기는 해도 어느 정도는 낡은 방식이다. 지금은 전자 통신망, 전자 우편, 화상 회의, 직무 팀, 기타 비공식적 네트웍 등이 조직 내에 새로운 직능 실체로 등장하고 있다. 조직 기구표 상에 드러나는 뚜렷한 계층 구조가 조직의 뼈대를 이룬다고 한다면, EQ에 연관

된 인간관계적 요소들은 조직의 신경 중심 체계를 이룬다고
할 수 있다.

임원진의 경영 전략 회의든 제품 개발을 위한 팀 활동이든
사람들이 협조를 위해 모이는 곳에는 진정한 의미에서 관련된
사람들의 모든 재능과 기술의 총체라고 할 수 있는 집단 지능
즉 '그룹 IQ'가 존재한다. 그리고 이들이 과업을 얼마 만큼 잘
성취하는가는 그 그룹 IQ의 수준으로 결정된다. 이때 그룹 IQ
에서 가장 중요한 요소는 학문적인 지능 수준인 '아카데믹 IQ'
가 아니라, 감성지능의 수준인 '이모셔널 IQ' 즉, EQ인 것이다.
고도의 그룹 IQ에 이르기 위한 핵심은 구성원들 간의 사회적
조화인 것이다. 그리고 모든 다른 조건이 동등하다고 할 때,
어떤 그룹은 특별한 재능이 있으며, 생산적이고 성공적인데 비
해서 또 다른 어떤 그룹은 구성원들의 재능과 기술들이 다른
집단들과 동등함에도 불구하고 빈약한 성과를 보이는 원인이
바로 이 사회적 조화의 능력 때문인 것이다.

그룹 IQ가 존재한다는 사고는 예일 대학의 심리학자 로버트
스턴버그 박사와 그의 제자인 웬디 윌리엄스 박사가 그룹에
따라서 어떤 곳은 특별히 효과적인 이유가 무엇인가를 탐측하
는 과정에서 밝혀졌다.[18] 사람들이 하나의 그룹으로서 활동하
기 위해 모일 때에는 모두가 특정한 재능들, 이를테면 유창한
말솜씨, 창의성, 감정이입, 기술적 숙련성 등을 가지고 오게 된
다. 그런데 한 집단이 모든 개인적 강점들의 총합체보다 '총명'
할 수 없다면 이는 공동 작업에 의해 각각의 재능이 공유될
수 있는 내적 환경이 조성되지 못한 것이다. 따라서 그 집단은

예상보다 훨씬 더 둔해질 수 밖에 없다.

이러한 사실은 스턴버그와 윌리엄스 두 사람이 설탕의 대체물로 쓰일 수 있는 인공 감미료에 대한 효과적인 광고 문구를 만들어 내도록 임의의 그룹을 설정하여 이곳에 새로운 구성원들을 충원하는 과정에서 뚜렷이 밝혀졌다.

한 가지 놀라운 사실은, 참여에 지나치게 열성인 사람은 오히려 집단에 방해가 되어 전체의 작업 수행을 저하시킨다는 점이었다. 이런 양심적 일꾼들은 지나치게 지배적이거나 권위적이었다. 이런 사람들은 사회적 지능의 기본 요소라고 할 수 있는 '주고 받기'에서 적절한 것과 부적절한 것을 구분하는 능력이 부족했다. 또 다른 장애물은 아예 참여하려고 들지 않는 사람들이었다.

산출의 우수성을 극대화하기 위해서 가장 중요한 요소는 집단 구성원들이 얼마 만큼 훌륭하게 내적 조화의 상태를 창조할 수 있느냐에 달려 있다. 그것은 구성원들의 재능을 최대한 발휘할 수 있게 해 주는 것이기도 하다. 조화로운 집단의 전반적인 성과는 서로 다른 재능을 갖고 있는 구성원들이 있을 때 더욱 향상되지만, 알력이 심한 집단에서는 능력을 가진 구성원들을 보유하더라도 이를 활용하는 능력에서 크게 뒤떨어지게 된다.

공포나 분노, 또는 경쟁심과 적개심 따위의 고도의 감성적인 사회적 정체(停滯)가 존재하는 그룹 내에서 사람들은 최선을 다 할 수 없는 것이다. 그러나 조화가 이루어진 집단에서는 창조적이고 재능이 있는 구성원들의 능력을 최대한 활용할 수가 있다.

이 연구의 교훈이 업무 팀에게 주는 의미는 분명하지만, 이에 못지 않게 조직 내에서 일하는 개개인에게도 많은 사실을 암시하고 있다. 사람들이 업무 중에 행하는 많은 일들은 동료들과 맺는 자유로운 연결망인 네트웍에 의지할 수 있는 개인적 능력에 따라 좌우된다. 즉, 사람들이 행하는 많은 과업들의 상당량은 네트웍 내의 다른 구성원들에게 도움을 요청하는 이들의 능력과 관련되어 있는 것이다.

실제로 이러한 능력이 훌륭하게 발휘되는 경우에는, 최고의 재능과 전문성과 적절한 인원 배치를 제공하는 특별 그룹을 구성하는 기회로 이어지기도 한다. 사람들이 자신의 네트웍을 얼마 만큼 잘 운영할 수 있느냐, 또는 얼마 만큼 훌륭한 특별 그룹을 만드느냐는 직무 성공의 결정적 요소인 것이다.

프린스턴 가까이에 위치한 세계적으로 유명한 과학자들의 씽크 탱크인 벨 연구소에서 근무하는 요원들을 연구 조사한 결과를 고찰해 보자.

그 연구소를 구성하는 과학자나 엔지니어들은 학문적 지능인 IQ 테스트에서 모두가 최상위에 있는 사람들이다. 그러나 이런 집단에서도 어떤 사람들은 최고의 스타로 부상하지만, 대부분은 평균적인 성과를 보여줄 뿐이다. 이때 스타와 평범한 연구원의 차이를 만드는 것은 그들의 학습 지능*IQ*가 아니라 감성지능*EQ*로 밝혀졌다. 즉, EQ가 높은 사람일수록 자신에 대한 동기 부여와 비공식적 네트웍을 활용하여 고도의 업무 성과를 달성하는 능력에서 뛰어났던 것이다.

벨 연구소의 스타들을 알아보기 위하여 전자 공학 중 가장 복잡한 분야인 전화의 전자 교환기 개발 설계 담당 부문의 연구원들을 조사하였다.[19] 그들의 작업은 한 사람으로서는 감당할수 없는 것이기 때문에 적게는 5명 단위에서부터 많게는 150명정도의 연구원들이 작업을 이루게 된다.

이때 어떤 사람도 그 작업을 혼자 할 수 있는 충분한 지식을가지고 있지 않기 때문에 작업의 완결을 위해서는 다른 사람들의 전문적인 기술과 조화를 이루지 않으면 안된다. 고도의 생산성을 보여주는 사람들과 평균적 성과만을 보이는 사람들 사이에 존재하는 차이가 무엇인지를 규명하기 위하여 켈리 박사와캐플란 박사는 다양한 경영진과 동료 연구원들을 대상으로10% 내지 15%의 스타로 구분 가능한 연구원들을 지명하도록하였다.

이들 스타와 기타 사람들과의 비교에서 가장 중요한 발견점은 우선 두 그룹 사이의 차이가 거의 없다는 점이었다. 켈리와캐플란 박사는 후에 하버드 비즈니스 리뷰지에 기고한 글에서"표준 IQ 테스트에서 성격 검사에 이르기까지 폭넓은 범위에서인지 능력이나 사회적 능력을 비교해 봐도 이들의 선천적 능력사이에 중요한 차이점은 볼 수 없었다"고 밝히고 있다. 또한"학문적 재능이란 직장에 있어서의 생산성을 예언하는 지표가되지 못한다."라고 하였다. 여기에는 IQ도 예외가 아니었다.

그러나 상세한 면담을 거친 결과, 스타들이 업무 완결을 위해이용한 내면적 또는 대인적인 전략에서는 중요한 차이가 나타났다. 이중 가장 두드러진 점은 핵심적인 인물들로 이루어진네트웍과의 친분 관계 유지였다. 우수한 연구원들의 경우에는 이 관계가 아주 순조롭게 진행되고 있었는데, 이는 문제 처리나 위기 관리를 위한 특별 팀의 일원으로서 결정적인 순간에 도움을 받을 수 있는 사람들과의 원만한 관계에 많은 시간을 할애하기 때문이었다. 켈리와 캐플란 박사는 다음과 같은 사실도 밝히고 있다.

"벨 연구소에서 중간적인 업적을 보이고 있는 연구원들은 기술적인 문제로 곤란함을 겪는다고 고백한 적이 있다. 그들은 기술적인 도움을 줄 수 있는 사람들에게 요청을 하느라고 귀중한 시간을 낭비하며 기다렸지만 별다른 응답이 없었고, 전자 우편을 통한 메시지도 답장을 받지 못했다. 그러나 스타들의 경우에는 도움을 필요로 하기 전부터 믿음직한 네트윅을 구축해 두었기 때문에 곤란한 상황에 부닥치지도 않았을 뿐더러, 설령 누군가에게 조언을 요청하더라도 거의 항상 신속한 응답을 받고 있었다."

비공식적 네트윅은 예기하지 못한 문제를 해결하는 데 특히 중요하다. 이러한 네트윅에 관해 하버드 비즈니스 리뷰지는 다음과 같이 밝히고 있다.

"공식적인 조직은 쉽게 예상할 수 있는 문제를 처리하는데 필요하다. 그러나 예상하지 못한 문제가 발생하면 비공식적인 조직이 개입하게 된다. 비공식적인 조직은 정교한 사회적 유대 망에 의해 구성원들이 언제든지 원활한 의사 소통을 할 수 있고, 시간이 지남에 따라 놀라울 정도의 안정적인 네트윅으로 강화되어 간다. 고도의 적응성을 갖춘 비공식적인 네트윅은 대각선이나 타원형 방향으로 움직이면서 모든 직능 부문들을 뛰어넘어 목적을 달성한다."[20]

결국 사람들은 조직에서 매일 함께 일한다는 이유만으로 직장을 바꾸려는 욕망이나 관리자나 동료가 보이는 행동에 대한 분개 등 민감한 정보를 공유할 만큼 서로를 믿지도 않을 뿐만 아니라, 위기 시에 상호 간에 의존하지도 않는 것이다. 사실 비공식적인 네트웍에 관해 보다 자세한 조사를 해보면 최소한 세 가지 국면의 다양성이 존재한다. 그것은 의견을 주고 받는 커뮤니케이션, 기술적 조언을 구하기 위한 전문 기술성, 그리고 신뢰 관계의 세 가지 네트웍이다. 전문 기술성의 네트웍에서 핵심 요소는 기술적으로 탁월한 명성을 가지고 있는 사람이 누구인가라는 점이기 때문에 이는 때로는 빠른 승진을 의미하기도 한다.

그러나 전문가가 되는 것과 개인적인 비밀, 의심, 취약성 등에서 신뢰할 수 있는 사람으로 인식되는 것과의 사이에는 실질적으로 아무런 관계가 없다. 작은 단위 팀의 독재자나 초미니 관리자들은 전문성은 뛰어날지 몰라도 신뢰성에서는 보잘 것 없기 때문에 그들의 관리 능력은 무시되고 결과적으로 비공식적 네트웍에서 배척될 수밖에 없는 것이다. 조직의 스타들은 커뮤니케이션이든 전문성이든 신뢰성이든 모든 네트웍에서 두터운 연계성을 가지고 있는 사람들이다.

벨 연구소의 스타 연구원들은 이러한 주요 네트웍의 구축에서도 뛰어났을 뿐만 아니라, 자신의 노력을 팀 작업 내에 효과적으로 조화시키는 능력에서도 탁월함을 보이고 있었다. 그들은 합의를 이끌어 내는 리더십, 고객이나 팀 내의 다른 구성원들의 시각으로 상황을 보는 능력, 설득력, 갈등을 피하고 협력을 촉진하는 능력 등에서 매우 우수했다.

이 모든 것이 사회적 기술에 속한다고 할 때, 스타들은 또 다른 종류의 능력들도 보여 주었다. 그들은 정해진 직무 범위를 넘어선 영역까지 책임을 떠맡기 위해서 스스로에 대한 동기 부여인 주도권의 발휘와 아울러 시간 관리 및 직무에 대한 헌신이라는 측면에서의 자기 관리 역시 뛰어났다. 이 모든 능력들이 EQ의 측면들임은 두 말할 필요가 없는 것이다.

벨 연구소에서 밝혀진 사실을 통해 우리는 기업의 미래도 충분히 예상할 수 있다. 미래는 팀웍, 협동, 어떻게 하면 효과적인 공동 작업을 할 수 있는지를 직원들이 학습하도록 도와주는 능력 등 EQ의 기본 요소들이 한층 더 중요해지는 시기이다. 지식 집약적 서비스나 지적 자본이 중요도를 더해 가고 있는 이 시점에서 사람들의 공동 작업 방식을 개선하는 것이야말로 지적 자본을 강화시키는 중요한 방법이 될 뿐만 아니라 핵심적 경쟁 우위를 차지하는 계기가 되는 것이다. 조직의 생존을 위해서라고까지는 할 수 없어도, 최소한 발전을 위해서라면 기업은 '총체적 EQ'를 북돋우는 노력을 아끼지 말아야 할 것이다.

제11장

의료계와 질병의 EQ

"박사님께 누가 이 모든 것을 가르쳐 주었습니까?
대답은 신속히 나왔다.
"고통."

알베르 까뮤, 『페스트』

일전에 나는 아랫도리가 아파서 병원에 간 적이 있다. 소변 검사 전까지는 아무 이상이 보이지 않았는데, 소변에서 피의 흔적이 보인다는 말을 의사로부터 들었다.

"큰 병원에 가서, 몇 가지 검사를 받아 보시지요… 신장기능, 세포 검사…"

그는 직업적인 말투로 내뱉었다.

그 다음부터는 그가 무슨 말을 했는지 기억이 나지 않는다. 내 신경은 이미 '세포'라는 단어에서 얼어 버렸기 때문이다.

'그렇다면, 암(癌)?'

내 기억 속에는 종합 진단을 받기 위해 언제 어디로 내가 가야 할지를 설명한 의사의 말은 거의 몽롱한 상태로 남았을 뿐이다. 그의 지시는 간단 명료했지만, 몇 번씩 반복되는 듯했다. 세포 검사- 이 말은 언제까지고 나의 마음을 떠날 것 같지 않았다. 이 단어 하나가 나를 마치 자기 집 대문 앞에서 강도를 만난 사람처럼 만들어 버렸다.

나는 왜 그처럼 민감한 반응을 보였을까? 내 의사는 철저하고도 성실하게 진단 도표의 각 분지(分枝)들을 그려가며 설명해 주었다. 그의 설명에서 암의 가능성은 아주 희박했다. 그러나 그 순간에 합리적인 분석이란 것은 무의미한 것이다. 환자의 세계는 감정이 지배하고 사고는 공포에 점령당하는 것이다.

우리가 아플 때 그토록 감성적으로 허약해지는 것은 우리의 정신적인 건강이 어느 정도는 자신이 '불사신'이라는 환상에 의존하는 이유도 있다. 병, 특히 심각한 질병은 그러한 환상을 깨뜨리면서, 우리의 개인적 세계는 안전하고 튼튼한 것이라는 전제를 무너뜨린다. 갑자기 우리는 약하고, 기댈 곳 없고, 상처 입기 쉬운 존재가 되어 버리는 것이다.

여기서 문제는 의료 관계자가 환자의 신체적인 증상에는 주의를 기울이면서도 환자의 감성적 반응에는 무관심하다는 데에 있다. 질병의 감성적 측면을 무시하는 행위는 환자의 감정 상태가 질병에 대한 취약성과 그로부터의 회복 능력을 좌우한다는 여러 증거들을 무시하는 행위나 다름없다. 현대 의학은 수시로 감성지능*EQ*에 대해 상당한 무지함을 보여준다.

환자에게 있어서 의사나 간호사와의 접촉은 고무적인 정보나 안심, 위안을 얻는 기회이지만, 이것이 불행하게 이루어지면 절망으로 이끄는 초대장이 되기도 한다. 그러나 의료 관계자들은 종종 환자의 고통에 무관심하거나 오히려 이를 성급히 유도해 내기도 한다.

물론 개중에는 인정 많은 간호사와 의사들이 있어서, 의료적인 진료 뿐만 아니라 환자의 마음을 보듬어 주는 충분한 정보를 제공하는 데 시간을 할애하기도 한다. 하지만 조직의 요청에 따라 움직이는 직업 세계의 어쩔 수 없는 흐름 속에서, 의료 관계자들은 환자의 취약함에 무관심해지거나, 무엇인가 베풀 생각을 하기 어려울 만큼 과중한 업무에 시달리기가 일쑤이다. 의료 체계가 회계의 논리에 맞춰가야 하는 서글픈 현실 속에서 모든 상황은 점차 악화일로를 걷게 되는 것이다.

의사가 '치료' 못지 않게 '보살핌'도 제공해야 한다는 논리에는 단순한 인도주의 차원을 넘어서 환자의 심리적 사회적 현실을 의료 영역과 별개가 아닌 하나로 묶어서 생각해야 하는 중요한 이유가 있기 때문이다. 환자들의 의학적인 증상과 함께 이들의 감정 상태를 보살펴 줌으로써 질병의 예방과 치료 모두에서 의료적인 효과를 볼 수 있다는 과학적 사례들이 계속 발표되고 있다. 물론 모든 경우와 상황에 이러한 방법이 해당되는 것은 아니다. 하지만 수많은 자료들을 검토해 볼 때, 심각한 질병에 감성적으로 개입하는 것이 하나의 의료적 표준으로 자리잡을 수 있음을 보여주는 다양한 의료 효과들이 곳곳에서 목격되고 있다.

역사적으로 볼 때 현대 의학은 건강의 혼란을 의미하는 '물리적 병'의 치료에만 그 사명을 한정하고, 그 병을 앓고 있는 환자들의 '마음의 병'은 간과하는 경향이 있다. 환자들 역시 자신의 문제에 대한 이러한 견해를 따르면서, 자신이 어떤 식으로 감성적 반응을 보이는가는 무시하거나 또는 그런 반응은 문제 발생 과정과는 아무런 관계가 없다고 보는 생각에 동조해 왔다. 이러한 태도는 다시 마음이 신체에 미치는 영향은 아주 미미하다고 보는 의학계의 일반적인 태도에 의해 더욱 강화되어 왔다.

그런가 하면 또 다른 측면에서 이에 못지 않은 비생산적인 관념들도 있다. 그것은 자신이 행복하다고 믿거나 긍정적인 사고를 하면 아무리 치명적인 질병이라도 치료할 수 있다고 생각하는 것과, 질병에 걸린 자신에게 애당초 잘못이 있다고 생각하는 따위이다. 이와 같은 '태도 만능주의'는 결과적으로 혼돈과 오해를 만연하게 하였다. 따라서 질병이 정신에 의해 영향을 받는다거나 또는 더욱 심각한 것은 질병을 앓고 있다는 자체를 죄의식으로 느끼게 만들고, 마치 그것이 윤리적인 타락이나 정신적 무가치의 징후인 것처럼 받아들이게 하는 것이다.

진리는 이런 양 극단의 중간 지점에 있다. 본 장에서 저자의 의도는 과학적 자료에 근거하여 모순된 사실들을 밝히고, 무의미한 사고들을 분명한 이해로 대체하여 우리의 EQ로 하여금 건강과 질병에서 중요한 역할을 수행하도록 하자는 데에 있다.

신체와 정신: EQ가 건강에 미치는 영향

1974년 로체스터 의과 대학에서 이루어진 연구 결과로 인해 '신체의 생물학적 지도'가 다시 그려지게 되었다. 이 연구에서 심리학자 로버트 애더 교수는 우리의 면역 체계도 두뇌와 마찬가지로 학습한다는 사실을 발견하였다. 그 발견은 가히 충격적이었다. 그때까지 의학계에서는 뇌와 중추 신경계만이 경험에 반응하여 자신의 행동 방식을 바꾼다는 사고가 지배하고 있었다. 그러나 애더 교수의 발견 이후로 중추 신경계와 면역 체계가 커뮤니케이션하는 수천 가지의 방식들 즉, 정신과 감성과 신체가 분리된 별개가 아니라 긴밀하게 얽혀 있는 생물학적 경로에 대한 탐구가 이루어지게 되었다.

그는 실험의 한 가지로서 흰쥐에게 약물을 주입하여 혈액을 순환하는 질병 저항체인 T세포의 양을 인위적으로 감소시켜 나갔다. 그리고 쥐들에게 약물을 주입할 때마다 사카린이 가미된 물을 함께 주입하였다. 그러다가 어느 단계부터는 약물 주입 없이 사카린이 들어 있는 물만으로도 쥐의 T세포 수가 감소하게 되었고, 일부 쥐들은 병이 들거나 죽을 정도에 이르렀다.

쥐들의 면역 체계는 사카린에 반응하여 T세포를 감소시킨다는 사실을 학습하게 된 것이다.

그것은 당시의 과학적 이론으로는 있을 수 없는 사건이었다.

파리 과학기술 대학의 신경학과 바렐라 교수는 면역 체계를 '신체의 두뇌'라고 부르며, 이를 통해 자신에게 속한 것과 그렇지 않은 것을 구분하는 '신체의 자아 감각'이 형성된다고 하였다.[1] 면역 세포는 혈액 순환과 함께 신체 전 부분을 돌면서 모든 다른 세포들과 접촉한다. 그러면서 인식할 수 있는 세포는 내버려 두고 인식할 수 없는 세포에는 공격을 가한다.

그러한 공격은 바이러스, 박테리아, 암 등으로부터 우리를 보호하기도 하지만, 원래의 신체 세포 일부를 외부 침입자로 잘못 인식하는 경우에는 알레르기나 피부 결핵같은 자가(自家) 면역 계통의 질병이 유발되기도 한다.

애더 박사의 예상치 못한 발견이 있기 전까지 모든 해부학자, 의사, 생물학자들은 뇌(중추 신경계를 통해 신체 전체로 확대되는 것까지 포함하여)와 면역 체계란 전연 별개의 것으로서, 상호 기능에 영향을 미칠 수 없는 것으로 믿어 왔다. 따라서 쥐가 먹은 것을 스스로 인지하는 뇌 중심부와 T세포를 생산하는 골수 영역 사이의 연결 경로도 있을 수가 없다는 것이었다. 이러한 생각은 최소한 지난 한 세기 동안의 지배적인 사고였다.

그러나 최근 수년 간 애더 박사의 발견 이후 면역 체계와 중추 신경계 사이의 연결 고리를 찾으려는 노력들이 꾸준히 진행되고 있다. 이것을 연구하는 분야인 '정신신경면역학'(Psychoneuroimmunology; 약자로 PNI라는 명칭은 말 그대로 '정신(psycho)'과 신경계와 호르몬계를 모두 포괄하는 신경 내분비 체계의 '신경(neuro)'과 면역 체계의 '면역(immune)'을 의미하는 단어들이 합성된 용어이다.)이 이제 주도적인 첨단 의학 분야로 자리잡게 되었다.

일련의 과학자들이 발견한 바에 따르면, 뇌와 면역 체계 사이를 가장 활발하게 움직이는 화학적 매개체들은 감성을 조절하는 신경 영역에 특히 집중되어 있는 것으로 나타난다.[2] 이중 감성이 면역 체계에 영향을 미치기 위해 필요한 경로의 존재를 신체에서 직접 발견하여 그에 대한 강력한 증거를 제시한 사람은 애더 박사의 동료인 데이빗 펠턴 박사이다. 펠턴 박사는 감성이 자율 신경계에 직접적인 영향력을 행사한다는 가정에서부터 출발하여 인슐린 호르몬의 분비량과 혈압 수치의 조절도 감성에 의해 이루어진다는 사실을 발견해 내었다. 펠턴 박사는 자기 아내 수잔과 동료들의 도움을 얻어서 자율 신경계가 임파구와 세균 분해 세포같은 면역 체계 세포들과 직접 연결되는 곳이 어디인지를 탐측하기에 이르렀다.[3]

이들은 전자 현미경을 사용하여 자율 신경계의 끝 지점에 면역 세포와 접촉하고 있는 시냅스(신경 세포의 연결 단위: 역주) 모양의 연결 고리가 있는 것을 찾아내었다. 이 물리적 접촉 지점이 바로 신경 세포로 하여금 신경 전달 물질을 방출하여 면역 세포를 조절하게 하는 곳이다. 실제로도 이곳에는 왕복 신호 체계가 가동되고 있다. 이것은 가히 혁명적인 발견이었다. 그전까지는 어느 누구도 면역 세포가 신경에서 발송되는 물질의 표적이 된다는 생각을 하지 못했다.

펠턴 박사는 자신의 발견에서 한 단계 더 나아가서 이 신경 말단부가 면역 체계의 작용에 얼마 만큼의 영향력을 행사하는가도 알아 내려고 하였다. 그는 실험을 통해 동물에게서 임파절과 비장(脾臟)-면역 세포가 생성되고 저장되는 신체 기관-에 이르는 신경 세포들을 제거한 뒤에 바이러스를 주입하여 면역 체계에 어떤 변화가 이루어지는지를 관찰하였다. 그 결과, 동물들의 바이러스에 대한 면역 반응은 크게 저하되었다. 실험 뒤에 그는 신경 말단부가 없을 때에는 면역 체계가 바이러스나 박테리아의 침입에 대항하여 당연히 보여야 할 반응을 보이지 않는다는 결론을 내리기에 이르렀다. 이상을 요약하면, 신경 체계는 면역 체계와 연계되어 있을 뿐만 아니라, 올바른 면역 기능을 위해 필수적인 것이라고 할 수 있다.

감성과 면역 체계를 잇는 또 하나의 핵심적인 경로는 스트레스 상태일 때에 분비되는 호르몬을 통하는 것이다. 캐터콜라마인 계통(에피네플린과 노르에피네플린, 다른 이름으로는 아드레날린과 노르아드레날린이라고도 함: 역주)과 코티솔, 프로락틴, 또는 천연의 진정제라고 하는 베타 엔돌핀, 엔케팔린 등은 공통적으로 스트레스에 의해 분비되는 호르몬들이다. 이들은 모두가 면역 세포에 강력한 영향을 끼친다. 이 호르몬들과 면역 세포가 어떻게 연결되는가는 종류에 따라 다양한 양태를 보이지만, 핵심적인 것은 신체에서 이 호르몬들이 분비되면 우리의 면역 세포 기능에 장애가 일어난다는 점이다.

이렇게 스트레스가 면역 저항을 순간적으로 억제하는 것은 현재의 위급 상황에 우선권을 두어 생존을 위해 아주 긴급한 에너지를 비축하기 위한 것으로 추측된다. 그러나 강도 높은 스트레스가 지속적으로 주어질 때는 면역 기능의 억제가 장기적으로 유지된다.[4]

뇌와 심장 혈관계와 면역 체계 사이에 관련이 있다고 하는 사고 방식은 이제는 억측으로 간주되지 않게 되어 미생물학자를 비롯하여 여러 분야의 과학자들이 그 관계의 해명에 몰두하고 있다.[5]

건강에 유해한 감성 : 임상적 데이터

이러한 증거에도 불구하고 많은 의사들은 아직도 감성이 임

상적으로 중요하다는 점에 대해서 회의적이다. 그 이유 중의
하나는 수많은 연구에 의해 스트레스나 부정적인 감정이 다양
한 면역 세포의 효율을 약화시킨다는 사실이 밝혀지기는 했지
만, 이 변화의 범위가 의학적 변화를 가져올 만큼 큰 것인가
하는 점이 아직 불명확하기 때문이다.

  이런 와중에 EQ가 의학에서 차지하는 새로운 위치를 인정하
려는 의사들도 함께 늘고 있다. 예를 들어, 스탠포드 대학의
유명한 산부인과 복강경 전문의인 캄란 네자트 박사는 이렇게
말한다.

  "수술이 예정되어 있던 환자가 자신은 공포에 사로잡힌 상태
라 수술을 받고 싶지 않다고 말하면 나는 기꺼이 수술 예정을
취소한다. 모든 의사들이 알아두어야 할 것은 극도로 겁에 질린
사람일수록 수술이 제대로 되지 않는다는 사실이다. 그런 사람
일수록 출혈도 심하고 감염이나 합병증에 걸릴 가능성도 커진
다. 그들은 또한 회복 기간도 더 오래 걸린다. 그러나 안정되어
있는 사람들은 그렇지 않다."

  이 원인은 간단하다. 공포와 불안은 혈압을 상승시킨다. 그것
에 의해 팽창된 혈관을 수술용 칼로 절단하다가는 엄청난 출혈
이 발생하게 된다. 과다 출혈은 종종 사망으로 이어지는, 외과
수술에서 가장 골치 아픈 사태 중의 하나이다.

  이러한 의학적 예화 말고도 EQ의 임상적 중요성에 대한 증
거들은 곳곳에서 발견되고 있다. 그 중에서 가장 흥미있는 자료
는 수천 명의 남녀를 대상으로 실시되었던 101 가지의 각종
조사들을 하나의 단일 연구로 결합시킨 내용이다.

이 연구에 따르면, 마음을 어지럽히는 감정은 우리의 신체에 상당한 해를 끼치는 것으로 나타난다.[6] 즉, 만성적인 근심, 장기간의 슬픔과 비관적인 사고, 끊임없는 긴장이나 적대감, 심각한 냉담이나 의심 등을 경험한 사람들은 천식, 관절염, 두통, 위궤양, 심장병(모든 질병을 크게 분류한 경우의 대표적인 예) 등에 걸릴 위험성이 두 배 이상 높은 것으로 나타나고 있다. 이러한 위급성의 정도에 비추어 보건대, 고통스러운 감정이 위험 요소로서 심장병에 끼치는 해로움은 흡연이나 높은 콜레스테롤이 끼치는 해로움과 유사하다고 할 수 있다. 한마디로 말해서 고통스러운 감정은 건강에 중요한 위협이 되는 것이다.

단, 여기서 한 가지 확실히 해 둘 것은, 이것은 통계상의 이야기로서 위에서 보여진 것과 같은 만성적 스트레스를 겪는 사람들 모두가 질병에 걸리기 쉽다는 의미는 결코 아니라는 점이다.

그럼에도 불구하고 감정이 질병의 잠재적 원인이 될 수 있다는 증거는 위의 연구에서 확인된 것보다 훨씬 광범위하게 나타난다. 비록 여러 가지 감정들이 영향력을 행사하는 생물학적 메커니즘에 관해서는 좀더 많은 이해가 필요하겠지만, 여기에서는 특정 감정들 구체적으로는 분노, 불안, 우울의 세 가지 중요한 감정에 관련된 연구들을 좀 더 자세히 분석하는 가운데 각 감정들이 갖는 의학적 중요성을 구체적으로 확인할 수 있을 것이다.[7]

죽음에 이르는 분노

그는 예전에 자동차 접촉 사고를 당한 뒤에 겪은 아무런 소득도 없고 짜증스럽기만 한 과정들을 나에게 이야기 해주었다. 보험 회사의 서류 절차는 한없이 이어지고, 고치기보다는 망가뜨린 것이 더 많은 정비 회사의 수리가 끝난 뒤에도, 그에게는 800달러의 빚이 남았다고 했다.

더욱이 그 사고는 그의 과실도 아니었다. 그 사건으로 얼마나 시달렸는지, 그는 차에 오를 때마다 넌더리가 난다고 했다. 결국에는 차를 팔아 치웠는데, 수년이 지난 뒤에도 그 생각만 하면 화가 치밀어 참을 수가 없다고 한다.

이 화가 치미는 추억은 스탠포드 의과 대학에서 심장 질환 환자들이 겪는 분노를 연구하면서 그들이 분노했던 장면을 회상하게 해서 나온 것들 중의 하나이다.

저자가 연구한 환자들은 모두가 이 비참한 사람 못지 않게 초기 심장 마비로 고통을 겪었던 사람들인데, 이때의 주제는 분노가 그들의 심장 기능에 어떤 영향을 끼치고 있는가에 대한 것이었다. 연구 결과는 충격적이었다. 환자들이 자신을 화나게 만들었던 사건들을 술회하는 동안, 그들의 심장 박동의 효율성은 5%나 떨어졌다.[8]

어떤 환자들은 7% 또는 그 이상의 하락까지도 보였는데, 이 범위라면 심근 수축에 의한 빈혈 단계로서 심장 외과의가 환자의 심장으로 흐르는 피에 이상 저하가 발생한 것으로 간주할 수 있는 수준인 것이다.

심장 박동 효율성의 저하는 불안 등 다른 불쾌한 감정을 품었을 때나 운동을 할 때에는 나타나지 않았다. 오직 분노만이 심장에 엄청난 해를 끼치고 있었다. 화가 났던 사건을 상기하여

말하는 환자들은 "지금 느끼고 있는 분노는 그때의 절반 정도
밖에 안된다"라고 말하는 점을 미루어 보건대, 실제로 분노가
치밀었을 때 그들의 심장 기능은 훨씬 더 큰 충격을 받았으리라
고 생각할 수 있다.

이러한 발견은 심장에 손상을 입히는 분노의 위력을 밝히려
는 수많은 연구에서 드러난 다양한 증거의 일부일 뿐이다.[9] 성
급하고 고압적인 A유형의 인간들이 심장병에 걸릴 가능성이
높다는 논리는 아직 입증된 바 없지만, 이 '결함 이론'으로부터
새로운 발견이 이루어졌다. 그것은 심장병의 위험을 높이는 것
은 다름 아닌 적대감이라는 점이다.

적대감에 대한 자료의 상당수는 듀크 대학의 레드포드 윌리
엄스 박사(쉽게 긴장하고 야심만만하며 남에게 지기를 싫어하고 화를 잘 내는
A유형과 이러한 행동의 특징이 없는 B유형에 관한 분류의 창시자이자 '분노'
연구의 세계적 대가: 역주)의 연구에 의한 것이다.[10] 윌리엄스 박사는
자신이 의과 대학에 다닐 때 적대감 테스트에서 최고 점수를
받았던 학생들은 적대감 점수가 낮았던 사람들보다 50대에 이
르러서 사망률이 7배나 높다는 사실을 발견하였다. 이는 분노
에 굴복한다는 것이 일찍 사망할 수 있는 가능성의 지표로서
흡연, 고혈압, 높은 콜레스테롤 등의 위험 수치보다 더 확실한
것임을 밝혀 주는 것이다.

또한 윌리엄스 박사의 동료인 노드 캐롤라이나 대학의 존
베어푸트 박사는 심장 기능 장애를 측정하기 위해 튜브를 심장
의 관상 동맥에 삽입하는 방식의 혈관 조영 검사를 마친 심장병
환자들에게 적대감 테스트를 한 결과, 적대감의 지수와 관상

동맥의 손상 정도 및 범위에 상관관계가 있다는 것을 발견했다.

물론, 분노만이 관상 동맥 질환을 일으킨다고는 할 수 없다. 그것은 상호 작용하는 여러 요인들 중의 하나일 뿐이다. 국립 심장 폐 혈액 연구소 행동 의학 분과의 책임자 피터 카우프만 박사는 이렇게 말한다.

"분노와 적대감이 관상 동맥 질환을 일으키는 원인으로 작용하는지, 아니면 일단 심장 질환이 발생하고 난 후에 그것을 더욱 악화시키는 역할을 하는지, 또는 두 가지 모두가 작용하는지에 대해서는 밝혀진 바가 없다. 그러나 반복적으로 화를 내는 20세 남자의 경우를 예로 들어 보았을 때, 그의 분노를 부추기는 사건들이 있으면 이는 심장 박동과 혈압을 증가시키면서 심장의 스트레스를 강화시키게 된다. 이것이 반복된다면 당연히 해를 미칠 것이다. 심장 박동과 함께 관상 동맥을 통과하는 혈액의 흐름에 혼란이 생기면 혈관에는 미세한 파열이 생기면서 그곳에 플라크가 생성되기 때문이다. 만약 이 청년이 계속 습관적으로 화를 낸다면 심장 박동은 갈수록 빨라지면서 혈압은 더욱 높아질 것이므로 차후 30여년 동안 플라크의 축적이 진행되는 동안 관상 동맥의 질환으로 발전하게 된다."[11]

일단 심장병에 걸리게 되면, 분노로 촉발된 메카니즘이 펌프 구실을 하면서 심장의 효율성 자체에 영향을 미치는데, 그것은 심장병 환자들을 대상으로 분노의 기억들을 조사한 연구에서도 잘 나타난다. 심장 질환을 앓는 사람들이 분노의 정도가 심한 경우에는 치사 단계까지도 이른다. 예를 들어, 스탠포드 의과 대학에서 초기 단계의 심장 마비를 경험한 1,012명의 남녀를

8년 간 추적 조사한 결과에 따르면, 성질이 급해서 쉽게 적대감과 공격성을 보이는 남자들은 심장 마비의 재발 확률이 매우 높은 것으로 나타났다.[12] 이와 유사한 사실은 심장 마비를 경험한 929명의 남자들을 10년 간 추적 조사한 예일대 의과 대학의 연구 결과에서도 나타난다.[13] 여기서 쉽게 화를 내는 부류에 포함되었던 사람들은 침착한 기질의 사람들보다 심장 정지로 사망할 확률이 세 배나 높았다. 이들이 콜레스테롤 수치마저 높은 경우에 그 위험은 5배로 치솟았다.

　예일 대학의 연구자들이 지적하기로는, 심장병에 의한 사망 위험을 높이는 것은 분노라는 단일 요인이라기보다는 스트레스 호르몬을 주기적으로 신체 내에 분출시키는 모든 형태의 격렬한 부정적 감정들로 나타나고 있다. 그러나 전반적으로 감정과 심장병의 연계성에 가장 큰 기여를 하는 것은 분노라고 할 수 있다.

　하버드대 의과 대학에서는 한 연구를 통해 심장 마비 경험자 1,500여 명의 남녀를 대상으로 심장 마비 직전 몇 시간 동안의 감정 상태가 어떠했는지를 조사하였다. 그 결과, 기존의 심장병 환자가 화를 잘 내는 사람들일 경우 그들의 심장 정지 위험성은 두 배로 뛰어올랐고 그 위험 수치는 분노가 야기된 지 2시간이 지날 때까지 최고도를 유지했다.[14]

　이러한 발견이 분노란 적절한 시점에 도달하면 반드시 억제해야 된다는 것을 의미하지는 않는다. 실제로도 중대한 시점에 이르러 이런 감정을 완전히 억제하려고 시도하는 것은 오히려 신체의 동요를 가져오거나 혈압을 더욱 높인다는 증거도 있다.[15] 그렇다고 앞서 제 5장에서 보았듯이 분노를 느낄 때마다 그것을 분출하게 되면 화를 더욱 강화시켜서 조금만 유사한 상황이라도 분노의 분출을 유발하게 된다.

윌리엄스 박사는 이러한 모순에 대한 해결책으로서 분노를 분출하느냐 안하느냐의 여부보다는 그것이 만성적인 것인가 그렇지 않은가가 더욱 중요하다는 결론을 제시한다. 즉 간헐적인 적대감 표현은 그다지 건강에 위협이 되지 않는다는 것이다. 문제는 마음 속에 끊임없이 적대감이 들끓고 있어서 쉽게 짜증이나 화를 내거나 불신과 냉소를 반복하거나 헐뜯는 말과 비난의 성향을 보이는 '적대적인 사람'으로 규정되는 경우이다.[16]

그러나 희망적인 소식은 만성적인 분노가 반드시 사형 선고를 의미하지는 않는다는 점이다. 즉, 적대감이란 변화시킬 수 있는 습관인 것이다. 스탠포드 의과 대학에서는 일련의 심장병 환자들에게 특별 프로그램을 실시하여 그들의 성급한 성질을 유도하는 태도를 누그러뜨리는 방법을 가르쳐 보았다. 그 결과 이 분노 통제 트레이닝을 거친 환자들은 적대감 변화의 노력을 기울이지 않은 사람들에 비해 2차 심장 마비에 걸릴 확률이 44%까지 떨어졌다.[17]

윌리엄스 박사가 고안한 프로그램도 유사한 결과를 가져왔는데, 이것은 스탠포드 대학의 프로그램처럼 EQ의 기본 요소, 특히 분노에 대해 그것이 처음 발발할 때부터 주의를 기울이는 방법, 일단 시작됐으면 그것을 조절하는 방법, 그리고 감정이입의 능력 등을 가르친다.[18] 이 프로그램에서 모든 환자들은 냉소적이거나 적대적인 사고가 느껴지면 그때마다 이를 메모하도록 하였다.

만약 그러한 부정적인 사고가 지속되면, "그만!"이라고 강력하게 외치거나 생각함으로써 그런 생각을 일단락짓게 하는 것이다. 그리고 힘든 상황을 겪는 동안 그와 같은 냉소적이고 불신적인 사고를 합리적인 것으로 적절히 대체할 것을 적극 장려한다. 예를 들어 엘리베이터가 좀체로 오지 않을 때 어딘가의 층에서 엘리베이터를 지연시키고 있을 무신경한 사람을 상상하여 분노를 집중시키기보다는 적절한 이유를 찾아보는 것이다. 타인과의 고통스러운 접촉에 대해서는 그의 시각에서 상황을 바라볼 수 있는 감정이입능력을 배우게 된다. 감정이입이야말로 중요한 분노 완화제인 것이다.

윌리엄스 박사는 이렇게 말하고 있다.

"적대감의 해독약은 신뢰의 마음을 더욱 발전시키는 것이다. 이를 위해서는 적절한 동기 부여가 필요한데, 적대감으로 빨리 죽는다는 것을 알게 된다면 사람들은 언제라도 신뢰감 축적에 대한 준비를 갖출 것이다."

스트레스 : 균형과 절제를 벗어난 불안

나는 항상 불안과 긴장을 느낀다. 그 모든 것은 고등학교 때부터 시작되었다. 나는 전과목 A학점의 학생이었지만 항상 성적, 동료나 선생님과의 관계, 수업에 지각하지 않기 등의 문제로 끊임없이 고민해야만 했다. 부모님들은 이런 나에게 학교에서 좋은 성적을 거두고 훌륭한 모범생이 될 것만을 강요하였다…

모든 압박에 시달린 나머지 2학년 때부터는 위장병에 시달려야 했다. 그때 이후로 카페인 음료나 자극적인 음식 섭취에는 특별한 주의가 필요하게 되었다. 나는 불안이나 긴장에 시달리면 속이 울렁거린다는 사실을 알면서도 늘 무엇인가에 대해 불안해하기 때문에 메스꺼움을 피할 수가 없다.[19]

삶에서 받는 압박감으로 야기되는 스트레스의 일종인 불안은 질병의 유발과 회복 과정에 관련된다는 과학적 증거들이 가장 많이 제시되는 감정이다. 불안감으로 인해서 우리가 어떤 위험에 대비할 수 있다면 그것은 인간의 진화 과정에서 생성된 유용성으로서 불안의 긍정적인 역할이라고 할 수 있다. 그러나 현대 생활에서 불안은 대부분 마음의 균형과 안정을 흔들어 놓는다. 본래 스트레스란 것은 대개 우리가 맞서야 할 위험이라기 보다는 우리가 함께 살아가야 할, 또는 우리의 상상에 의해 만들어지는 상황에 적극적으로 대처하기 위해 등장하는 것이라는 긍정적인 측면이 있다. 그럼에도 불구하고 그 지나침으로 인해서 치명적인 요소로 작용하게 되는 것이다. 결국 반복되는 불안감의 발발은 높은 수치의 스트레스를 의미한다. 계속적인 불안으로 위장병이 발생한 앞의 여자의 이야기는 종종 불안과 스트레스가 어떤 식으로 의학적인 문제들을 야기시키는지를 보여주는 전형적인 실례가 되고 있다.

1993년에 발행된 내과 의학지에서 예일 대학의 심리학 교수 브루스 매그웬 박사는 스트레스와 질병의 관계를 상세한 연구에 기초하여 폭 넓게 지적하고 있다. 그 몇 가지 예를 들면,

스트레스는 면역 기능을 감소시켜서 암의 전이도를 급속도로 악화시키기도 하고, 바이러스에 대한 저항력을 떨어뜨리기도 하고, 혈관 내에 플라크를 만들어서 심근 경색의 주된 원인인 동맥 경화증과 혈액 응고를 유도하기도 한다. 또한 초기 단계의 당뇨병 발발과 발전 단계의 당뇨병 진행을 이끌기도 하고, 천식을 유발하거나 악화시키기도 한다.[20]

그런가 하면, 스트레스는 위장 계통의 궤양을 유발하기도 하고, 궤양성 대장염과 온갖 내장 계통의 질병들을 유발하기도 한다. 이러한 스트레스가 장기간 계속되면 그 영향이 두뇌에까지 미쳐 해마와 기억력에까지 손상을 입는다. 매그웬 교수는 "한마디로 스트레스성 경험이 계속되면 신경 체계도 '닳아 없어질' 수 있다는 증거가 확실함"을 밝히고 있다.[21]

스트레스 때문에 발생하는 의학적 영향에 관한 재미있는 증거들이 감기, 유행성 감기, 피부 발진 등의 전염성 질병에 대한 연구를 통해 밝혀졌다. 우리는 이러한 바이러스에 항상 노출되어 있지만, 평상시에는 면역 체계가 그것을 물리친다. 그러나 스트레스를 받고 있을 때는 그러한 방어벽이 무너지기 쉽다. 면역 체계의 강도를 직접 시험해 본 실험에서도 스트레스와 불안은 그것을 약화시키는 것으로 드러났다. 그러나 그러한 실험 결과의 대부분에 대해서는 면역 기능의 저하가 임상적으로 의미가 있는지 어떤지 즉, 실제로 질병에 굴복할 정도의 저하인가에 대해서는 아직 명확한 결과가 나오지 않고 있다.[22]

이런 이유로 스트레스나 불안을 의료적 문제와 연관해서 과학적으로 연구하는 것은 앞으로의 유망한 과제가 될 수 있다.

예를 들면, 건강한 사람들에게 우선 스트레스를 주고 그것에 의해 일어나는 스트레스의 징후들을 관찰한 뒤에 그것이 면역 체계의 약화와 질병의 시발을 이끄는지를 관찰하는 것 등이 이에 해당될 것이다.

과학적으로 가장 흥미를 끄는 연구 중의 하나는, 카네기 멜론 대학의 심리학과 쉘든 코헨 교수가 영국 쉐필드에 소재한 감기 연구 전문 과학자 팀과의 공동 작업 으로 추진한 것이 있다. 연구팀은 우선 사람들이 일상사에서 얼마 만큼의 스트레스를 받는지를 주의 깊게 측정한 뒤에 이들을 체계적으로 감기 유발 바이러스에 노출시켜 보았다. 물론 노출된 사람들 전부가 감기에 걸리지는 않았다. 강력한 면역 체계를 갖고 있는 사람들은 얼마든지 감기 바이러스에 저항력을 보였다. 여기서 코헨 박사가 발견한 것은 생활에서 스트레스를 많이 받는 사람일수록 감기에 걸릴 확률이 높다는 점이다.

바이러스에 노출된 이후에 스트레스가 거의 없는 사람들은 27%가 감기에 걸렸고, 스트레스를 강하게 받는 사람들은 47%가 감기에 걸렸는데, 이는 스트레스 자체가 면역 체계를 약화시키는 직접적인 증거가 될 수 있다는 것을 의미한다.[23] 이것은 그전까지 모든 사람들이 예상하고 관찰했던 것을 확인한 과학적 결과에 지나지 않지만, 그 과학적 정밀성에 의해서 획기적인 발견으로 간주될 만한 것이다.

마찬가지로, 결혼한 부부가 3개월 동안 매일 부부 싸움과 같은 혼란스러운 사건들을 경험한 경우에 뚜렷한 하나의 패턴이 드러난 것으로 밝혀졌는데, 그것은 특히 심한 다툼이 있은 뒤

3, 4일 이내에 감기나 호흡기 질환에 걸린다는 점이다. 이때의 지체 기간은 수많은 감기 바이러스들의 잠복기간으로서, 이는 불안이나 혼란스러울 때 이것들에 노출되는 것이 특히 감염될 가능성을 높인다는 사실을 암시하고 있다.[24]

이와 똑같은 스트레스성 감염 패턴이 입술 발진이나 생식기 이상 증세를 일으키는 헤르페스 바이러스에도 나타난다. 사람들이 헤르페스 바이러스에 노출되면, 그것은 신체 내에 잠복하면서, 이따금씩 외부 증세로 나타난다. 헤르페스 바이러스의 활동성은 혈액 내의 항체들이 어떤 수준인가로 측정할 수 있다. 이 방법을 이용한 결과, 기말 고사를 치르는 의대 학생들, 최근 별거한 여자, 알츠하이머 병을 앓는 노인을 돌보느라고 계속 스트레스를 받아 온 사람들에게서 이 바이러스의 재발이 발견되었다.[25]

불안의 영향은 면역 반응의 저하만이 아니라 심장 혈관 체계에도 역효과를 미치는 것으로 드러났다. 남자들은 만성적 적대감이나 연속적인 분노가 있을 때 심장 질환의 위험성이 높아지지만, 여자들의 건강에 가장 치명적인 해를 끼치는 것은 불안과 공포였다. 스탠포드 의과 대학 연구진이 초기 심장 마비를 겪었던 1천여 명의 남녀를 대상으로 한 연구에서, 공포와 불안의 수준이 높게 나타난 여자일수록 계속해서 2차 심장 마비를 겪을 확률이 높았다. 많은 경우 이런 두려움들은 '기능 장애 공포증'이란 증세를 띠게 되는데, 그 결과 첫 심장 마비를 겪은 환자들은 운전을 그만 두거나 직장을 사직하거나 심지어 외출을 피하기까지 했다.[26]

고된 업무에 시달리는 사람들, 또는 집안 잡무와 직장 생활을
병행해야 하는 따위로 삶의 스트레스를 받는 홀어머니 등에게
서 나타나는 정신적 스트레스와 불안이 신체에 끼치는 잠재적
영향력에 대해서는 아주 상세한 연구가 이루어지고 있다. 예를
들어, 피츠버그 대학의 심리학자 스테픈 매누크 교수는 실험실
에서 30명의 실험 대상자들을 가혹하면서도 불안을 야기하는
체험을 겪게 한 뒤, 그들의 혈액을 검사하여서 혹시 혈관을 변
형시켜 심장 마비나 발작을 유발할 수도 있는 아데노신 3인산
약칭 ATP(생체 내에서 에너지를 얻고 그것을 이용하는데 중요한 구실을 하는
물질. 혈관 변화를 촉발하여 심장마비를 일으킬 수 있음: 역주)라고 불리는
혈소판들이 생겨나는지의 여부를 측정하였다. 피험자들이 격
렬한 스트레스에 시달릴 때 그들의 ATP 수치는 급격히 상승하
였고, 심장 박동이 빨라지면서 혈압도 크게 높아졌다.

확실히 긴장 수준이 높은 직업을 가진 사람들일수록 건강의
위험도 크다. 직무 수행에 압박감이 높다는 것은 일을 성취하는
방식에 통제권을 갖지 못한다는 것을 의미한다. 이를테면 버스
운전사에게 있어서 불안은 고도의 긴장을 가져다주는 곤경으
로 작용한다. 예를 들어, 569명의 직장암 환자와 그에 대응하는
비교 그룹에 대한 연구에서, 10년 간 업무상 심한 스트레스를
받았다고 말한 사람들은 생활에서 그런 스트레스를 겪지 않았
던 사람들과 비교해 볼 때 암이 발생할 가능성이 5배 반이나
높았다.[27]

이처럼 스트레스의 의학적 해로움이 워낙 크기 때문에, 생리
적인 스트레스의 발발을 직접 억제하는 긴장 완화 기술이 광범

위한 만성적 질병의 징후들을 치료하기 위한 임상적 방편으로
사용되고 있다. 여기에 해당되는 질병들을 몇 가지 열거해 보면
심장 질환, 당뇨병, 관절염, 천식, 위궤양, 만성적 통증 등을 들
수 있다. 스트레스나 감성적 고통으로 징후가 악화되는 질병들
에 대해서는 환자가 긴장을 완화하고 산란한 감정을 다스릴
수 있도록 도와줌으로써 그 질병의 진행을 어느 정도 경감할
수 있게 된다.[28]

우울증이 가져오는 의학적 해악

　　그녀는 전이성 유방암이란 진단을 받았다. 수년전의 수술
이 성공적이었다고 믿었는데 그것이 더욱 악화된 형태로 재
발한 것이었다.
　　이제 치료의 가능성은 전혀 없어 보였고, 물리적 요법을
통한 수 개월의 생명 유지만이 남아 있을 뿐이었다. 그녀는
절망할 수밖에 없었고, 암 전문의와 상담하는 과정에서 어느
시점에만 이르면 반드시 눈물을 터뜨렸다. 그럴 때마다 의사
의 반응은 동일했다. 방에서 나가 달라는 것이었다.

　　의사의 냉담한 태도가 환자에게 주는 상처는 별도로 하고,
환자의 계속적인 슬픔을 달래 주지 않는 것이 과연 의학적으로
타당한 행동인가 하는 의문이 남을 수 있다. 물론 병이 이 정도
까지 극심한 단계에 이르렀다면, 어떤 감성이라도 그 질병의
경과에 특별한 영향을 끼치지는 못할 것이다.
　　또한 이 여자 환자의 절망감이 마지막 남은 몇 달간의 삶을
어둡게 만들 것이 확실하기는 해도, 그녀의 우울증이 암의 진행

에 영향을 미친다는 의학적 증거는 아직 분명히 제시되어 있지 않다.[29] 하지만 일부 연구결과들을 보면, 암을 제외한 다른 의학적 상황에서는 특히 한 번 발발했던 병이 더욱 악화되는 문제에서는 우울증이 중요한 역할을 하는 것으로 나타나고 있다. 따라서 심각한 질병을 앓고 있는 환자에게 그의 우울증도 함께 치료할 경우에 의학적으로 효과가 있다는 보고가 증가하고 있다.

환자들의 우울증을 치료할 때 한 가지 조심할 것은 식욕 저하나 무기력감 같은 증세들이 종종 다른 질병에 대한 징후로 오해되기 쉽다는 점인데, 특히 정신병 진단에 익숙하지 못한 의사들이 이런 실수를 자주 저지른다. 우울증을 제대로 진단하지 못한다는 것은 그것을 올바르게 주목하고 제대로 치료하지 못한다는 것을 의미하기 때문에 앞의 유방암 환자의 경우처럼 그 자체로도 문제가 되고, 심각한 질병에서는 사망의 위험에까지 이를 수 있는 것이다.

예를 들어, 골수 이식 수술을 받은 100명의 환자 중에서 우울증에 빠져 있던 13명 중에는 12명이 수술 후 1년 이내에 사망했지만, 나머지 일반적인 환자 87명 중에서는 34명이 2년 후까지 생존했다.[30]

만성 신장 질환으로 인공 투석(透析) 치료를 받는 환자들 중에서 심각한 우울증 진단을 받은 사람들은 대개 2년 이내에 사망했다. 한마디로 우울증은 사망에 관련하여 어떤 의학적 증상 못지 않은 중요한 예고 지표가 되고 있다.[31] 따라서 감성과 의학적 상태의 연계에는 생물학적 요인이 아니라 환자의 태도가 관련된다고 할 수 있다. 예를 들어, 우울증에 시달리는 환자들에게는 식이 요법을 시행하기가 매우 어렵다. 이들은 곧잘 음식 섭취량을 속이기 때문에 종종 더 큰 위험에 처하기도 하는 것이다.

심장병도 우울증이 더해짐으로써 더욱 악화된다. 12년 동안 2,832명의 중년 남녀들을 대상으로 조사한 바에 따르면, 절망이나 자포자기를 경험한 사람들일수록 심장병에 의한 사망 확률이 높았다.[32] 그중 우울증이 가장 심각했던 3%의 사람들은 이를 경험하지 않은 사람들에 비해 심장병에 의한 사망 확률이 4배 이상 높은 것으로 나타났다.

심장 마비 증세를 겪었던 사람에게 있어서 우울증은 특히 위험하다.[33]

몬트리올의 한 병원을 대상으로 한 연구에서, 초기 심장 마비 증세로 치료를 받고 퇴원한 환자들 중 우울증이 있는 환자들은 6개월 이내에 사망할 위험성이 대단히 높게 나왔다. 8명 중 1명 꼴로 우울증이 심각했던 환자들이 보인 사망 확률은 유사 질병의 다른 사람들과 비교해 볼 때 5배 이상이었다.

이는 좌심실의 기능 장애나 심장 마비의 전력같은 심장 질환에 의한 사망 위험과 유사한 수준이다. 우울증이 이후의 심장 마비의 가능성을 그렇게 크게 증가시키는 이유를 설명할 수 있는 메커니즘으로는 부정맥의 치명적인 위험을 포함하여 심장 박동의 불규칙에 우울증이 결정적인 역할을 한다는 사실에서 찾을 수 있다.

우울증은 또한 디스크 환자들의 회복을 악화시키기도 하는 것으로 밝혀졌다. 여성 고령자의 디스크 환자들을 대상으로 한 연구에서는 수천 명의 사람들을 대상으로 병원에 입원할 때의 정신 상태가 어떠했던가에 대한 정밀 분석 작업이 이루어졌다. 입원 시에 우울증을 겪던 노인들은 유사한 질병을 겪되 우울증이 없었던 노인들에 비해 평균 8일 간 더 입원해 있었고, 그들 중 다시 걷게 된 사람들은 3분의 1 뿐이었다.

그러나 우울증에 걸린 여성 고령자들에게 의료 치료와 병행해서 심리 치료를 제공한 경우에 이들은 다시 걷기 위한 물리 치료의 기간도 짧았고, 병원에서 집으로 돌아간 뒤 3개월 이내에 재입원하는 경우도 훨씬 드물었다.

마찬가지로, 심장병과 당뇨병이 함께 나타나는 등의 합병증으로 긴박한 상황에 처해 치료를 받는 10% 가량의 환자들을 대상으로 한 연구에서 6명 중 1명은 우울증을 겪고 있었다.

이러한 우울증에 대한 치료를 받을 경우, 1년 중 신체적 무기력을 겪는 날짜의 수가 우울증이 심한 사람이 79일인 데 비해서 51일로 뚝 떨어졌고, 가벼운 우울증의 경우에는 연간 62일인데 비해 18일로 크게 떨어졌다.[34]

긍정적 감정의 의학적 효과

분노, 불안, 우울 등이 의학적으로 해를 끼치고 있는 것은 여러 가지 축적된 증거들을 통해서도 분명히 드러난다. 분노와 불안이 만성적일 때 사람들은 여러 가지 병을 불러들이게 된다. 반면에 우울증은 직접적으로 병을 유도하지는 않는 대신에 질병으로부터의 회복을 더디게 하고, 심각한 상황에 처한 연약한 환자들에게 죽음의 가능성을 크게 한다.

그러나 다양한 형태의 만성적인 감성적 고통이 유해하다고 한다면, 이와 반대되는 감성적 측면은 유익하다고 할 수 있다. 물론 긍정적인 감정이 병을 고치는 힘이 있다거나, 웃음과 행복이 심각한 질병의 진행을 늦춘다는 주장은 결코 아니다.

확실히 긍정적인 감정이 가져다주는 장점이 아주 미묘한 것이기는 해도 수 많은 사람들의 연구를 종합해 보면 질병의 진행에 영향을 미치는 복잡한 변수 중에서 어느 정도는 추출할 수 있는 것이다.

비관적 태도의 해악과 낙관적 태도의 이점

우울증과 마찬가지로 비관적 태도에는 비싼 대가가 따르고, 이와 대조되는 낙관적 태도에는 이로움이 따른다. 예를 들어, 심장 마비 초기 증세를 경험한 122명의 남자들을 그 정도에 따라 낙관적 태도의 사람들과 비관적 태도의 사람들로 구분하여 8년 후에 추적 조사한 연구가 있다.

그 결과, 가장 비관적이었던 25명 중에는 21명이 사망했고, 가장 낙관적이었던 25명 중에서는 6명이 사망했다. 즉, 그들의 정신적인 측면은 초기적 마비에 의한 심장의 손상 정도, 동맥경색 정도, 콜레스테롤 수치, 혈압 등의 여러 가지 위험 요인들보다도 우수한 생존 예고 지표가 되어 주었던 것이다.

또 다른 연구에서는, 심장의 동맥 수술을 받는 환자중 낙관적 태도를 가진 사람들은 비관적이었던 사람들보다 수술과정과 수술후의 회복이 훨씬 빨랐고 복합 증세도 훨씬 적은 것으로

밝혀졌다.[35]

낙관주의의 가장 가까운 친구인 희망도 치유력을 갖는다. 희망을 많이 가진 사람일수록 의학적 난관들을 포함한 어려운 상황에서의 참을성도 강하다. 척추 부상으로 불구가 된 사람들을 대상으로 시행한 조사 결과에서도 많은 희망을 가지고 있던 사람들은 비슷한 부상이지만 별로 희망을 갖고 있지 않았던 사람들보다 훨씬 뛰어난 신체 기동력을 보여주었다.

척추 부상에 의한 불구에서의 희망은 특히 중요성을 띠는데, 그것은 이 비극의 상당수는 20대에 불구가 되어 여생을 계속 불구로 지내야 하는 사람들이 차지하기 때문이다. 그가 감성적으로 어떻게 반응하는가 하는 것은 육체적, 사회적 기능의 회복 노력에서 커다란 차이를 가져온다.[36]

낙관적 또는 비관적 태도가 건강에 중요한 영향을 미치는 이유가 무엇인지에 대해서는 여러 가지 설명이 가능하다. 그중 한 가지 이론으로서는 비관주의가 우울증을 가져오고, 그것은 종양이나 전염 등에 대한 면역 체계의 저항력을 떨어뜨린다는 가설인데, 아직 확실하게 입증된 바는 없다.

또 다른 설명으로는 비관주의자일수록 자신을 소홀히 한다는 점이다.

연구에서 밝혀진 바에 따르면, 비관적 태도를 가진 사람일수록 낙관적 태도를 가진 사람보다 음주와 흡연이 잦고, 운동을 적게 하고, 전반적으로 건강 습관에 대한 주의력도 뒤떨어지는 것으로 조사되었다. 이것도 아니라면, 희망을 가진다는 자체가 질병에 대한 신체적 저항력에 생리적인 도움을 준다는 사실이

언젠가는 밝혀질 것이라고 믿을 수도 있는 것이다.

도움을 얻을 수만 있다면 : 인간관계의 가치

건강에 위험을 주는 감정 요소에는 외로움도 포함된다. 아울러 건강을 보호하는 요인에는 감성적 유대가 추가된다. 3만7천여 명을 대상으로 20년 간에 걸쳐서 조사한 결과에 의하면 사회적인 고립감 즉, 은밀한 감정을 공유하거나 친분을 나눌 수 있는 사람이 아무도 없다는 느낌은 병이나 사망의 가능성을 2배로 증가시킨다.[37]

1987년 사이언스지는 고립감은 그 자체만으로도 '흡연, 고혈압, 높은 콜레스테롤, 비만, 운동 부족 만큼이나 사망률을 증대시킬 수 있음'을 보고하고 있다. 실제로도 흡연에 의한 사망 위험 증가 계수는 1.6인데 비해, 고립감은 2.0으로 오히려 흡연보다 더 큰 건강 위험 요소가 되고 있다.[38]

고립감은 여자보다 남자에게 더욱 심각하다. 고립감을 느끼는 남자들은 친밀한 인간관계를 유지하는 남자들보다 사망 가능성이 2배 내지 3배나 높은 것으로 드러났다. 반면에 고립감을 느끼는 여자들의 사망 가능성은 사회적 유대가 있는 여자들보다 1.5배 높았다. 사회적 고립의 영향이 남자와 여자에 따라 차이가 있는 이유는 아마도 여자의 인간관계가 남자들보다는 감성적 밀접성을 보이기 때문일 것으로 분석된다. 다시 말해서, 여자들의 사회적 유대는 이와 동일한 남자끼리의 우정보다 훨씬 큰 위안을 제공해 주는 것이다.

물론, 고독과 고립감은 다른 것이다. 혼자 살거나 친구가 별로 없는 사람들 중 상당수는 충분한 만족과 건강을 누리며 산다. 의학적으로 위험한 것은 사람들로부터 단절되어 있거나 의지할 사람이 없다고 느끼는 주관적 감정인 것이다. 여기서 우리는 혼자만의 TV 시청, 또는 동호인 활동이나 도시인들의 사교 모임에서의 일탈 등으로 양성된 고립감이 얼마나 불길한 것인지를 알 수 있으며, 아울러 이에 대한 대체 모임으로서의 알콜중독자 치료 단체 등과 같은 자조(自助)적인 집단이 왜 필요한지도 알 수 있게 된다.

사망 위험 요인으로서의 고립감의 위력 및 친밀한 유대 관계의 치유력은 골수 이식을 받은 환자 100명을 대상으로 한 연구에서도 잘 나타난다.[39] 남편이나 가족, 친구 등으로부터 큰 위로를 받는다고 느끼는 환자들의 54%가 수술 뒤 2년이 넘도록 생존하였지만, 이런 위로를 거의 받지 못한 환자들의 생존율은 20%를 넘지 못했다. 이와 유사하게 심장병으로 고생하는 노인들의 경우, 감성적 도움에 의지할 수 있는 사람들은 그렇지 못한 사람들보다 초기 심장 마비 이후 1년 이상 생존할 가능성이 2배 이상이었다.[40]

감성적 유대가 가지는 치유 효과의 잠재력에 대한 가장 확실한 증거 자료로 1993년에 발표된 스웨덴의 한 보고서가 있다.[41] 스웨덴의 괴테보리 시에서는 1933년에 출생한 남성 전체를 대상으로 희망자에 한해 무료 의료 검사를 실시하였는데, 7년 후에 재검진을 한 결과 또다시 참여한 사람은 752명이었고, 41명은 그 사이에 사망한 것으로 보고되었다.

이 조사에서 원래부터 격렬한 감성적 스트레스를 받는다고 고백한 사람들은 조용하고 평온한 삶을 살고 있다고 밝힌 사람들보다 사망률이 3배나 높았다. 이때의 감성적 고통의 원인들은 심각한 경제적 문제, 업무에서의 불안정이나 해고에 대한 불안감, 소송 대상이 될지도 모르는 상황, 이혼 수속 등과 같은 사건들이 차지하고 있었다. 실험 실시 기준 1년 이전까지 이러한 문제를 세 번 또는 네 번 정도 겪었다는 사실은, 향후 7년 이내에 고혈압, 혈액의 지방질 집중, 혈청의 콜레스테롤 과다와 같은 의학적 사실보다 더욱 확실한 사망 가능성의 지표가 된 것이다.

다만 이중에 아내나 친밀한 친구 등과 긴밀한 유대 관계를 갖고 있다고 응답한 사람들은 높은 스트레스 수준과 사망률 사이의 관련성이 거의 없었다. 의지하고 대화할 수 있는 사람이 있다는 사실은 이들에게 위안, 도움, 암시 등의 효과를 일으켜서 인생의 곤경이나 충격에도 심각한 영향을 받지 않았던 것이다.

우리의 인간관계는 양 못지 않게 질적인 면도 스트레스를 방지하는 요인으로 작용한다. 부정적인 관계는 항상 이에 따르는 대가를 지불해야 한다. 예를 들어, 부부 관계의 불화는 면역 체계에 부정적인 영향을 미친다.[42] 대학교 기숙사의 학생들을 대상으로 한 조사에서, 이들이 서로에 대한 혐오감이 심하면 심할수록 감기나 독감에 걸리는 경우가 많았고, 따라서 병원을 자주 찾는 것으로 드러났다. 이 연구를 수행했던 오하이오 주립대학의 심리학자 존 카치오포 박사는 이렇게 밝히고 있다.

"매일매일 마주치는 사람들은 우리의 인간관계의 가장 중요한 부분을 차지함과 동시에 건강에도 핵심적인 요소로 작용한다. 그래서 우리들의 삶에서 인간관계가 갖는 중요성이 커지면 커질수록 그것이 건강에 미치는 영향력도 더욱 막중해지는 것이다."[43]

감성지능-*EQ*의 치유력

소설 '로빈 훗의 모험'에서 로빈은 젊은 부하에게 충고하고 있다.

"자네의 문제점을 나에게 자유롭게 말하게나. 말로 쏟아 내면 슬픈 마음도 가라앉는 법. 그것은 물방아간의 댐에 물이 넘칠 때 이를 쏟아 내는 것과 같다네."

이 구전되고 있는 격언에는 괴로운 마음의 짐을 털어 내는 것이 훌륭한 약이라는 교훈이 담겨 있다. 로빈의 충고에 대해 과학적 입증을 한 사람은 서던 메소디스트 대학의 제임스 펜베이커 교수이다.[44]

그는 일련의 연구를 통해서 사람들이 자신을 괴롭히는 골치 아픈 생각을 토로해 버리는 것이 의학상 유익한 것임을 밝히고 있다. 그의 방법은 의외로 간단하여서, 사람들에게 5일 정도에 걸쳐 매일 15분에서 20분 정도 '당신의 전 생애에서 가장 충격적인 경험'과 '그 순간에 압박을 주는 걱정은 무엇인지' 등을 쓰게 하는 것이 고작이다. 이때 사람들이 서로 원하기만 하면 각자 쓴 글들을 돌려보게도 하는 것이다.

이 고해의 효과는 대단했다. 그것은 면역 기능의 향상, 향후 6개월 간 진료소 방문 횟수의 현저한 감소, 결근 일수의 감소,

간 효소 기능의 향상 등으로 나타났다. 더구나 글쓰기에서 가장 극심한 감정의 증거들을 보여준 사람들일수록 면역 기능의 개선 효과도 컸다.

이때 하나의 패턴이 혼란스런 감정을 정화하는 '가장 건전한' 방식으로 등장하였다. 그것은 주제가 무엇이든 간에 슬픔, 불안, 분노 등을 적나라하게 표현한 다음에 며칠간 서술적으로 이야기를 풀어 가면서 충격이나 진통이 의미하는 바를 찾아내는 것이었다.

이 과정은 우리가 심리 요법을 통해 문제를 치료하는 방식과도 어느 정도의 유사성을 보인다. 다만 펜베이커 박사의 발견이 의미하는 바는 환자들에게 수술이나 의학적 치료와 함께 심리 치료를 병행할 때, 통상적 치료만을 받는 사람들보다 훨씬 좋은 효과를 보이는 이유가 무엇인가를 밝히는 하나의 논거가 되고 있다는 점이다.[45] 감성면에서의 지원이 갖는 임상적 힘의 가장 강력한 예시는 급진전된 유방암 환자들을 대상으로 스탠포드 의과 대학 연구팀이 조사한 결과에서도 잘 드러나고 있다. 수술을 포함한 초기의 치료에도 불구하고 환자들의 암은 재발되었거나 몸 전체로 급속히 퍼져 나갔다. 의학적으로 볼 때 이들의 암으로 인한 사망은 단지 시간 문제였다.

그러나 의학계 뿐만 아니라 이 연구를 수행한 데이빗 스피겔 박사 자신도 크게 놀란 것은 말기 암환자로서 같은 증상의 환자들의 정기적인 모임에 참석한 부인들은 홀로 병에 대처한 사람들보다 2배 이상 오래 살았다는 점이다.[46]

환자들은 모두 동등한 치료를 받고 있었다. 단 하나의 차이라면 일부 환자들은 모임에 참석하여 자신이 직면한 문제들을 이해하고 자신의 공포나 고통, 불안에 관해 함께 이야기를 나누며 마음의 짐을 덜고 있었다는 사실 뿐이다. 때로는 주변 사람들이 이들의 암과 임박한 죽음에 대하여 이야기하기를 두려워했기 때문에 이 곳만이 이들의 감정을 털어 놓는 유일한 장소가 되기도 했다. 모임에 참가했던 여자들은 평균 37개월을 생존한 반면에 그렇지 않은 여자들은 평균 19개월만에 사망하였다. 그것은 환자들의 수명 연장에 관련하여 어떠한 약물이나 의료 조치보다도 큰 효과였다.

뉴욕시의 암 치료 센터인 슬론케터링 메모리얼 병원의 정신과 과장인 지미 홀랜드 박사는 말하고 있다.

"암 환자들은 누구라도 이러한 모임에 가입해야 할 것이다."

실제로 이러한 모임에의 참석이 생명을 연장시키는 것과 같은 효과를 가진 새로운 의약품이 있다면 모든 제약회사들은 너나없이 달려들어 만들려고 할 것이다.

의료현장의 EQ

정기 검진시 소변에서 피가 발견된 날 의사는 나를 방사능 테스트를 받게 하였다. 나는 침상에 누웠고 내 몸 위에서는 X레이 기계가 신장에서 방광으로 흘러가는 경로를 계속 촬영하였다. 이 검진에는 나 이외에 또 다른 한 사람이 동반하고 있었는데, 자신도 의사인 그는 나의 절친한 친구로서 검사 며칠 전에 우연히 나를 방문하고는 나와 함께 병원에 가겠다고 제안하였다. 그가 방 한구석에 앉아 있는 동안에 X레이 기계는 자동적 경로를 따라 각도를 잡고 돌면서 찍고, 또 찍고 하였다.

이 테스트는 근 한 시간 반이나 걸렸다. 끝날 무렵에 신장 전문의가 서둘러 방으로 들어오더니 빠르게 자신을 소개하고 는 X레이 필름을 검사하러 나가 버렸다. 그러나 결과를 설명해 주기 위해서 다시 돌아오지는 않았다.

검사실을 나와서 친구와 나는 신장 전문 의사실에 들렀다. 검사 때문에 상기되고 멍한 상태였던 나로서는 마음이 안정되지 않아 아침 내내 품고 있던 한 가지 질문을 할 수가 없었다. 그러자 내 의사 친구가 대신 물었다.

"의사 선생님, 이 친구의 아버지는 방광암으로 죽었답니다. 친구는 지금 X레이에서 암의 조짐이 발견되지나 않았을까 걱정하고 있습니다."

"이상 증세는 없습니다."

그 의사가 서둘러 다음 환자를 받기 전까지 우리에게 한 이야기는 이것이 전부였다. 이러한 상황의 나처럼 무척 신경을 쓰면서도 끝내 질문을 못하는 사례는 하루에도 수천 곳의 병원과 진료소에서 반복되고 있다. 진료 대기소의 환자들을 대상으로 한 연구에 따르면 환자들은 평균 3, 4개의 질문을 담당 의사에게 하기 위해 마음 속에 준비를 하지만, 그중 병원을 떠나기 전에 대답을 듣는 것은 평균 1.5개 밖에 안된다.[47]

이 사실은 오늘날의 의료계가 환자들의 욕구에 부응하지 못하고 있다는 여러 가지 증거들 중의 한 가지일 뿐이다. 대답을 듣지 못한 의문은 불안과 공포, 혼란을 증폭시키게 된다. 그리고 환자들은 잘 이해할 수 없는 치료에 주저하게 되는 것이다.

의료계의 진료가 환자의 EQ적 측면까지를 포함하도록 할 수 있는 방법에는 여러 가지가 있다. 그 중의 한 가지는 환자가 자신의 질병 치료에 대한 결정을 내리는 데 필수적인 정보를 정규적으로 제공받는 것이다.

이미 샌프란시스코의 퍼시픽 병원 같은 곳에서는 환자들이 자신의 의료에 대한 의사 결정에 필요한 의학적 정보를 컴퓨터로 검색해 볼 수 있는 서비스를 제공하고 있다.

따라서 환자는 정보에 근거한 결정을 내리고, 이로서 의사와 대등한 위치에 설 수 있게 되는 것이다.[48] 또 다른 방법은 환자가 의사와의 짧은 대면에서 효율적인 질문을 할 수 있도록 교육을 하는 프로그램이다. 환자가 의사를 기다리는 동안 세 가지의 의문을 품고 있었다면, 진료가 끝날 때 세 가지의 대답을 모두 듣고 나올 수 있도록 하는 것이다.[49]

환자가 외과 수술이나 고통스런 진료를 받아야 하는 순간은 불안으로 가득 차 있을 때이며, 이런 때일수록 EQ 측면의 보살핌이 필요한 것이다. 일부 병원에서는 수술 전에 환자에게 사전 교육을 해줌으로써 이들이 공포를 누그러뜨리고 불안을 진정시킬 수 있게 하고 있다. 그 예로서는 환자에게 긴장 완화 기술을 교육한다든지, 수술 이전에 환자의 질문에 정확한 해답을 제공하는 것, 또는 수술에 임박해서 수술을 마치면 어떤 효과를 경험하게 되는가 등을 말해 주는 것 따위가 포함된다. 이러한 조치의 시행 결과, 환자들은 수술 후 예정 회복일로부터 평균 2일 내지 3일 정도 빠른 회복을 보이게 된다.[50]

입원 생활은 엄청나게 고독하고 외로운 경험이다. 그래서 일부 병원에서는 특별 공간을 마련하여 가족들이 환자와 함께 머무르며 마치 집에서처럼 환자에게 음식을 만들어 주고 돌볼 수 있게 해주기도 하는데, 이런 진보적인 시도는 아이러니컬하게도 제 3세계에서는 이미 널리 보편화되어 있는 현상이다.[51]

긴장 완화 훈련은 증세를 촉진하거나 악화시키는 감성 뿐만 아니라, 그 증세가 야기하는 고통을 치유하는 데에도 도움이 된다. 이에 대한 좋은 모델로는 매사추세츠 의과 대학에 있는 존 카바트-진 스트레스 감소 클리닉을 들 수 있다.

여기에서는 10주 과정으로 명상과 요가 코스를 제공하는데, 그 목표는 일상사에서 발생하는 감성적인 사건들에 집중하면서 충분한 긴장 완화의 기회가 될 수 있도록 일상적인 훈련을 반복하는 데에 있다. 병원 측은 이 클리닉의 지도 내용을 비디오로 편집하여 환자들이 TV를 통해 시청할 수 있도록 하였는데, 그 내용은 누워 있는 환자들이 일상적으로 시청하는 멜로 드라마보다 훨씬 좋은 감성적 효과를 가져다 주고 있다.[52]

긴장 완화와 요가 운동은 심장병 치료를 위하여 딘 오르니쉬 박사가 개발한 혁신적인 프로그램의 상당 부분을 차지한다.[53] 저지방 식이요법을 병용하는 오르니쉬 박사의 치료를 1년 간 계속하면, 대체 혈관까지 사용해야 할 정도로 심각했던 심장병 환자들도 동맥 경색 플라크의 축적이 상당량 감소되는 효과를 보게 된다. 오르니쉬 박사는 긴장 완화 훈련이 이 프로그램의 가장 핵심적인 부분이라고 말하고 있다.

이곳에서는 카바트-진의 경우처럼 허버트 벤슨 박사가 '긴장 완화 반응'이라고 부르는 방식을 이용하고 있다. 이는 스트레스 촉진을 심리적으로 방지하기 위한 것으로서 수많은 의학적 문제에 공헌하는 방식이기도 하다.

마지막으로 환자의 이야기에 귀를 기울이고, 환자에게 충분한 설명을 해줄 수 있는 감정이입 능력을 가진 의사나 간호사를 육성하는 노력이 의료의 질적 향상으로 이어지는 것임을 지적하고 싶다. 의사와 환자 사이의 감성적 관계는 그만큼 치료 성과에 크게 기여하는 것이다. 이러한 사실을 인식하고 신뢰 관계를 존중하는 의료인을 육성할 필요가 있다. 이제부터라도 의학 교육에 EQ의 기본적 도구들, 특히 자기 인식과 감정이입 및 경청의 기술 등이 포함된다면 앞에 제시한 감성적 관계의 형성은 더욱 촉진될 것이다.[54]

보살핌의 의료를 향하여

앞에 제시한 조치들은 시작에 불과하다. 의학이 시야를 넓혀 EQ의 영향력까지 받아들일 수 있으려면 다음 두 가지의 과학적 발견이 의미하는 바를 마음 깊이 새겨야 할 것이다.

• 사람들의 분노 불안 우울 비판 고독 등의 혼란스러운 감정을 잘 다스리도록 도와주는 것이 질병 예방의 중요한 방법이다 연구에 의하면, 이러한 감정들의 해악성이 만성적일 때에는 흡연자가 겪는 해악과도 유사하기 때문에 감성을 잘 관리하도록 사람들을 이끌어 주는 것만으로도 상습적인 흡연

자에게 담배를 끊게 하는 것과 같은 잠재적인 의료 효과를 가져 올 수 있다. 광범위한 사회적 대중 건강의 효과를 볼 수 있는 한 가지 방법으로서는 아이들에게 유아기 때부터 기본적인 감성지능EQ의 기술들을 가르쳐서 이를 평생의 습관이 되도록 하는 것이다.

또 다른 획기적인 예방 효과를 가져오는 방법은 은퇴 연령층의 사람들에게도 EQ의 관리 방법을 가르치는 것이다. 왜냐하면 감정 측면의 건강은 노년기에 있어서의 육체적 건강도를 결정하는 중요한 요소이기 때문이다.

세번째 표적이 될 수 있는 집단은 극빈층, 일하면서 혼자 자녀를 키우는 여성, 범죄 다발 지역의 주민들과 같은 이른바 '위기 근접 집단'이다. 이들은 언제나 과도한 압박감 아래 하루하루를 보내기 때문에, 이러한 스트레스로 발생하는 감성적 희생들을 원만히 관리할 수 있도록 도와준다면 의학적으로도 좋은 효과를 볼 수 있을 것이다.

 • ***많은 환자들은 순수한 의학적 치료에 병행해서 심리적 욕구를 함께 치료하면 더 큰 효과를 볼 수 있다*** 의사나 간호사가 괴로워하는 환자들에게 위로나 위안을 제공하는 것은 인간적인 치료로의 일보 전진이자 이로부터 많은 것이 이루어질 수 있다.

그러나 오늘날 진료가 시행되는 방식에는 감성적인 보살핌의 기회가 너무나 자주 무시되어 거의 의료의 사각 지대에 머무르고 있다. 두뇌의 감정 영역과 면역 체계 사이에 관련성이 있다는 증거는 물론, 감성적 욕구를 충족시켜 주는 것이 의학적으로도 유용하다는 연구들이 계속 나오고 있다. 그럼에도 불구하고, 많은 의사들은 EQ가 의학적 가치를 갖는다는 사실에 회의적인 태도를 보이며 앞의 증거들을 하찮거나 일시적인 것으로, 또는 비주류적이라거나 더욱 심각하게는 자기 과시적인 일부의 과장 쯤으로 여기고 있다.

많은 환자들이 강력히 바라고 있는 인간적인 진료는 갈수록 더 약화되고 있다. 물론 일부의 헌신적인 의사와 간호사가 있어서 환자들에게 상냥하고 센스있는 보살핌을 제공하기도 하지만, 상업적인 요구에 부응해야 하는 의료 현실의 대두로 인해서 그런 보살핌은 더욱 찾아보기가 힘들어지고 있다.

인간적인 진료에 비즈니스적인 혜택이 없는 것도 아니다. 앞에 여러 증거들이 제시되었듯이, 환자의 감성적 고통을 치유하면 병의 예방과 질병 발발의 지연 효과 뿐만 아니라 환자의 신속한 회복을 가져오기도 하므로 금전적인 절약도 가능해지는 것이다.

뉴욕의 마운틴 시나이 의과 대학과 노스 웨스턴 대학에서 실시한 실험에서, 허리 디스크에 걸린 노인 환자들에게 정상적인 정형외과 진료에 더하여 우울증에 대한 치료를 함께 실시했더니 이들은 평균 이틀씩 일찍 퇴원했고, 100여 명의 환자의 의료비 97,361달러를 절감할 수 있었다고 한다.[55]

이러한 진료는 환자들에게 담당 의사와 치료를 만족스럽게 느끼게 하는 효과도 있다.

환자가 무수한 병원 중에서 자신의 기호에 맞는 병원을 선택하는 무한 경쟁의 고객 감동 시대에 있어서 환자의 만족도야말로 의료 사업의 분수령을 이루는 것이다. 즉, 불쾌한 경험을 한 병원에는 등을 돌리게 되고, 쾌적한 의료를 제공하는 병원에는 환자가 모이게 되는 것이다.

끝으로 의학의 도덕적 접근 차원에서도 이러한 방식이 요구된다. 미국의학협회지의 한 논설에서는 심장 치료를 받은 사람이 우울증으로 사망할 확률은 정상인의 5배라는 연구 결과를 예로 들면서, 다음과 같이 주장한다.

"우울증이나 사회적 고립과 같은 심리적인 요인들이 심장병 환자들을 위험에 빠지게 한다는 증거가 있는데도 이러한 요인들을 치유할 시도를 하지 않는다는 것은 명백히 비윤리적인 행위이다"[56]

EQ와 건강의 관계가 의미있는 것으로 밝혀진 이상, 환자가 만성적이거나 심각한 질병과 싸울 때 느끼는 감정을 무시하는 치료는 더 이상 적절한 태도가 아니다. 이제는 의료계가 EQ와 건강 사이의 관계를 보다 방법론적인 차원에서 적용해야 할 시점이다. 지금 예외로 간주되고 있는 것이 앞으로는 주류가 될 것이고, 또 그렇게 되어야만 한다. 그래서 우리 모두에게 보살핌의 의료가 회복되어야 한다.

그러한 노력에 의해 의료계는 더욱 인간적인 모습을 찾게 되고 환자들은 회복 촉진의 기회를 가지게 되는 것이다. 어떤 환자가 자신의 의사에게 보낸 편지에 이런 글이 실려 있다.

"의사가 환자의 손을 따뜻하게 잡아 주는 것은 단순한 동정이 아니라 하나의 훌륭한 의료입니다."[57]

(하권에 계속)

감성지능*EQ* (상)

중 판 인쇄일 / 1997년 1월 17일
중 판 발행일 / 1997년 1월 22일

지 은 이 / **대니얼 골먼**
옮 긴 이 / **황 태 호**
펴 낸 이 / **김 진 호**
펴 낸 곳 / **비전코리아**
주   소 / 서울 서초구 서초동 1357-70
전   화 / **3474-2230**
팩   스 / **3471-6553**
등 록 일 / 1993년 4월 24일 (제1-1510)
정   가 / **7,500원**(상권)
ISBN 89-87224-01-5

ISBN 89-87224-00-7(세트)

● 잘못된 책은 바꾸어 드립니다.

이책을 만드신 분들
차운창 · 윤송애 · 곽병호 · 황규옥 · 전숙영